弓削洋子
Yoko Yuge

越 良子
Ryoko Koshi

編著

学級経営の心理学

子どもと教師が
ともに成長するために

Psychology of
Classroom
Management

ナカニシヤ出版

まえがき

　学級は，オーケストラやラグビーチームにたとえられることがあります。様々な個性や特性が互いのよさを活かし響き合って，集団と個がともに成長するダイナミクスが見られるからでしょう。教師は，このダイナミクスのコンダクターあるいはヘッドコーチとして学級経営を行うなかで，教職としてのやりがいを感じるとともに，自らも成長していきます。

　今日，教師は学級経営において，子どもの様々な問題に直面しています。いじめ問題や不登校，学力格差，発達障害特性をもつと見られる子どもや異なる文化背景をもつ子どもへの対応，さらには生活環境上の問題を抱える子どもへの支援など，対応が難しい問題ばかりです。また，教師が個々の子どもの問題や悩みに対応しても，学級が落ち着くとは限りません。学級という社会的場が子どもの行動に影響し，子どもの行動が学級の動態に影響するからです。したがって，教師あるいは学校教育にかかわる人々は，子どもの個の行動の背景にある心理と学級の集団心理特性とをリンクさせて理解し，子どもと学級がともに成長する学級経営を考えていく必要があります。

　では，子どもと学級集団の心理の理解を活かした学級経営について，教育心理学はどのような知見を提供できるでしょうか。

　最近の教育心理学の専門書には，子ども個人の心理や特性から子どもの問題を理解するものが多くあります。例えば，学習への動機づけ，ソーシャルスキル，レジリエンス，共感性あるいは非認知的能力などからの解釈です。また，学校教育に関する概説書では，いじめ，不登校，保護者対応など，学級経営にかかわる特定の問題が取り上げられ，学級経営に関する図書では多くの優れた学級経営実践が紹介されています。これらから私たちは，子どもや教師や学級について多くを学ぶことができます。

　翻って，学級経営の教育心理学とは，子どもと集団の相互影響を心理学から解明し，学級経営に活かす視点ではないでしょうか。学級では，子ども1人1人の個性がお互いに影響し合うと同時に，学級集団や仲間集団とそのメンバーである個人とがそれぞれの在り方に影響を与え合い，学級と子どもは変わっていきます。子どもと教師もまた相互影響によって，お互いを育み合います。さ

らに社会環境や価値観の変化は子どもに影響し，子どもの変化は学校文化を変えていく力をもっています。

この視点に立ち，本書では，教育心理学，学校心理学および社会心理学の研究知見から，現代の学級における諸課題を子どもと学級集団双方の行動と心理から理解し，いかに学級経営に活かすかについて論述しました。

第Ⅰ部では，いじめ，不登校，ジェンダー問題など，子どもたちにとっての居場所である学級における様々な人間関係の特質とそれらの影響性について論じています。第Ⅱ部では，教師は子どもと学級のどのような相互影響を生み出すかを，教師の子ども理解，指導行動，授業や教科外活動，および発達障害支援から検討しました。第Ⅲ部では，学級経営の支援という観点から，教師の省察に関する考察のほか，スクールリーダーやカウンセラー・保護者・地域等のステークホルダーとの相互関係について考察を加えました。適宜，事例や実践法も紹介しており，学部の教員養成課程および教職大学院の講義や演習はもちろんのこと，教員研修でも活用できるものとしました。

本邦において，これまで多くの学級経営に関わる心理学的研究が行われてきました。先達による優れた研究の蓄積は，今日的な色合いをもって本書につながっています。本書の理論的知見が，学校現場で日々行われている学級経営実践あるいは実践研究に活かされるならば，この上ない喜びです。

最後に，ナカニシヤ出版編集部山本あかね氏と後藤南氏には本書の刊行にご尽力いただきました。ここに記して感謝申し上げます。

2024 年 7 月　編者

目　　次

まえがき　i

第Ⅰ部　子どもと学級

第1章　子どもにとっての学校・学級——心理的居場所 ………… 3

1　心理的居場所とは　3
2　心理的居場所概念の成り立ちと定義　3
3　居場所感の構成要素と心理的居場所の分類　5
4　心理的居場所は，子どもの適応レベルによって異なる　7
5　「居場所がある」と感じられることと，「居場所がない」状況に陥らないようにすることは同じか　11
6　学校・学級が心理的居場所であることの意義　12
7　心理的居場所をつくるために　13

第2章　子どもにとっての学校・学級——不登校 ………………… 17

1　不登校をめぐる現状　17
2　不登校とは　18
3　なぜ不登校が起きるのか　19
4　不登校が生じにくい学校・学級とは　24
5　学校・学級でできる不登校の支援　25

第3章　子どもの友人関係・仲間集団 ……………………………… 31

1　友人関係・仲間集団の発達的変化　31
2　学級内の友人関係・仲間集団　33
3　学級内の友人関係と学習意欲　38

第4章　学級における子どもの対人的問題——いじめ ………… 45

iv　目　次

　　1　いじめとは　45

　　2　日本のいじめの様態　45

　　3　学級内のいじめの構造　47

　　4　学級の集団規範といじめ　48

　　5　いじめと認知の歪み　50

　　6　いじめの予防プログラム　53

　　コラム　**ネットいじめ**　56

第5章　**学級におけるジェンダー問題** ……………………………………… 60

　　1　社会・学級・学校でのジェンダーバイアス　60

　　2　ジェンダー問題といじめ・不登校　63

　　3　差別やバイアスのないインクルーシブな学級環境の重要性　66

　　4　学校・学級でできる LGBTQ＋ の子どもたちへの支援　70

第Ⅱ部　教師と学級

第6章　**教師の子ども理解** …………………………………………………… 77

　　1　教育観にもとづく学級経営　77

　　2　教師の子ども認知の枠組み　78

　　3　子ども認知にもとづく学級経営　82

　　4　相互作用のなかでつくられる子ども認知　84

　　5　子ども理解の多様性　86

　　6　個別性の承認という子ども理解　88

第7章　**学級集団と教師の学級経営** …………………………………… 93

　　1　はじめに　93

　　2　学級集団構造の心理特性　93

　　3　教師の学級経営　95

　　4　学級集団の発達　97

　　5　学級集団の発達と学級経営　99

6　学級経営のメカニズム　　102

第8章　学級集団と授業──学び合う学級に向けて …………107

　1　学び合う学級づくりの重要性　　107
　2　学び合う授業　　108
　3　どのように学び合う学級へと育てるか　　114
　4　まとめ：教師への期待　　117

第9章　教科外活動における学級づくり──特別活動 ………121

　1　はじめに　　121
　2　学級づくりに効果的な学級活動　　121
　3　学級づくりに効果的な学校行事　　124
　4　特別活動が子どもにとってもつ意味　　128
　5　特別活動と教師の成長　　131

第10章　特別なニーズのある子どもの支援と学級経営 …………135

　1　はじめに　　135
　2　特別支援教育と通常学級　　135
　3　個別対応　　137
　4　学級における対応　　142
　5　発達障害児が在籍する学級における教師の専門性　　147

第Ⅲ部　学級経営支援

第11章　学校組織における「教員の学びと省察」への心理学的接近 ………153

　1　教員の学びを支える理論的基盤　　153
　2　「省察」概念の心理学的理解　　155
　3　「省察」プロセスの精緻化：課題と手掛かり　　158
　4　学校組織における「教員の学びと省察」の展開可能性　　163

vi　目　次

第12章　スクールリーダーのリーダーシップ …………………………… 167

1　はじめに　167
2　リーダーシップとマネジメント　167
3　組織としての学校　169
4　教員の自律性とリーダーシップ　172
5　文化醸成と分散型リーダーシップ　175
6　組織文化の醸成に関する先駆的実践研究　177
7　総　括　179

第13章　学級アセスメントとコンサルテーション ………………… 181

1　学級アセスメントはなぜ必要か　181
2　学級経営についてのコンサルテーション　184
3　学級アセスメントの方法　189

第14章　保護者と教師の連携 ……………………………………………… 194

1　はじめに　194
2　「保護者と教師との連携」という概念について　196
3　保護者と教師との連携のメリット　197
4　保護者のかかわりを難しくするもの　199
5　連携を実質的なものにするための改善策　202
6　今後の展望　205

第15章　地域と学級・学校の連携 ……………………………………… 208

1　チームとしての学校が求められる背景と体制整備の必要性　208
2　チーム学校にかかわる専門職と多職種連携の実際　210
3　チーム学校による学級経営・子ども支援　214
4　多職種連携教育の必要性　218

索引　221

第 I 部
子どもと学級

第1章
子どもにとっての学校・学級
──心理的居場所

1 心理的居場所とは

　近年新聞や書籍など，様々なところで居場所という言葉を目にする。居場所の元来の意味は「いるところ」「いどころ」であるが（大辞泉, 2012），日常のなかで用いられている「居場所」の多くが，「心の居場所」と表現されるような心理的概念を示している。本章ではこの心理的意味を含んだ居場所を心理的居場所（則定, 2008）とよび，とりわけ子どもにとっての心理的居場所とはどのようなものなのか，学校や家庭が子どもの心理的居場所となることの意義，さらに子どもの心理的居場所を形成するための視点について論じてみたい。

2 心理的居場所概念の成り立ちと定義

　そもそも心理的居場所概念が注目され始めたのは，1980年代後半の不登校の増加であり，学校に居場所がない子どもたちのための居場所づくりがいわれるようになったことにある。当時の文部省（1992）は学校が「心の居場所」である必要性を提唱し，さらに2004年には3ヵ年計画で子どもの居場所を用意する方針を発表した。そのなかの主要な施策である「地域子ども教室推進事業」において，「すべての児童生徒」を対象にした居場所づくりの方法が提案されている（文部科学省, 2004）[1]。このような施策をもとに，特に教育の分野や，行政，ボランティア団体によって，主に青少年を対象とした居場所づくり

---

1) ここで提案された居場所づくりの方法は，①放課後や週末における学校の校庭や教室といった「場所の提供」，②サッカーや野球などのスポーツ，むかし遊び，伝統文化の体験教室といった「活動の実施」，③学校教育関係者やPTA関係者，地域の大人が運営協議会やボランティアスタッフとして参加する「地域との交流・連携」，の3つである。

4 第Ⅰ部 子どもと学級

の実践が拡がりを見せているが，それらは真に子どもが必要としている居場所を提供しているであろうか。効果的な居場所づくりのためにはまず，子どもの心理的居場所の実態を明らかにすることが必要である。

では，心理的居場所の概念や定義とはどのようなものなのか。実は心理的居場所の概念はとらえづらく，定義は統一されるには至っていない。以下に心理学分野における研究の変遷を簡単に紹介する。

心理的居場所の概念に関する研究がなされ始めた当初は，自由記述の質問紙や描画を用いて，その実態を明らかにしようとする方法が用いられていた（小畑・伊藤，2001；西中，2011 など）。それらの研究では，「居場所」という言葉を直接用いた教示の結果，家や自分の部屋などの物理的な場所が多く挙げられている。居場所という言葉には「場所」という文字が含まれることから，居場所について直接的に尋ねると，物理的な場所が連想されることが多くなってしまう。しかし「居場所がない」という言葉が，家や部屋がないことを表しているのではないことからも，居場所として個人が想起する物理的な場所を明らかにすることが，心理的居場所の本質的な意味内容を明らかにすることとイコールとはいえない。

そこでこのような課題をふまえ，居場所を個人の主観という側面からとらえた研究が行われるようになった。これらのうち心理尺度を用いた研究を行っている主なものとして，居場所となるために必要な感情である「居場所感」（石本，2009）の構造を分析したもの（石本，2010a；西中，2014a；則定，2008；大久保，2005 など）や，居場所の心理的機能の構造を分析したもの（杉本・庄司，2006）が挙げられる。このようなアプローチによる実証的研究の蓄積により，心理的居場所概念について一定の理解が得られるに至った。一方でこれらの研究では研究者によって居場所の定義や教示の方法が異なっており，それぞれが異なる立場をとっている点が課題である。例えば石本（2010a）や則定（2008）では居場所を対人関係に限定してとらえているが，「1 人でいる場所」といったプライベートな要素が居場所として想起されることがある（中村，1998；白井，1998；堤，2002）ことからも，心理的居場所は必ずしも同一空間内にいる他者との関係性とは限らない。つまりその場における他者の有無はどうあれ，その場を個人が主観的にどうとらえているのかによる。言い換えると，個人が「居場所感」を主観的に感じられる環境のことであるといえるのではないだろ

第1章　子どもにとっての学校・学級——心理的居場所　5

うか。

　このように居場所概念や定義については未だ統一された見解には至っていないが，本章では以上をふまえ，心理的居場所を「「居場所感」を感じられる，物理的空間や対人関係，時間や状況を含む「場」」と定義し，これ以降の内容を論じていきたいと思う。

3 居場所感の構成要素と心理的居場所の分類

　居場所感に関する実証的研究の蓄積によって，心理的居場所概念について一定の理解が得られるようになったことは上述した。本節ではこの居場所感について具体的に論じたい。西中（2014b）は，尺度を用いて居場所感やそれに類する概念を検討した実証的研究を整理し，その意味内容から居場所感を11の要素に分類している（表1-1）。具体的には，他者から受け入れられ，理解されている感覚である「被受容感」，緊張状態から解放されほっとする感覚や，リラックスにかかわる感覚を表す「安心感」，ありのままでいられる感覚を表す「本来感」，自分の好きなように過ごすことができる状態を表す「自由の確保」，他者の役に立っているという感覚を表す「自己有用感」，自分の好きなように行動し，生き生きと自分の力を発揮できていることを実感する「充実感」，楽しい感覚や幸せな気分を表す「高揚感」，他者と一緒に目標に向かっている感覚を表す「連帯感」，その場の雰囲気から浮くことなく，場になじんでいるという実感である「場との一致感」，自分自身の気持ちを振り返って考えることができる「内省」，自分自身が成長しているように感じたり，将来のために努力していると感じたりする「成長感」が挙げられている。

　さて，これらの居場所感はすべて同一の心理的居場所で喚起されるものなのであろうか。例えば「リラックス」できる心理的居場所と「成長感」が感じられる心理的居場所は質的に異なることが予想できる。つまり心理的居場所とは一義的なものではなく，その機能に応じていくつかの種類に分類される（安齋，2003；藤竹，2000；中島，2003など）。これについて西中・石本（2017）は，小学生から高校生を対象に調査を行い，心理的居場所はすべての学校段階を通し，ほっとできありのままを実感できるような「私的居場所」（中島，2003）と，他者から必要とされ，能力を発揮できるような「社会的居場所」（藤竹，2000）

6 第Ⅰ部 子どもと学級

に分類でき，それらが学校適応や心理的適応に影響を及ぼすことを実証的に明らかにしている。

表 1-1 居場所感の分類（西中，2017 をもとに作成）

被受容感	安心感	本来感
【被受容感】杉本・庄司（2006） 自分を本当に理解してくれる人がいる 悩みを聞いてくれる人がいる 自分は大切にされている 【被受容感】則定（2008） ○○に無条件に愛されている ○○は，私を大切にしてくれる ○○に無条件に受け入れられている ○○と一緒にいると， ここにいていいのだと感じる 　　　　　　　　　　　　　など	【安心感】富永・北山（2003） ほっとする くつろげる 【安心感】則定（2008） ○○と一緒にいると，ホッとする ○○と一緒にいると，安心する ○○と一緒にいると，居心地がいい ○○と一緒にいると，くつろげる 　　　　　　　　　　　　　など	【本来感】則定（2008） ○○と一緒にいると， ありのままの自分を表現できる ○○と一緒にいると， ありのままの自分でいいのだと感じる ○○と一緒にいると， 自分らしくいられる 【本来感】石本（2010a） これが自分だ，と実感できるものがある いつでも自分らしくいられる ありのままの自分が出せる 　　　　　　　　　　　　　など

自由の確保	自己有用感	充実感
【リラックス】松田（1997） 自由な場所 好きなことができる場所 【他者からの自由】杉本・庄司（2006） 自分の好きなことができる 自分の好きなようにできる 自由で自分だけの時間がもてる 　　　　　　　　　　　　　など	【役割感】則定（2008） ○○の役に立っている ○○に対して， 自分にしかできない役割がある 【自己有用感】石本（2010a） 自分が役に立っていると感じる 自分に役割がある 自分が必要とされていると感じる 私がいないと○○が困る 　　　　　　　　　　　　　など	【ハッスル】松田（1997） やる気がでてくる場所 自分の能力が発揮できる場所 【充実感】西中（2014a） やる気いっぱいだ 自分の力を発揮できる 　　　　　　　　　　　　　など

高揚感	連帯感	場との一致感
【充実感】田中（2002） いきいきした うきうきした 楽しい おもしろい 【精神的安定】（杉本・庄司，2006） 幸せ おもしろい 楽しい 　　　　　　　　　　　　　など	【連帯感】富永・北山（2003） 価値観を共有できる 協力して何かに取り組むことができる 【居心地の良さの感覚】大久保（2005） 周りと助け合っている 【肯定的心理状態（大学生・学校， 家庭，地域）】斎藤（2007） 協力して何かにとりくむことができる 　　　　　　　　　　　　　など	【居心地の良さの感覚】大久保（2005） 周囲に溶け込んでいる 周囲となじめている 周りの人と楽しい時間を共有している 自分と周りがかみ合っている 【被受容感】杉本・庄司（2006） ひとりじゃない 自分はそこのメンバーである 　　　　　　　　　　　　　など

内省	成長感	
【プライベート】松田（1997） 自分を振り返る場所 考える場所 【思考・内省】杉本・庄司（2006） 自分のことについてよく考える 物思いにふける 1 日のことを振り返る 　　　　　　　　　　　　　など	【課題・目的の存在】大久保（2005） 将来に役立つことが学べる これからの自分のためになることができる やるべき目的がある 　　　　　　　　　　　　　など	

第1章　子どもにとっての学校・学級──心理的居場所　7

　具体的には，子どもは学校段階を通して居場所感の「リラックス」を感じられる場を「私的居場所」と認知しており，中学生においてはそれに加えてありのままでいられる「本来感」が，高校生では「リラックス」「本来感」に加えて，他者から受け入れられ大切にされる「被受容感」を得られるような場が「私的居場所」となる。一方の「社会的居場所」は，学校段階を通して「連帯感」や「成長感」を感じられるコンピテンスに関連する居場所であり，青年期においてはさらに自己を振り返る「内省」の機能をもつ居場所となる。また，中学校段階の「社会的居場所」は，「被受容感」や「居心地の良さ」が感じられるような，対人関係と密接にかかわる居場所であるのが，高校段階になると，「社会的居場所」においてもありのままでいられる「本来感」を重視するようになるとされている[2]。

　さらに「私的居場所」と「社会的居場所」の機能，特に「私的居場所」の適応への有効性についても実証的に検討されており，「私的居場所」は「社会的居場所」を介して，あるいは直接的に，自尊感情を促進したり抑うつを抑制したりすることが明らかにされている（西中・石本, 2017）。

　これまで「私的居場所」はしばしば「一人の居場所」と解釈されることがあり（石本, 2010b など），「一人の居場所」＝「私的居場所」はひきこもりの原因となる可能性が危惧されてきた（若山, 2001；山岡, 2002 など）。しかしながら上述のように，「私的居場所」は必ずしも一人でいる場というわけではなく，「社会的居場所」とは役割が異なる居場所であると考えると，どちらも適応に関連する重要な心理的居場所であるといえるのではないだろうか。

4　心理的居場所は，子どもの適応レベルによって異なる

　前節で心理的居場所には種類があり，それぞれに異なる機能をもっている

---

2) ここでは因子分析の結果，小学生の居場所感は「充実感」「連帯感」「成長感」「リラックス」の4因子が，中学生の居場所感は「リラックス」「居心地の良さ」「被受容感」「連帯感」「内容」「本来感」の6因子が，高校生の居場所感は「被受容感」「本来感」「連帯感」「成長感」「内容」「リラックス」の6因子が抽出されている。「リラックス」は自分だけの時間があってくつろぐことができるという項目から構成されており，「居心地の良さ」は周囲から浮かずに居心地よく居られることを表す項目から構成されている。

8   第Ⅰ部　子どもと学級

図 1-1　適応レベルによる群分け（西中，2017 をもとに作成）

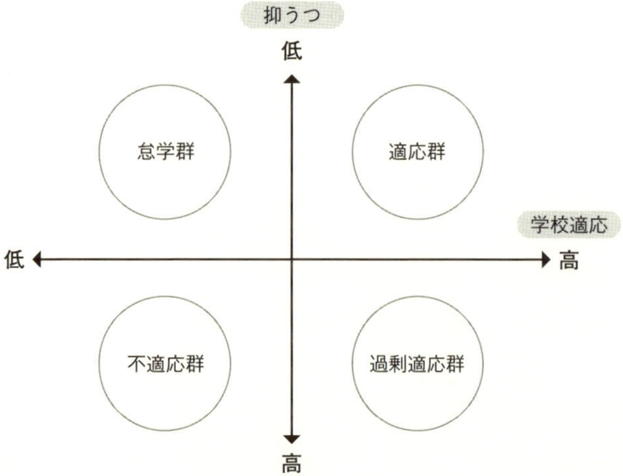

抑うつ

低

怠学群　　　　　　適応群

学校適応

低　←　　　　　　　　　　　　　　　　　　　→　高

不適応群　　　　　過剰適応群

高

ことについて紹介してきた。ではどのような子どもたちも，心理的居場所を同
じように認知しているのであろうか。つまり，学校が楽しい子も楽しくない子
も，自尊感情が高い子も低い子も，みんな「成長感」や「連帯感」を感じられ
る場を心理的居場所ととらえるのであろうか。不適応状態にある子どもには，
その不適応感を解消していくような居場所が必要であるし，適応状態にある子
どもには，日々を楽しく，より開発的な働きをする居場所があってもよいかも
しれない。実際に西中（2017）は，小学 4 年生から高校生を対象に，居場所項
目群[3] と，「居場所がある」「居場所がない」という居場所感覚との相関を調べ
た[4]。その際，子どもの学校適応と抑うつ（心理的適応）の高低の組み合わせ

---

3) 居場所項目群はふだんの生活のなかでの多寡を尋ねている。なお居場所項目群は**表 1-1** に対
応したカテゴリーから構成されているが，因子分析の結果，周囲から浮かずに溶け込めてい
る感覚である「居心地の良さ」，周囲と同じ目標に向かっている感覚である「連帯感」，受け
入れられ大切にされている感覚である「被受容感」，自分だけの時間がもてリラックスできる
「リラックス」，自身を振り返る「内省」，ありのままでいられる「本来感」，自分の成長が実
感できる「成長感」の 7 因子が抽出されており，以降の分析ではこれらが用いられている。
4) 相関係数はサンプルサイズが大きくなることで有意になるため，p 値は参考程度と考え，r
の値そのものを効果量ととらえ得る（新見，2023）。本研究ではサンプルサイズが小さいこ
とから有意でない相関係数が見られるが，あえてそれらについても考察を行っている。

第1章　子どもにとっての学校・学級──心理的居場所　9

表1-2　小学生の居場所感と居場所感覚の相関係数（N = 142）（西中, 2017をもとに作成）

	「居場所がある」				「居場所がない」			
	怠学群 (n=14)	不適応群 (n=46)	適応群 (n=64)	過剰適応群 (n=18)	怠学群 (n=14)	不適応群 (n=46)	適応群 (n=64)	過剰適応群 (n=18)
〈居場所感〉								
居心地の良さ	.21	.43**	.46***	.63**	.19	− .64***	− .28*	− .62**
連帯感	.05	.38**	.26*	.19	.24	− .31*	− .12	− .14
被受容感	.20	.56***	.39**	.13	− .01	− .44**	.05	− .26
リラックス	.83***	.37**	.07	.44**	− .39	− .30*	− .06	− .25
内省	.18	.30*	.04	− .04	.08	− .20	.04	.13
本来感	.44	.46**	.05	.25*	− .03	− .24	.12	− .16
成長感	.40	.41**	− .04	.25*	− .08	− .30*	.07	− .18

*p < .05, **p < .01, ***p < .001

により群分けを行い（**図1-1**），それぞれの群（学校適応高×抑うつ低：「適応群」，学校適応高×抑うつ高：「過剰適応群」，学校適応低×抑うつ低：「怠学群」，学校適応低×抑うつ高：「不適応群」）ごとの分析を行っている。

[1] 小学生の心理的居場所

　その結果，まず小学生においては（**表1-2**），「居心地の良さ」がすべての群における「居場所がある」感覚と正の相関を示すことが，加えて，とりわけ不適応群と過剰適応群の「居場所がない」感覚と負の相関を示すことが示唆されている。つまり周囲から浮かないということは，小学校中学年以上の前思春期の段階からすでに重視される感覚であり，彼らが心理的居場所をつくっていく上で大切だと認知していることが示されている。また「被受容感」は，とりわけ不適応群の「居場所がある」感覚と相対的に高い正の相関を，「居場所がない」感覚と負の相関を示しており，学校適応と抑うつ（心理的適応）がどちらも低い状態の小学生は，他者から受け入れられていることが実感できる場を心理的居場所としていることが明らかにされている。また怠学群では，「リラックス」と「居場所がある」感覚とが高い正の相関を示しており，「連帯感」と「居場所がない」感覚とが，有意ではないものの正の相関を示している。これらのことから，心理的適応は保たれているが学校適応が低い小学生は，ゆっくりリラックスできる場を心理的居場所と認知しており，例えば学校・学級風土が連帯感を喚起する雰囲気の場合には，学校や学級に心理的居場所をつくりづらい，といったことが起こり得るかもしれない。

表1-3　中学生の居場所感と居場所感覚の相関係数　(N=372)（西中，2017をもとに作成）

	「居場所がある」				「居場所がない」			
	怠学群 (n=68)	不適応群 (n=115)	適応群 (n=131)	過剰適応群 (n=58)	怠学群 (n=68)	不適応群 (n=115)	適応群 (n=131)	過剰適応群 (n=58)
〈居場所感〉								
居心地の良さ	.28*	.38***	.50***	.18	−.24†	−.45***	−.59***	−.61***
連帯感	.15	.33***	.14	.30†	−.24†	−.11†	−.32*	−.04
被受容感	.33*	.55***	.40**	.60***	−.28*	−.21**	−.22	−.22
リラックス	.23	.46***	.54***	.38*	−.09	−.20**	−.31*	−.37*
内省	.11	.27***	.28*	.46**	−.18	.04	−.13	.03
本来感	.29*	.36***	.42**	.34*	−.06	−.19**	−.30*	−.20
成長感	.16	.39***	.43**	.41**	−.09	−.20**	−.13	.08

†$p < .10$，*$p < .05$，**$p < .01$，***$p < .001$

[2] 中学生の心理的居場所

　次に中学校段階を見てみると（表1-3），どの群においても「被受容感」「リラックス」「本来感」と「居場所がある」感覚との間に正の相関が見られる。なかでも不適応群では，「居場所がある」感覚と「被受容感」「リラックス」との関連が相対的に高い。また「居場所がない」感覚とは，「居心地の良さ」がどの群においても負の相関を示している。つまり中学生になると，他者から受け入れられ，ありのままでいられ，ほっとリラックスできる場が心理的居場所となり，特に学校適応・心理的適応がともに低い中学生は，受け入れてもらえてリラックスできる場を心理的居場所としているといえよう。他方，過剰適応群の「居場所がある」感覚とは，「被受容感」とともに「成長感」や「内省」が相対的に高い正の相関を示している。一方で，「連帯感」や「成長感」，「内省」が「居場所のなさ」とは相関を示さず，「居心地の良さ」や「リラックス」「被受容感」が負の相関を示す。つまり心理的適応を犠牲にして学校に適応している過剰適応状態にある中学生は，自分自身が成長できる感覚をもてることが「居場所がある」と感じることに関連する一方で，「居場所がない」感覚を防御することにはならないようだ。「居場所がない」思いをしないためには周囲に溶け込んでいられることが必要で，それに加えて，リラックスできたり受け入れられたりする居場所を求めていると推察される。

[3] 高校生の心理的居場所

　さらに高校段階になると（表1-4），不適応群，適応群，過剰適応群におい

表 1-4　高校生の居場所感と居場所感覚の相関係数（N = 256）（西中，2017をもとに作成）

	「居場所がある」				「居場所がない」			
	怠学群 (n=41)	不適応群 (n=84)	適応群 (n=96)	過剰適応群 (n=35)	怠学群 (n=41)	不適応群 (n=84)	適応群 (n=96)	過剰適応群 (n=35)
〈居場所感〉								
居心地の良さ	.01	.48***	.39*	.25†	− .21	− .67***	− .43**	− .71***
連帯感	− .31	.42***	.40*	.46***	.48*	− .25**	− .29†	− .22
被受容感	.16	.77***	.45**	.69***	.20	− .59***	− .23	− .25†
リラックス	.42*	.40***	.36*	.25†	− .12	− .30***	− .17	− .04
内省	.22	.25**	.27†	.42**	− .12	.02	.05	.02
本来感	.01	.42***	.42**	.17	.00	− .38***	− .33*	− .33*
成長感	.30	.51***	.43**	.08	.19	− .20*	.01	.17

†p < .10，*p < .05，**p < .01，***p < .001

て，「居心地の良さ」「連帯感」「被受容感」といった対人関係にまつわる居場所感と「居場所がある」感覚との間に正の相関がみられるのに対し，怠学群では「リラックス」と「成長感」という，個人のなかで完結する居場所感が「居場所がある」感覚と関連している。加えて怠学群の「居場所がある」感覚と「連帯感」が負の相関を，「居場所がない」感覚と「連帯感」が正の相関を示していることから，怠学群の高校生は「連帯感」をもつほど「居場所がある」という感覚をもちづらくなり，「居場所がない」と感じる可能性も示されている。また不適応群や過剰適応群の高校生は，特に周りから浮いていないという感覚である「居心地の良さ」と「居場所がない」感覚とが相対的に高い負の相関を示しており，心理的適応が低い高校生においては，他者のなかで「浮かないでいられる」ということが，居場所のなさを抱かないために必要であることが明らかにされている。

　以上のように発達段階や適応のレベルに応じて，認知する心理的居場所は異なる。さらに，「居場所がある」感覚と関連する居場所感と，「居場所がない」感覚と関連する居場所感が異なる場合があることも注目すべき点であろう。

5 「居場所がある」と感じられることと，「居場所がない」状況に陥らないようにすることは同じか

　ここで，「居場所がない」感覚を抱かないために必要となる感覚と，「居場所

がある」感覚をもつために必要となる感覚について議論したい。大学生を対象に「居場所がない」感覚について調査した研究（西中，2017）によると，「居場所がない」感覚をもつことは深刻な孤独を招き，「死にたい」という思いにまで至る場合があるとされている。加えて，「居場所がない」感覚をもつ原因となった状況として，対人関係の不全が最も多く挙げられている。つまり子どもたちは「居場所がない」感覚を抱いてしまった場合，深刻な危機状況が訪れるかもしれず，その多くの原因となる，対人関係を円滑にすべく，「周囲から浮かない」努力をするのではないだろうか。そしてその努力の末に手に入れた「居場所」は果たして心理的居場所といえるのであろうか。私たち大人が子どもの心理的居場所をつくる，ということを目標とした場合，「居場所がなくならないように周囲に合わせる」のではなく，「役に立たなくても周囲から浮かなくても受け入れてもらえる場」の提供や形成の手助けができればと考える。そのためには，「居場所がない」という居場所欠乏感の視座から，子どもの居場所をとらえ直す必要があるかもしれない。

6 学校・学級が心理的居場所であることの意義

これまでにも論じたように，心理的居場所における物理的な「場所」は，その子それぞれに固有であろうと考えられる。そのような，それぞれの子どもが

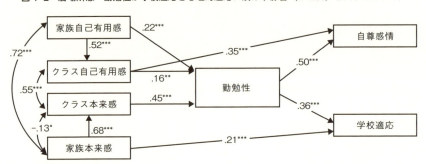

図1-2 居場所感・勤勉性が学校適応と心理的適応に及ぼす影響（N=209）（西中，2017より）

GFI=.989, AGFI=.967, CFI=.997, RMSEA=.032
*p<.05, **p<.01, ***p<.001

第1章　子どもにとっての学校・学級——心理的居場所　　13

心理的居場所だと認知する，すなわち居場所感を感じられる場のなかに，子どもが多くの時間を過ごす家庭と学校が入っていることは，子どもの適応にとって有用なのであろうか。不登校支援の場面で，「家の居心地が良すぎるから学校に来られないのではないか」といった指摘を受けることがあるそうだ（西中他，2021）。実際はどうなのであろうか。家庭が心理的居場所でなくなれば，子どもはやむを得ず，学校にやって来るのであろうか。

　心理学分野における居場所の適応的効果に関する研究では，青年期を対象に調査が行われ，家族を居場所と認知していることが自分に対する満足感と関連することや（田島，2000），家族と一緒にいる場面で居場所感を抱いていることが自己肯定意識を高めること，クラス場面での居場所感が学校適応を高めることなどが明らかにされている（石本，2010a）。また，西中（2017）は小学生を対象に調査を行い，家族場面における居場所感は，クラス場面の居場所感および，児童期の心理社会的課題である勤勉性（industry）を介して，自尊感情および学校適応を高めることを明らかにしている[5]（**図1-2**）。つまり小学生は家族とともにいる場を心理的居場所にすることで，学級でも心理的居場所を形成していくことができ，それが発達課題への取り組みや自尊感情・学校適応を促進することが実証されている。

7　心理的居場所をつくるために

　以上では心理的居場所の理論的研究に関する紹介をしてきたが，本節ではこれまでの理論的研究をふまえ，学校における居場所づくりについて，3つの視点から論じたい。

[1] 学校内での大人のかかわり

　まず，学校内での大人のかかわりという視点である。居場所とは場所ではなく，そこに宿る個人の主観であることはこれまで述べてきた。つまり学校・学級を子どもの心理的居場所とするにあたって，大人のかかわりは言わずもがな

---

5) 石本（2010a）および西中（2017）では，役に立っているという感覚である「自己有用感」と，ありのままでいられるという感覚である「本来感」の2因子から居場所感をとらえている。

14　第Ⅰ部　子どもと学級

重要である。一方で学校教員は多忙であり，子ども一人ひとりのニーズをとりこぼさずにかかわっていくのはあまりに難しく，学級担任の負担は大きすぎる。スクールカウンセラーや養護教諭をはじめとした，他職種との連携，チーム学校の視点を欠かすことはできない（西中他，2021）。また近年，学年チーム担任制を取り入れる自治体も見られる（神戸市教育委員会，2023など）。このような学校全体で子どもをみてかかわっていくという試みが，今後いっそう求められよう。

[2] 子ども同士をつなぐ

　次に，子ども同士をつなぐという視点である。学級経営のなかで心理的居場所をつくっていく際，何もかもに教師が手助けできるわけではない。居場所感の提供は大人が一方的にするものではなく，学級内の相互作用のなかで育まれるものであろう。子どもたちが自分で対人関係をうまく築いていけるよう育て，子どもたちに任せていく必要があるのだ。例えば，子どもの感情コンピテンスや社会性を育むプログラムであるソーシャル・エモーショナル・ラーニング（SEL）が日本でも少しずつ拡がりを見せている（渡辺・小泉，2022）。このような実践を取り入れることで，子どもたちが自分自身を理解し，うまく他者とかかわる準備性を育むことが期待される。また教師は，子ども個人，学級全体，学年や学校全体をアセスメントしながら，いかに子ども同士をつなぐかという視点のもと，学級経営を行っている（西中他，2023）。そのような教師と研究者が連携し，居場所づくりの実践を行っていくことも有用であろう。

[3] 保護者と手を取り合う

　最後に，保護者と手を取り合うという視点である。子どもの心理的居場所は家庭を基盤に拡がりをみせることを前節で論じた。その家庭で居場所感を提供するのは，一般的には保護者，親であろう。学級・学校を居場所としていくためには，保護者と手を取り合ってともに子どもを見つめ，連携していかなければならない。では保護者は親になったと同時に，子どもに居場所感を提供できる存在となるのであろうか。きっとそんなことはないし，日々の子育て（あるいはそれ以外のこと）で悩める存在なのではないだろうか。保護者とのかかわりを「保護者対応」と考えていると，そんなあたりまえのことを忘れそうにな

るが，保護者は子どものおまけではなく，一人の人間なのだ。そしてそれは，教師も同様であろう。つまり子どもだけでなく大人にも，教師にも保護者にも，心理的居場所は必要なのではないだろうか。心理的居場所を得る，ということは，現代に生きる人々全体の課題なのかもしれない。

本章のキーワード

心理的居場所，居場所感，居場所欠乏感，学校適応，友人関係

【引用文献】

安齋智子（2003）．「居場所」概念の変遷　発達，*96*，33-37．

大辞泉（2012）．居場所　三省堂

藤竹　暁（2000）．居場所を考える　藤竹　暁（編）現代人の居場所（現代のエスプリ別冊　生活文化シリーズ3）（pp. 47-57）　至文堂

石本雄真（2009）．居場所概念の普及およびその研究と課題　神戸大学大学院人間発達環境額研究科研究紀要，*3*，93-100．

石本雄真（2010a）．青年期の居場所感が心理的適応，学校適応に与える影響　発達心理学研究，*21*，278-286．

石本雄真（2010b）．こころの居場所としての個人的居場所と社会的居場所——精神的健康および本来感，自己有用感との関連から　カウンセリング研究，*43*，72-78．

神戸市教育委員会（2023）．市立学校における「学年（チーム）担任制」モデル実施校の決定　神戸市教育委員会　Retrieved February 25, 2024 https://www.city.kobe.lg.jp/a48730/633426960873.html

松田孝志（1997）．現代高校生における居場所の内包的な構造　筑波大学教育研究科カウンセリング専攻修士論文抄録集，31-32．

文部省（1992）．学校不適応対策調査研究協力者会議「登校拒否（不登校）問題について——児童生徒の『心の居場所』づくりをめざして（報告）」

文部科学省（2004）．子どもの居場所づくり　地域子ども教室推進事業の実施にあたって　教育委員会月報，*56*，2-25．

中村泰子（1998）．○△□法と居場所イメージ——3事例の検討から　臨床描画研究，*13*，240-260．

中島喜代子（2003）．中学生と大学生の比較からみた子どもの「居場所」　三重大学教育学部研究紀要人文・社会科学，*54*，125-136．

新見亮輔（2023）．心理学論文における数値と統計の書き方　Retrieved February 25, 2024 from https://rnpsychology.org/lecture/papermanual_stat.pdf

西中華子（2011）．描画を用いた小学生の居場所における環境要因の検討——場所，人，ときの3次元からの分析　神戸大学発達・臨床心理学研究，*10*，49-58．

西中華子（2014a）．心理学的観点および学校教育的観点から検討した小学生の居場所感——小学生の居場所感の構造と学年差および性差の検討　発達心理学研究，*25*（4），466-476．

西中華子（2014b）．児童期・青年期における居場所に関する一考察——居場所感の視点から　神戸大学大学院人間発達環境学研究科研究紀要，*8*（1），151-164．

西中華子（2017）．児童期・青年期における居場所の特質と心理的適応に及ぼす効果の検討　神戸大学大学院博士論文

西中華子・石本雄真（2017）．児童期・青年期の居場所の分類とその機能の検討——居場所感の要素による居場所の分類　神戸大学発達・臨床心理学研究，*16*，32-41，

16   第Ⅰ部　子どもと学級

西中華子・田中美帆・山口　恵（2023）．担任教師の指導行動・教育方法が学級経営へとつながる過程
　　に関する予備的検討──居場所づくりとしての学級経営に関する教育心理学的研究　姫路獨協大学
　　教職課程研究, *33*, 1-20.

西中華子・依藤友希・山口　恵・菅原由美子・弓削洋子・赤木和重（2021）．小学生が居場所をもてる
　　ようになるためにどのような関わりが必要なのか──チーム学校をキーワードに, 現場の実践から
　　考える　日本教育心理学会第63回総会発表論文集, 92-93.

則定百合子（2008）．青年期における心理的居場所感の発達的変化　カウンセリング研究, *41*, 64-72.

小畑豊美・伊藤義美（2001）．青年期の心の居場所の研究──自由記述に表れた心の居場所の分類　情
　　報文化研究, *14*, 59-73.

大久保智生（2005）．青年の学校への適応感とその規定要因──青年用適応感尺度の作成と学校別の検
　　討　教育心理学研究, *53*, 307-319.

斎藤富由起.（2007）．大学生および高校生における心理的居場所感尺度作成の試み　千里金蘭大学紀要
　　／生活科学部／人間社会学部, *4*, 73-84.

白井利明（1998）．学生は居場所をどうとらえているか──自己受容とセルフ・エスティームとの関連
　　日本青年心理学会大会発表論文集, *6*, 34-35.

杉本希映・庄司一子（2006）．「居場所」の心理的機能の構造とその発達的変化　教育心理学研究, *54*,
　　289-299.

田島彩子（2000）．青年期のこころの「居場所」──「居場所」感覚と抑うつ感　日本心理臨床学会第
　　19回大会発表論文集, 258.

田中順子（2002）．思春期・青年期の「居場所」研究の現在──具体的状況・感情・心理的機能につい
　　て　上智大学臨床心理研究, *25*, 193-198.

富永幹人・北山　修（2003）．青年期と「居場所」　住田正樹・南　博文（編）子どもたちの「居場所」
　　と対人的世界の現在（pp. 381-400）九州大学出版会

堤　雅雄（2002）．「居場所」感覚と青年期の同一性の混乱　島根大学教育学部紀要（人文・社会科学）,
　　36, 1-7.

若山　隆（2001）．こころとからだの在るところ──私たちの居場所の問題　現代と文化, *105*, 67-82.

渡辺弥生・小泉令三（編著）（2022）．ソーシャル・エモーショナル・ラーニング（SEL）──非認知能
　　力を育てる教育フレームワーク　福村出版

山岡俊英（2002）．大学生の居場所とセルフエスティームに関する一研究　佛教大学教育学部学会紀要,
　　1, 137-167.

第2章

子どもにとっての学校・学級
——不登校

1 不登校をめぐる現状

　不登校は，日本の学校教育において長期にわたって大きな課題となっている。このような状況に対し，2016 年には「義務教育の段階における普通教育に相当する教育の機会の確保等に関する法律」（教育機会確保法）が公布され，不登校に対する支援がいっそう重視されるようになった。具体的には，休養の必要性をふまえた支援のあり方や，家庭にいる不登校児童生徒に対する ICT を通じた支援，不登校児童生徒の実態に配慮した特色ある教育課程を編成する学校（学びの多様化学校，いわゆる不登校特例校）の設置促進などに関する基本指針が示されることとなり，不登校に対する多様な支援が実施されるようになったと言える。

　しかしながら，最近になっても，不登校児童生徒数は大幅な増加を続けている。特に 2021 年度以降には急増しており，文部科学省（2023a）によれば，2022 年度間に不登校を理由として 30 日以上欠席した小学生は 105,112 名，中学生は 193,936 名，高校生は 60,575 名であった。なかでも小中学校では，2020年度に比べて 2022 年度には 10 万人以上増加しているなど急激な増加傾向にある。それは過去最多であり，10 年連続で増加している（**図 2-1**）。また，高校においては，不登校生徒のうち 17.3% が中途退学に至っている。

　一方で，いったん欠席を始めた不登校児童生徒の欠席の長期化も問題となっている。文部科学省（2023a）では，2022 年度間に不登校を理由として 30 日以上欠席した者のうち，90 日以上にわたって欠席した小学生は 46,894 名，中学生は 118,775 名，高校生は 10,430 名であることが報告されている。また，同報告では，前年度から継続して不登校の状態にある小学生は 41,649 名，中学生は 102,792 名，高校生は 15,506 名であることも明らかになっている。

18   第Ⅰ部　子どもと学級

図 2-1　小中学校における不登校児童生徒の推移（文部科学省, 2023a より）

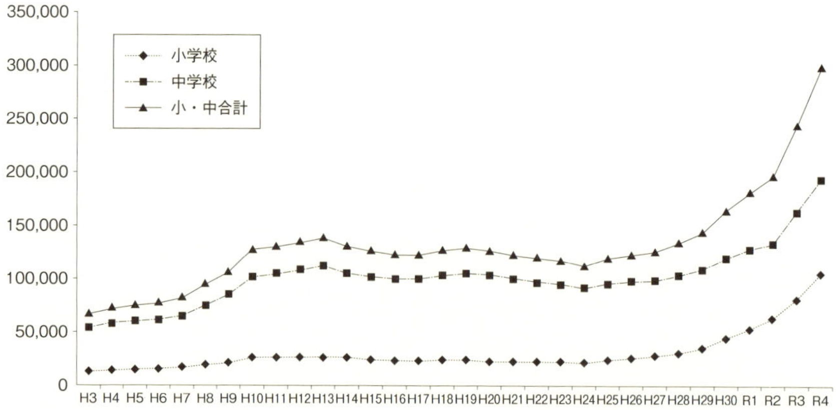

　このように，学校教育における不登校の問題は収まるところを知らず，む
しろ問題が拡大し，かつ複雑化しているとも考えられ，その対応も多様化を迫
られている。そこで文部科学省は，「誰一人取り残されない学びの保障に向け
た不登校対策（COCOLO プラン）」（文部科学省, 2023b）や，「不登校・いじ
め緊急対策パッケージ～誰一人取り残されない学びの保障に向けて～」（文部
科学省, 2023c）を発出した。これらにより，スクールカウンセラーやスクール
ソーシャルワーカーの配置充実などの取り組みを掲げ，不登校に対する必要な
支援の確保を目指しているところである。

2　不登校とは

　そもそも，不登校とはどのような状況を指すのか。当初，不登校は，学校恐
怖症（Johnson et al., 1942）として取り上げられたものであった。これは，怠
学などによる欠席と区別し，登校することに強い不安を覚えるという状態像
の子どもたちを指す言葉として，登場したものである。その後，日本では長く
「登校拒否」という用語が使用されてきたものの，学校不適応対策調査研究協
力者会議（1992）が「登校拒否はどの児童生徒にも起こりえる」と指摘したこ
ともあり，「不登校」という用語が使用されるようになってきた。このような
経緯に伴い，当初「学校ぎらい」として開始された長期欠席の全国調査におい

て，現在，不登校は，「年度間に30日以上登校しなかった児童生徒」のうち，「何らかの心理的，情緒的，身体的，あるいは社会的要因・背景により，児童生徒が登校しないあるいはしたくてもできない状況にある者（ただし，「病気」や「経済的理由」，「新型コロナウィルスの感染回避」による者を除く）」と定められている（文部科学省, 2023a）。

　なお，上記の全国調査における欠席日数には，教室以外の校内の別室に登校した日数は計上されていない。また，年度間に30日に満たない欠席日数の場合には，長期欠席の扱いにならず，不登校児童生徒数にも計上されない。さらには，遅刻や早退などは，その回数にかかわらず「欠席」とはならない。このように，全国調査においては不登校児童生徒として計上されない一方で，不登校に類似した状況に至っている子どもたちも多く存在していることが指摘されている。この点に関して，国立教育政策研究所生徒指導研究センター（2005）は，不登校ではなくても「不登校相当」や「準不登校」として認識する必要性があることを指摘している。加えて，欠席せずに登校している子どもたちのなかに，「学校に行きたくない」という気持ちを抱えている場合が多くあることも，指摘されている（森田, 1991）。このように，不登校は，長期にわたって学校を欠席し続けている子どもたちの問題だけにとどまるものではない。実際に不登校児童生徒数として計上されている子どもの背後には，遅刻や早退が多いけれども欠席には至っていない子，トータルの欠席日数は少ないが定期的に休みを繰り返す子，毎朝「行きたくない気持ち」と「行かなければならないと思う気持ち」の葛藤に苦しみながら登校を続けており，表面的には通常登校をしている子…など，実に多様な登校をめぐる課題が存在している。実際に不登校に至っている子どもたちは苦しみながら登校を続けた挙句に休むことを選択したのであって，その苦しみの只なかにいながら登校している子どもたちのことも視野に入れて考えなくては，本当の支援にはつながないのではないだろうか。

3 なぜ不登校が起きるのか

　では，なぜ子どもたちは，登校しないという選択をするのだろうか。文部科学省（2023a）は，不登校の要因を「学校に係る状況」「家庭に係る状況」「本人に係る状況」に大きく分類し，そのなかからさらに細かく分類された要因を

20　第Ⅰ部　子どもと学級

特定して調査している（**表 2-1**）。その結果，小中学生ともに，半数以上で「本人に係る状況」のうちの「無気力・不安」が主たる要因であることが報告されている。そして，次いで多く挙げられているのは，小中学生ともに「本人に係る状況」のうちの「生活リズムの乱れ・遊び・非行」であり，これら2つの要因で全体の約3分の2を占めることとなる。この結果を見る限り，不登校は，何らかの本人の心理・社会的な課題が背景となって生じるのではないかと推測されるだろう。実際，不登校児童生徒自身の心理的特徴は何か，という点を明らかにしようとした研究は多くある。例えば，田山（2008）は，登校行動が不良な中学生が描くバウムテストの特徴は，抑うつ感，不適応感，保守傾向，神経過敏などを示す可能性があることを示唆している。また，金子他（2003）は，高校生における登校回避感情が，対人恐怖心性などと関連していることを明らかにしている。

　しかし，文部科学省（2023a）の調査結果は，学校が回答したものである。一方で，不登校児童生徒の実態把握に関する調査企画分析会議（2021）は，実

表 2-1　小中学生における不登校の要因（文部科学省，2023a より）

		国公私計		国公私計	
		小学校		中学校	
		（人）	（％）	（人）	（％）
	不登校児童生徒数	105,112	***	193,936	***
学校に係る状況	いじめ	318	0.3	356	0.2
	いじめを除く友人関係をめぐる問題	6,912	6.6	20,598	10.6
	教職員との関係をめぐる問題	1,901	1.8	1,706	0.9
	学業の不振	3,376	3.2	11,169	5.8
	進路に係る不安	277	0.3	1,837	0.9
	クラブ活動，部活動等への不適応	30	0.0	839	0.4
	学校のきまり等をめぐる問題	786	0.7	1,315	0.7
	入学，転編入学，進級時の不適応	1,914	1.8	7,389	3.8
家庭に係る状況	家庭の生活環境の急激な変化	3,379	3.2	4,343	2.2
	親子の関わり方	12,746	12.1	9,441	4.9
	家庭内の不和	1,599	1.5	3,232	1.7
本人に係る状況	生活リズムの乱れ，あそび，非行	13,209	12.6	20,790	10.7
	無気力，不安	53,472	50.9	101,300	52.2
	左記に該当なし	5,193	4.9	9,621	5.0

際に不登校であった児童生徒に対して調査を実施している。それによると，不登校児童生徒自身は，いじめを含めた友だちとの関係性の問題や，教員との関係性の問題などをきっかけとして不登校になったと認識していることが明らかとなった（**図2-2，図2-3**）。これは，学校が回答した文部科学省（2023a）の結果と大きく異なるものであると指摘できる。すなわち，不登校児童生徒自身は「周りがきっかけで不登校になった」と感じ，学校側は「本人の心理的課題が背景にあって不登校になっている」と考えているように見受けられる。

　一方で，五十嵐（2011）は，登校している子どもたちの「学校に行きたくない気持ち」の生じ方に，子どもたちの「学校生活スキル」（学校生活を送る上で出会うことが予測される2つの課題，すなわち，発達しつつある個人として出会う発達課題と学校というコミュニティのなかで生活するものとして出会う教育課題とに対処する際に役立つスキル）（飯田・石隈，2002）の獲得状況がどのように関与しているかを調査した。その結果，特に中学生において，学年当初に「学習面」や「健康面」に関する学校生活スキルを身につけることができていると，一学年間にわたって「学校に行きたくない気持ち」が低下することが明らかとなった。この結果をふまえると，少なくとも「不登校の要因は子ども自身の心理的課題である」とだけ理解してしまうことは，問題の本質を見過ごしてしまうことになりかねないと言える。不登校の背景には，その子がそれまで育んできた性格特性や，対人関係のありようももちろん関係するだろう。それらには，その子自身が生まれつきもち合わせている特性も関係しているし，家庭の状況も関与していると推測される。しかし，不登校の背景には，それだけではなく，「宿題はきちんとやろう」「この教科は苦手だから，しっかり時間を取って勉強しよう」などといった学習に対しての姿勢のように，学級のなかでの学習指導と密接に結びついた課題も関与しているのである。そう考えると，不登校になっている子ども自身にばかり目を奪われるのではなく，その子を取り巻く学校や学級などの環境の要因がどのように影響しているのか，という点にも目を向ける必要性があるだろう。とりわけ，学校が回答した調査結果と子ども自身が回答した調査結果に大きな違いがあったことをふまえると，「学校や学級の課題が与える影響について，大人には見えにくくなっているのではないか」「私たち大人の側が，学校や学級を見つめ直してみる必要はないのか」という点について，いっそう注意深く考えてみることが重要であろう。

第Ⅰ部　子どもと学級

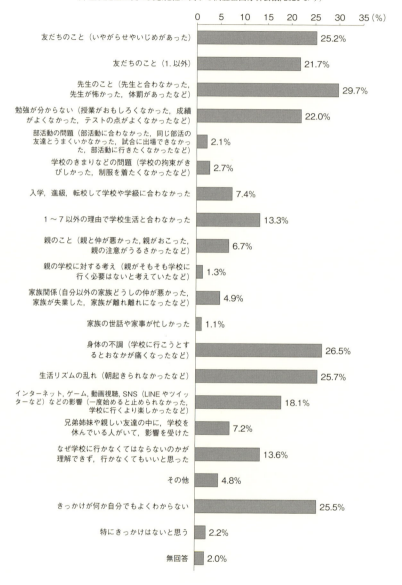

図 2-2　最初に行きづらいと感じ始めたきっかけ（小学校）
（不登校児童生徒の実態把握に関する調査企画分析会議, 2021 より）

第2章 子どもにとっての学校・学級——不登校　23

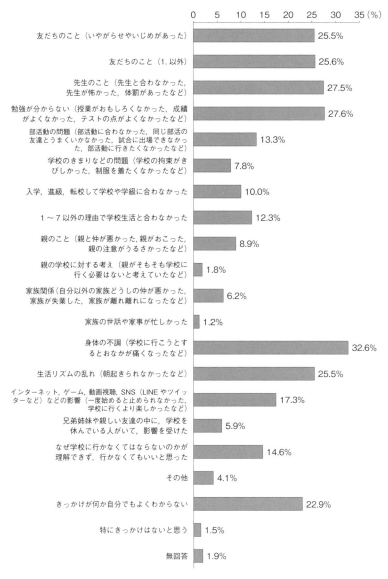

図2-3　最初に行きづらいと感じ始めたきっかけ（中学校）
（不登校児童生徒の実態把握に関する調査企画分析会議, 2021 より）

4 不登校が生じにくい学校・学級とは

　不登校の背景として学校や学級の状況を考えてみる際に大切になるのは，どのような学校や学級であれば不登校は生じにくいのか，また，不登校が生じやすい学校や学級というものは存在するのだろうか，という点である。

　この点に関しては，いくつかの研究が検討を行っている。例えば，平田他（1999）は，不登校生徒は学級への親和が低く，教師の管理を受けていないこと，孤独や孤立を感じていることを指摘している。また，逸見・加曽利（2015）は，生徒と学級担任のとらえる学級雰囲気に差がある学級ほど不登校生徒が存在し，不登校生徒がいない学級では「統制」の雰囲気が強いことを明らかにしている。さらに，林・水口（2020）は，教師や学級に対する評価が高まれば登校意欲の喪失傾向は低減することを指摘している。加えて，杉本・庄司（2007）は，居場所がない者のほうが不登校傾向は高いことを明らかにしている。これらの指摘をまとめると，教師による統制が行き届いた学級で，教師やクラスメイトと友好的な関係を築いており，学級内で「ここにいてもよい」という感覚がある場合に不登校が生じにくいのだと考えられる。

　特に，教師による統制に関連して，蝦名（2012）は，社会的責任目標の規範順守目標と向社会的目標をともに高く有する児童の学級適応感が最も高く，次いで規範順守目標のみを高く有する児童の学級適応感が高いことを示している。また，河村他（2004）は，学級内に明確なルールがない場合，学級になじめない子が不登校に陥ったり，すでに不登校である子が学級に戻れなくなったりすることを指摘している。自由度が高すぎる学級では，特に対人関係が苦手な子の場合にはどのようにふるまってよいかわからず，とまどってしまって学級での居心地が悪くなることもあるだろう。ルールが明確でほどよく統制された雰囲気のなかだと，「何をすればよいか」「何をしたらダメなのか」がはっきりしており，多くの子どもたちにとって生活がスムーズになるのだと考えられる。

　さらには，そのような関係性をもとにしながら，それぞれの子どもが学級内での役割意識をもって過ごすことができれば，登校する意欲はいっそう高まっていくであろう。澤山（2023）は，児童が自発的，自治的に企画・運営する係

活動を実践することによって，学校生活に課題が見られる児童であっても学校適応感が向上することを示している。また，樽木・石隈（2006）は，中学校における文化祭での学級劇における小集団の体験において，同じ目標を目指しながら異なった活動をする「分業的協力」を高く認識した生徒は，そうでない生徒よりも学級集団への理解を高めていたことを明らかにしている。係活動や学校行事での役割を遂行することは，子どもたちが学校，学級のなかで「自分はこの組織のなかで必要とされている」と実感することにつながっているのだと推測される。そのような感覚は，「明日もまた頑張ろう」「学校に行けば大切にされる」という気持ちにつながるだろう。それが登校意欲そのものであることは指摘するまでもない。

　しかし，どのような学級でも同じような働きかけをすればよいのかというと，そうではない。松沼・五十嵐（2016）は，児童の学級への肯定的意識が高い場合，教師のソーシャルサポートによって形成される教師と児童との関係性の良好さが，児童の学級適応感を高めるということを指摘している。しかし，その一方で，児童の学級への肯定的意識が低い場合には，教師は情緒的に支えるよりも，指導的かつ積極的である必要があると述べている。したがって，先述した「教師による統制」が特に有効であるのは，教師と学級の児童との関係がすでに良好ではなくなっている場合の立て直しの場面であると考えられる。まずは学級開きの段階においては，いかに教師が学級の児童と良好な関係性を築けるかというところに重きを置きながら支援を行う必要があるだろう。

5 学校・学級でできる不登校の支援

　以上のように，不登校には学校や学級のありようが影響を与えている。では，学校や学級でできる不登校の支援には，どのようなものがあるのだろうか。

[1] 登校している子どもたちへの予防的支援

　まず，学校や学級で重要な支援となるのは，何よりも「不登校を生まない」ための予防的支援である。この点に関し，「誰一人取り残されない学びの保障に向けた不登校対策（COCOLO プラン）」（文部科学省, 2023b）や，「不登校・いじめ緊急対策パッケージ〜誰一人取り残されない学びの保障に向けて〜」

（文部科学省, 2023c）においては，いくつかの視点が提示されている。

そのうちの1つが，1人1台端末を活用した心や体調の変化の早期発見の推進である。アプリなどを活用しながら子どもの変化をいち早く見つけ出そうとするものであって，文部科学省（2023d）は，そうした1人1台端末等を活用して利用できる健康観察・教育相談システムを整理して公表した。その一例としては，スタンドバイ株式会社のシャボテンログ（**図 2-4**）がある。シャボテンログは，こころとからだの WEB 健康観察・アンケートアプリであり，子どもたちが各自で1人1台端末を活用し，登校時などに自分のこころとからだの状態を記録していくことによって「気づき」や「変化」を見える化するものであるとされる。子どもたち自身も教員も，グラフ化された入力情報などを確認することができるほか，子どもたちが「話を聞いてほしい人」を選択して援助要請を行うこともできるようになっている。これにより，子ども自身にとっても，自己管理能力を高めていくことを目指しているシステムとなっている。

現在，シャボテンログ以外にも，様々な健康観察・教育相談システムが開発されているほか，文部科学省（2023d）は，Google フォーム又は Microsoft Forms を活用して同様のアンケートフォームを作成するためのマニュアルも公開している。こうしたシステムを活用することにより，教員の目だけでは把握しきれない子どもの変化をいち早くキャッチし，適切な支援に結びつけることで不登校の予防につなげていくことが求められている。

図 2-4　シャボテンログで出力されるグラフの例（スタンドバイ株式会社, 2022 より）

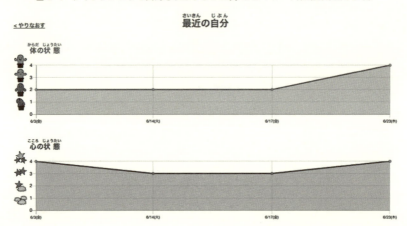

第2章 子どもにとっての学校・学級──不登校　27

　さらに，これまでの不登校の予防的支援としては，心理教育による取り組みも多く実践されてきた。例えば，構成的グループ・エンカウンター（曽山・本間，2004）や集団社会的スキル教育（江村・岡安，2003）などの方法を用いたものが実践されてきている。これらは，不登校児童生徒が社会的スキルなどの課題を抱えやすいことが実証されている（渡辺・蒲田，1999）ことをふまえ，個々の子どものそうした力の育成や，学級の人間関係づくりの促進を目指していると言える。しかしながら，曽山・本間（2004）および江村・岡安（2003）のいずれにおいても，これらの介入は，子どもたちの精神的健康度の向上には寄与するものの，「学校に行きたくない気持ち」そのものは大きく変動しないことが指摘されている。こうした課題をふまえ，五十嵐他（2024）は，先述した五十嵐（2011）の指摘にもとづき，学習面，心理・社会面，進路・キャリア面，健康面の全領域にわたって予防的な働きかけをする「学校に行きたくない気持ち」を低減させる予防教育を開発し，実践を行っている（心理・社会面の例：仲間からの承認と自尊感情を高める活動の実践）。それによれば，一部の授業実践には「学校に行きたくない気持ち」を直接的に減少させる効果が確認されている。一部の学校では，スクールカウンセラーなどが子ども向けの講話を行ったり，授業に参加したりして予防教育に取り組む例もあることから，そうした機会に効果的な実践を蓄積していくことが重要であろう。

［2］不登校状態にある子どもたちへの支援

　次に，すでに登校していない子どもたちへのアプローチについてである。子どもが学校に来ていない場合には，まずは，教員が支援することがよいのか，スクールカウンセラーなどの他の職員のほうがよいのか，あるいは学校外の機関のほうがよいのかなど，適切な支援を保護者や本人の意見をもとに検討する必要がある。また，欠席している子どもに対しての学校からの支援としては，家庭訪問がある。家庭訪問に関して，かしま・神田橋（2006）は，「学校に引っ張り出すための家庭訪問ではない」ことを示唆するために放課後に行うこと，嫌がるなら本人には会わないことを保障すること，その場合でも話が本人に聞こえるように家の中で保護者と雑談することなどを「家庭訪問のコツ」としてまとめている。このように，場合によっては「学校外で」「本人以外に」アプローチするようなことも求められることから，学校からの支援が届きにくいと

感じる場合もあるだろう。しかし，そうした一見遠回りに思えるような支援こそが，子どもにとっては安心感を生み出す材料になってくる場合がある。

　もし，教室以外であっても登校できるようになったのであれば，そのような登校状態が継続できるように支えることも重要な支援である。無理なく，本人のペースで登校できることを目指していくことになる。初日から「よく来れたね！」と大歓迎をしたり，「ここまで来れたのだから教室にも行ってみよう」と働きかけたりするのではない。それらはよかれと思ってのことかもしれないが，子どもにしてみれば「先生があんなに喜んでくれたのだから，悲しませてはいけない」「頑張って教室に入れなければ，先生に認められない」というような気持ちにさせてしまう。容易には達成できないそれらの目標のことを思うと，学校から足が遠のいてしまうことになる。では，どのような支援が有効であるのか。五十嵐（2013）は，保健室登校の児童生徒を指導する養護教諭に対し，1年間にわたって指導内容に関する調査を行い，調査終了時点で教室復帰を果たした子どもとそうではない子への指導内容を比較した。その結果，教室復帰を果たした子どもに対しては「教科への指導」「ドリル学習への支援」といった支援を行っていた一方で，保健室登校を継続している子どもたちに対しては「運動や体を使った遊び」「室内遊び」「園芸・手芸・工作」といった内容の活動を多く行っていたことが明らかになった。これらは，別室だからといって特別な活動を取り入れるのではなく，教室で日常的に行っている活動を行うことが重要であるということを示唆している。教室と乖離した活動をすればするほど，教室からの心理的距離は離れてしまうと考えられる。さらに，五十嵐（2013）は，教室復帰を果たした子どもに対しては「養護教諭の校内巡視への同行」「石鹸やトイレットペーパーの補充への同行」「給食時の教室での参加」「体育や音楽など，教室以外の場所で実施される授業への参加」といった内容の活動を実施していた一方で，保健室登校を継続している子どもたちに対しては「朝礼や集会への遠くからの見学」「行事の見学」を多くさせていたということを明らかにしている。教室復帰が近づいていると考えられる子どもに対しては，学校を肌で感じられる活動に徐々に参加させ，対人交流に慣れさせていくような経験が重要なのだと推測される。子どもの様子とタイミングを見極め，本人の背中を後押しするような支援の一手が望まれる。

　現在，文部科学省（2023b；2023c）では，校内教育支援センター（スペシャ

ルサポートルーム等）の設置を促進してきている。これは，学校内の落ち着いた環境のなかで学習支援などを行うものであり，各児童生徒が登校した際にその日の生活の進め方を話し合って決めるなど，個別の状況に合わせた取り組みが行われ始めている。そうした取り組みのなかで，学級とのつながりを感じながら日常生活を送っていくような支援が必要であろう。なかには，1人1台端末を活用し，校内教育支援センターからオンラインで教室での授業に参加するということも実施されている。このような活動は，もちろん，自宅での学習でも活用することができる。このような支援方法の多様化は「教室に行かなければ何もできない」という不登校の従来の姿を大きく変えてきている。ICT を活用して不登校によってもたらされる学習上の不利益等が減少するなか，子どもたちは何を学び，どのように心を成長させていくのか。こうした新たな課題に，現在の学校教育は直面していると考えられる。

🔑 本章のキーワード

不登校，予防的支援，教育機会確保法，校内教育支援センター，ICT による支援

【引用文献】

蝦名美美（2012）．児童の社会的責任目標と学級適応，学業及び運動におけるコンピテンスとの関連　学校教育学会誌, *17*, 15-22.

江村理奈・岡安孝弘（2003）．中学校における集団社会的スキル教育の実践的研究　教育心理学研究, *51*, 339-350.

不登校児童生徒の実態把握に関する調査企画分析会議（2021）．不登校児童生徒の実態把握に関する調査報告書　https://www.mext.go.jp/content/20211006-mxt_jidou02-000018318_03.pdf

学校不適応対策調査研究協力者会議（1992）．登校拒否（不登校）問題について──児童生徒の「心の居場所」づくりを目指して　学校不適応対策調査研究協力者会議報告　文部省初等中等教育局

林　茜・水口　崇（2020）．小学生における不登校傾向と学級適応感の関連──学年や性別による共通点と相違点の分析　信州心理臨床紀要, *19*, 107-131.

平田乃美・菅野　純・小泉英二（1999）．不登校中学生の学校環境認知の特性について　カウンセリング研究, *32*, 124-133.

五十嵐哲也（2011）．小中学生の一学年間における不登校傾向と学校生活スキルの変化の関連性　学校心理学研究, *11*, 29-44.

五十嵐哲也（2013）．保健室登校児童生徒の教室復帰にはどのような援助が有効か？──児童生徒の状態像と学校環境に応じた支援策の特定（最終報告）　第43回2012三菱財団研究・事業報告書, *198*, 1-11.

五十嵐哲也・江角周子・寺戸武志・福田博美（2024）．「学校に行きたくない気持ち」を低減させる予防教育の可能性　日本発達心理学会第35回大会発表論文集, 108.

飯田順子・石隈利紀（2002）．中学生の学校生活スキルに関する研究──学校生活スキル尺度（中学生版）の開発　教育心理学研究, *50*, 225-236.

逸見聖也・加曽利岳美（2015）．中学校における学級雰囲気と不登校との関連──生徒と学級担任の捉える学級雰囲気の比較検討から　文京学院大学人間学部研究紀要, *16*, 153-169.

Johnson, A. M., Falstein, E. I., Szurek, S. A., & Svendsen, M. (1942). School Phobia, *American Journal of Orthopsychiatry, 11,* 702-711.

金子一史・本城秀次・高村咲子（2003）．自己関係づけと対人恐怖心性・抑うつ・登校拒否傾向との関連　パーソナリティ研究, *12*, 2-13.

かしまえりこ・神田橋條治（2006）．スクールカウンセリング　モデル100例　創元社

河村茂雄・小野寺正己・粕谷貴志・武蔵由佳（2004）．Q-Uによる学級経営スーパーバイズ・ガイド（中学校編）　図書文化社

国立教育政策研究所生徒指導研究センター（2005）．中1不登校の未然防止に取り組むために　平成13−15年度「中1不登校生徒調査」から　https://nier.repo.nii.ac.jp/record/321/files/20090930132947-1254284987546.pdf

松沼風子・五十嵐哲也（2016）．担任からのソーシャルサポートが児童の学級適応感に及ぼす影響について──学級風土の違いに着目して　愛知教育大学研究報告教育科学編, *65*, 61-68.

文部科学省（2023a）．令和4年度　児童生徒の問題行動・不登校等生徒指導上の諸課題に関する調査結果について　https://www.mext.go.jp/content/20231004-mxt_jidou01-100002753_1.pdf

文部科学省（2023b）．誰一人取り残されない学びの保障に向けた不登校対策（COCOLOプラン）　https://www.mext.go.jp/content/20230418-mxt_jidou02-000028870-cc.pdf

文部科学省（2023c）．不登校・いじめ緊急対策パッケージ──誰一人取り残されない学びの保障に向けて　https://www.mext.go.jp/content/000258018.pdf

文部科学省（2023d）．児童生徒の自殺予防に係る取組について（通知）　https://www.mext.go.jp/content/20230711-mext_jidou02-000030865_000.pdf

森田洋司（1991）．「不登校」現象の社会学　学文社

澤山　愛（2023）．児童の学校適応感を高める係活動──児童が自発的，自治的に企画・運営する活動を通して　福岡教育大学大学院教職実践専攻年報, *13*, 291-298.

曽山和彦・本間恵美子（2004）．不登校傾向生徒に及ぼす構成的グループ・エンカウンターの効果──Self-esteem，社会的スキル，ストレス反応の視点から　秋田大学教育文化学部研究紀要教育科学, *59*, 51-61.

杉本希映・庄司一子（2007）．中学生における「居場所」の有無と不登校傾向との関連の検討　日本教育心理学会第49回総会発表論文集, 286.

スタンドバイ株式会社（2022）．こころとからだのWEB健康観察・アンケートアプリ「シャボテンログ」　https://shabotenlog.jp/

樽木靖夫・石隈利紀（2006）．文化祭での学級劇における中学生の小集団の体験の効果──小集団の発展，分業的協力，担任教師の援助介入に焦点をあてて　教育心理学研究, *54*, 101-111.

田山　淳（2008）．中学生における登校行動とバウムテストの関連について　心身医学, *48*, 1033-1041.

渡辺弥生・蒲田いずみ（1999）．中学生におけるソーシャルサポートとソーシャルスキル──登校児と不登校児の比較　静岡大学教育学部研究報告人文・社会科学篇, *49*, 337-351.

第3章
子どもの友人関係・仲間集団

1 友人関係・仲間集団の発達的変化

　友人関係は，小学校中高学年頃より大きく変容することが指摘されている。そのもっとも顕著な変容は仲間集団の出現である。この時期の仲間集団は，通常，3名から10名程度の同性のみで構成され，ほとんどの相互作用をこの仲間集団内で行うことが明らかにされている（Rubin et al., 2006）。

　このような友人関係の発達的変化は，日本の学級においても認められる。小学校高学年頃から行動をともにする相手が限定されるようになり，学級内には少人数で構成される固定化された仲間集団が形成されるようになる。このような仲間集団は男女によって多少の違いはあるものの，中学校や高校，大学でも認められ，ほとんどの生徒が仲間集団に所属し，学校での多くの活動をその仲間集団で行っている（表3-1）。欧米では，青年期頃から同性同士の仲間集団は徐々に減少し，異性も交えた複数の集団が緩やかに結ばれた構造へと変容していくが，日本の仲間集団は欧米にくらべて長期にわたって維持される傾向が強いと考えられる（保坂・岡村, 1986）。

　ただし，近年になるにつれ，日本の仲間集団が変容していることも指摘されている。保坂（2010）は，近年の仲間集団の変容について，①ギャング・グループの消失，②チャム・グループの希薄化・肥大化，③ピア・グループの遷延の3点を挙げ，その背景要因と問題点について指摘している（表3-2）。

　児童期から青年期にかけての仲間集団は，児童青年が保護者から心理的に自立し，自らのアイデンティティを確立していくなかで必要不可欠なものとして重要視されてきた。例えば，岡村（1998）は，児童期から青年期にかけての仲間集団の重要性について，①保護者からの自立に伴う喪失感の補償，②新たに同一化する価値の拠り所，③集団所属欲求に対して防衛的かつ適応的であるこ

32　第Ⅰ部　子どもと学級

表 3-1　児童期から青年期にかけての仲間集団の特徴（保坂・岡村．1986 をもとに作成）

	仲間集団の特徴
ギャング・グループ	児童期後期の小学校高学年に見られる仲間集団。同じ遊びをするといった同一行動を前提とした一体感が重視され，それを共有できないものは仲間はずれにされる。教師などの権威に対して反抗したり，他の集団に対して対抗したり，異性集団を拒否したりする。大人から禁止されたことを仲間と一緒にやることが多いことから「ギャング」と呼ばれる。
チャム・グループ	思春期前期の中学生に見られる仲良し集団。同じ興味・関心などを通じて結びついた集団で，お互いの共通点や類似性を確かめ合うことをよく行う。その集団内だけにしか通じない言葉を作り出し，その言葉が通じるものだけが仲間であるという境界線を引く。ギャング・グループの特徴が同一行動であるのに対し，チャム・グループの特徴は同一言語にある。
ピア・グループ	高校生くらいから見られる仲間集団。お互いの価値観や理想，将来の生き方などを語り合う。共通点や類似性を確かめ合うだけでなく，お互いの異質性をぶつけ合いながら，自分と他者の違いに気づき，自分を確立していく。異質性を認め合い，それを乗り越えることで，自立した個人として互いに尊重し合う関係が生じる。

表 3-2　近年の仲間集団の変容と背景要因（保坂．2010 をもとに作成）

	背景要因と問題
ギャング・グループの消失	・小学校高学年では，放課後子どもたちが集まって遊ぶ時間が少なくなっている。 ・塾やお稽古事の予定がつまっている子どもたち同士の日程調整がままならず，またゲーム機の発達により，野球やサッカーなど大人数で戸外で遊ぶことが不可能になっている。 ※友人や仲間との相互作用が少ない→社会的コンピテンスが習得されない…という悪循環 ※ギャング・グループを十分経験しないまま，チャム・グループに移行する児童が増加
チャム・グループの希薄化・肥大化	・チャム・グループはギャング・グループの消失と入れ替わって，子どもたちの間で肥大化している。 ・児童期から思春期に見られる多くの友人関係は，極めて薄められた感じのチャム・グループである。 ・ケータイの普及は，物理的に離れていても集団内では価値観に違いがないことを確認し，同調する道具として使われる。 ・今の子どもたちの対人関係の特徴と言われる希薄化は，ギャング・グループを十分に経験しないままにチャム・グループを形成していく中で見られる。 ※価値観や考え方を共有するという体験が乏しい→異質性を認め合うピア・グループの形成や青年期の中心課題であるアイデンティティの形成にも影響
ピア・グループの遷延化	・最近の子どもたちは，他者との違いをハッキリと表現することができない。彼らにとって，他者との違いを言うこと，「ノー」と言うことは，攻撃的にとられかねない。当然，ピア・グループの形成という発達課題が難しいものになりつつあり，高校生段階ですらピア・グループが見られず，薄められたチャム・グループが目立っている。

と，の3つを挙げている。また，Buhrmester & Furman (1986) は，仲間集団のなかで獲得される社会的コンピテンスとして，ギャング・グループでは「協力，妥協，競争」，チャム・グループでは「他者視点取得，共感性，愛他性」，ピア・グループでは「親密さ，性，不安の調和」を挙げている。近年の仲間集団の変容のなかで，仲間集団の機能がしだいに薄れ，児童生徒の自立やアイデンティティの確立に影響を及ぼしつつある可能性が示唆される。

2 学級内の友人関係・仲間集団

[1] 学級内の友人関係・仲間集団の測定

　教師から見た学級集団の時系列的変化については，いくつかの段階があることが指摘されている。河村 (2009) は，年度初めからの学級集団の時系列的変化を「混沌・緊張期」「小集団形成期」「中集団形成期」「全体集団成立期」「自治的集団成立期」の5段階に分け，それぞれの学級集団の特徴とその段階で必要とされる教師の指導行動について考察している。

　ただしこの学級集団の時系列的変化は，学級を1つにまとめ上げ，自律的な集団へと成長させるという，教師から見た学級集団の変化であり，児童生徒同士の好悪感情にもとづくインフォーマルな友人関係の変化を表しているわけではない。授業や学級活動の時間にリーダーシップを発揮し，みんなをまとめ上げるような児童生徒が，休み時間になると誰とも遊ばず一人机に座って本を読んでいるということもある。このように教師から見た学級集団と，児童生徒の好悪感情にもとづくインフォーマルな友人関係や仲間集団には違いがあることが多い。

　好悪感情にもとづく児童生徒同士のインフォーマルな関係を測定する手法には，休み時間の観察なども有効であるが，より簡便で客観的な測定法として「ソシオメトリック・テスト」がある。これは，好きな友だちや一緒に遊びたい友だちを複数名挙げさせるもので，その選択関係を図示したものがソシオグラムである（**図3-1**）。近年は個人情報の保護や友人に対する好嫌を尋ねることなどの倫理的な問題などから日本での実施は困難である。実施するうえでは，学校の管理職と全教職員，調査対象となる児童生徒とその保護者からの同意が必須なためである。ただし，その他の倫理的な問題が比較的少ない何ら

図 3-1　ソシオグラムの例 (狩野, 1985 より)

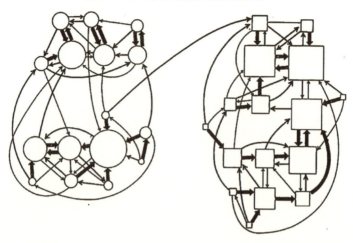

注) □は男子, ○は女子で, 大きさは集団の大きさを示し, 矢印の太さは選択順位を示す

かの方法で, 教師が児童生徒間のインフォーマルな友人関係や仲間集団を把握することは, 教育的・生徒指導的な観点からも必要不可欠である。そのためには, 授業や休み時間の観察や個人面談, 種々のアンケートなどを組み合わせたり, 児童生徒の援助資源として「困ったときに助けてくれる友だち」を事前に尋ねておいたりすることで, 学級内の友人関係や仲間集団のあり方を多面的に把握しておく必要がある。

[2] 学級内の友人関係・仲間集団の時系列的変化

　河村 (2009) で示された「緊張・混沌期」は, 児童生徒同士がばらばらの状態とされているように, クラス替えが行われた直後では交友する人数は少なく, 学級内の友人関係は時間経過に伴って徐々に拡大すると考えられている。しかし, ソシオメトリック・テストを用いた研究によれば, 男子では比較的早い時期から緩やかにつながった比較的大きな集団を形成し, 時間経過に伴って選択相手が一部の人物に集中した集中度や階層度が高い構造へと変化するのに対し, 女子は集中度が低い分散化した構造を示し, 時間経過による変化が少ないことが明らかにされている (楠見, 1986)。また, 学級内で一緒に遊ぶ相手 (「一緒に遊んだりおしゃべりをする相手」として自分と相手の双方が選択した

相互選択数）を縦断的に調査した研究では，男子は学級内の約半数の人と一貫して交友しているのに対し，女子は交友する友人数が次第に減少し少数の友人としか交友しなくなることが示されている（石田，2003）。つまり，男子は，お互いが緩やかにつながった比較的大きな仲間集団を形成する傾向があるのに対し，女子は相互に独立した少人数で構成される小集団をつくる傾向がある。

このような仲間集団の男女差については，友人関係への志向性の違いや活動の違いが関連していると考えられている。男子は課題達成欲求を満たす関係を志向する傾向が強いのに対し，女子は親和的で情緒的な欲求を満たす関係を志向する傾向が強い（Karweit & Hansell, 1983）。また，男子では何をするかといった活動を中心に仲間集団を形成するのに対し，女子では活動よりも情緒的なつながりをもとに形成する。すなわち，男子では「何をするか」が重要であるため，活動によって仲間集団が変化しうるのに対し，女子は「誰とするか」が重要であるため，いつでもどこでも同じ仲間集団で行動することが多いのである。

［3］仲間集団の所属動機と仲間集団の構造

女子の仲間集団は男子の仲間集団にくらべて小さく，凝集性と閉鎖性が高い。そのため，集団間での移動は行われにくく，一度形成された小集団は固定化され，そのまま維持されることになる。このような状況では，児童生徒はクラス替え後の早い時期から，どこかの仲間集団に所属しようとするだろう。

仲間集団に所属しようという動機には，「相談しやすいから」「安心して何でも話せるから」「頼りになるから」といったように，集団に所属する成員に魅力を感じ，一緒にいたいからという積極的な動機もあれば，「グループでいないと周囲から浮いているように思われるから」「教室に居づらいから」「ひとりぼっちだと思われたくないから」といった消極的な動機もある（佐藤，1995）。これまでの研究では，女子は男子にくらべて親和欲求と拒否不安がともに高く，仲間集団の所属動機でも，積極的な動機だけでなく消極的な動機も高いことが明らかにされている（大嶽, 2007）。

では，積極的な動機によって形成された仲間集団と消極的な動機によって形成された仲間集団では，どのような違いがあるだろうか。石田・小島（2009）は，中学生を対象にして，仲間集団の所属動機と仲間集団の構造との関連につ

表 3-3　仲間集団の構造と項目例（石田・小島, 2009 より）

	定義	項目例
凝集性	みんなが仲が良い，団結力があるといった親密性の高さやまとまりの良さ	・グループのみんなは仲が良い ・グループの団結力が強い ・グループには，誰にも遠慮することなく，言いたいことを言える雰囲気がある
閉鎖性	グループの内外に壁を作り，グループ外の人を排除する傾向。「排他性」とも呼ばれる	・グループ以外の人を仲間に入れてあげないという雰囲気がある ・他のグループの人が自分のグループに入ってくるのを嫌がる人がいる ・グループの人たちは，いつもグループ内の人とだけ遊んでいる
階層性	グループ内に存在する上下関係やグループ内の格差の有無	・グループには，中心的な存在がいる ・グループの中で，意見を言う人と言わない人が分かれている ・グループの中に上下関係がある

図 3-2　仲間集団の所属動機が仲間集団の構造に及ぼす影響（石田・小島, 2009 より）

注）実戦はプラスの影響，破線はマイナスの影響を示す

いて検討した。仲間集団の所属動機は，先述した積極的動機と消極的動機で測定し，仲間集団の構造は，「凝集性」「閉鎖性」「階層性」の３つの側面で測定した（表 3-3）。図 3-2 は，仲集団の所属動機が仲間集団の構造に及ぼす影響を男女別に図示したものである。

　積極的な動機によって形成された集団は，男子では凝集性と階層性が高く，女子では凝集性が高く閉鎖性が低かった。男子で階層性が高いのは，男子の仲間集団は比較的大きく，課題志向的な集団が形成されやすいためだと考えられる。

　一方，消極的な動機の影響は女子のみで認められ，仲間集団のすべての特徴に影響を及ぼしていた。なかでも注目に値するのは，①積極的な動機によって形成された仲間集団は凝集性が高いにもかかわらず，閉鎖性は低いこと，②消

極的な動機によって形成された仲間集団は，凝集性が低いにもかかわらず，閉鎖性や階層性が高かった点である。

　これまで，仲間集団の凝集性と閉鎖性は表裏一体のものであり，凝集性が高い集団は閉鎖性も高いと考えられてきた（三島，2007）。何でも話せる親しい仲間であるからこそ，いつも一緒にいたいと思うだろうし他の友だちに邪魔されたくないと思うと考えられるからである。しかし，女子の仲間集団の閉鎖性は積極的な動機で形成された集団で低く，逆に消極的な動機で形成された集団で高かった。同様の結果は，親和欲求と拒否不安の高さと仲間集団の構造との関連を検討した研究でも確認されており，女子の仲間集団の閉鎖性は，親和欲求が高い場合に低く，拒否不安が高い場合に高いことが示された（永井・石田，2020）。

　では，なぜ，消極的な動機で形成された集団は，魅力的で仲が良いわけでもないのに，その集団の成員が集団外の成員と仲良くするのを拒むのだろうか。それは，誰かが集団から離脱してしまうと仲間集団は崩壊し，自分が孤立することになりかねないからである。仲間集団の閉鎖性は，その仲間集団の成員が魅力的で凝集性の高い集団で高められる場合もあれば，凝集性が低い集団であっても，自分が孤立しないためという理由でも高められるのである。

　このような，凝集性が低く，閉鎖性の高い仲間集団に所属する成員は，他の成員からどう思われているかを常に気にし，集団からはみ出さないように気を遣いながら過ごしている。また集団内で嫌なことや問題が起こっても，集団を離れることができないために，問題がさらに深刻化する可能性もある。特に小集団が固定化し，集団間の移動ができにくい状況であれば，その傾向は顕著になるだろう。この点に関連して，三島（2007）は，小学校女子で閉鎖性の高い仲間集団に所属している女子児童は，仲間集団に所属することで友人関係に満足しながらも，集団内の成員に気を遣うことで精神的な疲労を蓄積させ，学校生活全般に対する適応感を低下させる可能性を指摘している。

　仲間集団に所属することは，児童期から青年期にかけて自然なことであり，そこで得られる体験は児童生徒の発達にとって重要なものである。ただし，極端に閉鎖的な集団や孤立するのを避けるために閉鎖性が高められた集団では，教師からは見えにくいトラブルや「集団内いじめ」などの問題を抱えている可能性もある。

38　第Ⅰ部　子どもと学級

　そのような事態を避けるためには，教師は児童生徒ができるだけ多様な児童生徒と交流できるような機会をつくり，どこかの集団に所属せざるを得ないような雰囲気を低減させる必要があるだろう。高橋・越（2019）は，協同学習のグループ編成の仕方によって，仲間集団以外の級友との関係形成が促され，仲間集団の閉鎖性が低減する可能性を指摘している。教師は，仲間集団の重要性を認識しながらも，仲間集団があることで児童生徒が悩んだり苦しんだりすることがないよう，児童生徒の人間関係を十分把握した上で，仲間集団以外の成員とも関われるような，より多様なグループ編成を心掛ける必要があるといえる。

3 学級内の友人関係と学習意欲

［1］友人からのプラスの影響とマイナスの影響

　授業は教室という集団場面で実施されており，授業内容や教師との関係だけでなく，学級内の友人や仲間集団も学習面での意欲や行動に影響を及ぼしている。特に友人同士は，お互いに教え合ったり協力したりしながら課題に取り組むことが多いため，学習意欲，授業での取り組み，学業成績などの点で類似していることが明らかにされている（Ryan, 2001）。

　ただし，学習面での友人からの影響については，彼らとの関係のあり方によって異なることを示す研究もある。石田・吉田（2015a）は，中学生を対象にして，友人の適応感（学習関係，級友関係，教師関係，学校全体）と彼らとの関係の親密さが，生徒の適応感に及ぼす影響について縦断的に検討した。その結果，男子のみであるが，友人の学習適応感が生徒の学習適応感に及ぼす影響は，相手との関係の親密さによって正反対の関係にあることが明らかとなった。具体的には，友人との関係が親密である場合には，友人の学習適応感と生徒の学習適応感は正の関係にあるのに対し，友人との関係が親密でない場合は，友人の学習適応感と生徒の学習適応感は負の関係にあることが示された（図 3-3）。

　さらに石田・吉田（2015b）は，学習意欲や授業での取り組みといった学習面での友人からの影響に焦点を絞って検討し，同様の結果を確認している。すなわち，友人との関係が親しい場合は，学習意欲が高く授業での取り組みが積

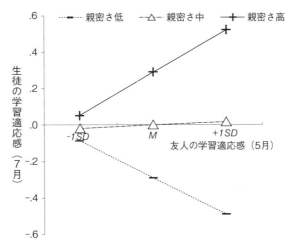

図3-3 男子における友人の学習適応感と生徒の学習適応感の関係（石田・吉田, 2015a より）

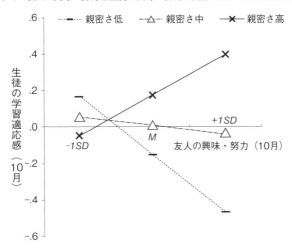

図3-4 友人の興味・努力と生徒の興味・努力の関係（石田・吉田, 2015b より）

注）図は学習に対する興味・努力の結果であるが，学習の重要度，授業での取り組みでも同様の結果が示されている。

極的である友人をもつ生徒ほど学習意欲が向上し，授業での取り組みも積極的になるのに対し，関係があまり親しくない場合には，学習意欲は低下し授業での取り組みも積極的でなくなることが示された（**図3-4**）。

40　第Ⅰ部　子どもと学級

　これらの研究からは2つの点が指摘できる。第1に，学習面での友人からの影響は，友人との類似性を高める方向に作用するだけでなく，関係が親密でない場合には自他の類似性を低める方向に作用し得ること，第2にその傾向は女子よりも男子で強い可能性である。

　これまでの研究では，親密でない友人からの影響はほとんどないと考えられてきた。しかし，「よく一緒にいる友人」からは，良くも悪くも影響を受けており，学習面に関しては，あまり親密でない場合において，自他の類似性を低める方向への影響を受けるといえる。

　では，学習面での友人からの影響が，あまり親密でない場合において，自他の類似性を低める方向に作用するのはなぜだろうか。

　第1に考えられるのは，学習面では自他の優劣が明確である点である。中学になれば定期テストで成績が開示され，自他の相対的な優劣が客観的に示される。自分の成績が相手よりも優れている場合はよいが，自分の成績が他者よりも劣っている場合は自尊感情が傷つけられる。そのため，相手が自分よりも優れている場合は，自尊感情が傷つかないような防衛機制が働く（相手との親密度を下げる，課題（学習）の重要度を下げる，など）と考えられる。

　Tesser & Campbell（1985）が提唱した「自己評価維持モデル」によれば，人には自己評価を維持，高揚したいという欲求があり，優れた他者との比較によって自己評価が脅威にさらされたとき，人はその課題に対する意欲や関心を低下させることによって，自己評価を回復させようとする傾向があるとされる。友人との関係が親密な場合，友人は同一視の対象として機能するため，学習に対する意欲や授業での取り組みにおいて自他の類似性を高める方向へと作用する。しかし，関係が親密でない場合の友人は，自分の能力の比較対象として機能するため，その友人との相対的な優劣が自己評価を左右する。親しくない友人が学習面で高い評価を得ることは，自己評価を低下させる可能性があるため，学習に対する意欲や授業での取り組みを低下させることによって，自己評価の低下を未然に防ごうとすると考えられるのである。また相対比較による自己評価の影響は，女子よりも男子の方が強いため，優れた友人からの学習面でのマイナスの影響は，女子よりも男子で認められやすいと考えられる。

[2] 学習面における友人の特徴の効果と関係の質の効果

　学習面での友人や仲間からの影響が，両者の類似性を高める方向だけでなく，自他の類似性を低める可能性もあり，それを左右するのは友人との関係の親密さである可能性が示唆された。そうであるならば，友人からの影響についても，それらを区別して検討する必要があるだろう。

　Berndt (2002) は，友人からの影響に関連する要因として，「友人の特徴の効果」と「友人との関係の質の効果」を区別する必要性を指摘している。

　友人の特徴の効果とは，友人の態度や行動の影響を受けて友人間の類似性が増すという効果のことで，そのメカニズムとして，モデリングや同一視，友人からの強化や集団圧力などが考えられている。行動をともにする友人や仲間集団の態度や行動は，児童生徒にとって一種のモデルとして機能しており，友人や仲間集団の態度や行動は取り入れられやすい。また仲間集団では，斉一性への圧力が働くだけでなく，類似した態度や行動が強化されやすいことも指摘されている。授業場面での児童の行動（授業関連，授業非関連）とそれに対する仲間からの反応（承認，否認）を検討した研究では，集団によって仲間からの反応が異なることが明らかにされている（Sage & Kindermann, 1999）。このような仲間からの強化のあり方も集団内の類似性を高めることに影響していると考えられる。

　一方，友人との関係の質の効果とは，友人との関係からもたらされる効果のことで，この効果はさらに「直接的な効果」と「間接的な効果（調整効果）」に分けられる。関係の質の直接効果とは，友人がいることによる効果や友人関係そのものからもたらされる効果のことである。一日の大半を過ごす教室において親しい友人がいることは安心感をもたらし，授業を含めた様々な活動に集中できる。実際，親しい友人がいることによる安心感や受容感は，学習に対する興味関心を高め学業成績を向上させることが明らかにされている（Ryan, 2001）。

　他方，友人関係の質の間接的な効果とは，友人の特徴の効果を調整する効果のことである。児童生徒の態度や行動は，友人がどのような特徴をもつかによって影響を受けるが，その影響の強さはその友人との関係の質によって左右される（調整される）と考えられる。例えば，親しい友人からの影響は強いと考えられるが，あまり親しくない友人からの影響は，親しい友人からの影響に

くらべて弱いであろう。先述した，学業面での友人からの影響が，相手との関係が親密か親密でないかによって正反対になるという結果は，関係の親密さという関係の質が，学業面での優れた相手からの影響を調整している（プラスに働くかマイナスに働くかを左右する）ととらえることが可能であり，関係の質による調整効果の特異な例と考えることができるだろう。

[3] 友人関係を考慮した学習支援

　学習面での友人からの影響が，友人の特徴だけでなく，友人との関係の質にも影響されるとするならば，教師の働きかけもそれらを区別して行うことが必要となる。ここでは，①児童生徒への個人的な働きかけ，②関係への働きかけ，そして，③学級全体としての働きかけ，について述べる。

　1）個人への働きかけ　他者との比較ではなく，個人の成長に目を向けさせる働きかけが重要である。特に学習意欲やコンピテンスが低い児童生徒に対しては，到達可能な個別の目標を設定させて，段階をふまえたスモール・ステップも有効だろう。

　2）関係への働きかけ　児童生徒同士の比較を抑制し，児童生徒同士の親密さを高め，相互に学び合えるような機会の設定が必要であろう。親密な友人がいることによる情緒的な安心感や友人からの情緒的・道具的なサポートは学習意欲や学業成績を高めることから，そのような相互のサポートを促す働きかけが有効だろう。インフォーマルな友人関係や仲間集団に教師が直接介入することは困難であるが，学習場面や学級活動でのグループ編成や協同学習の仕方を工夫すれば，仲間集団以外の成員との交流も増え，新たな関係形成が促される可能性がある（高橋・越，2019）。

　3）学級全体への働きかけ　教師が掲げる目標設定が挙げられる。学級で重視される学習に関する目標には，「熟達目標（個人の成長を評価する）」「遂行接近目標（他者より優れた達成を評価する）」「遂行回避目標（他者に負けないことを重視する）」があり，学習面での向上には熟達目標の重視が有効であることが明らかにされている。しかし学級目標には，社会面での目標として「向社会的目標（他者に対する思いやりや困っている人を助ける）」「規範遵守目標（決められたことや約束事はきちんと守る）」などがある。日本の教室は，学習する場だけでなく，社会性を育む場でもあり，学習面での目標設定だけでなく，

社会面での目標設定も重要である。特に向社会的目標の重視は，児童生徒同士の親密さや情緒的・道具的サポートを促進し，学習意欲や学業成績を上昇させることが明らかにされている（中谷・岡田，2020）。児童生徒同士がともに助け合い，学び合う学級をつくるためには，学習面だけでなく，社会面を含めた目標の設定と評価が必要と考えられる。

本章のキーワード

仲間集団の発達的変化，仲間集団の構造（凝集性，閉鎖性，階層性），学習意欲，友人からの影響

【引用文献】

Berndt, T. J.（2002）．Friendship quality and social development. *Current directions in Psychological Science, 11,* 7-10.

Buhrmester, D., & Furman, W.（1986）．The changing functions of friends in childhood: A neoSullivanian perspective. In V. J. Derlega & B. A. Winstead（Eds.）, *Friendship and Social Interaction*（pp. 41-62）. New York: Springer-Verlag.

保坂　亨（2010）．いま，思春期を問い直す――グレーゾーンにたつ子どもたち（pp. 110-131）　東京大学出版会

保坂　亨・岡村達也（1986）．キャンパス・エンカウンター・グループの発達的・治療的意義の検討　心理臨床学研究，*4*（1），15-26．

石田靖彦（2003）．学級内の交友関係の形成と適応過程に関する縦断的研究　愛知教育大学研究報告（教育科学編），*52*，147-152．

石田靖彦・小島　文（2009）．中学生の仲間集団の特徴と仲間集団との関わりとの関連――仲間集団の形成・所属動機という観点から　愛知教育大学研究報告（教育科学編），*58*，107-113．

石田靖彦・吉田俊和（2015a）．中学校入学後の友人関係が学校適応感に及ぼす影響――関係の親密さと友人の特徴の効果に関する縦断的検討　愛知教育大学研究報告，*64*，67-73．

石田靖彦・吉田俊和（2015b）．友人との関係の親密さと友人の特徴が生徒の学習動機づけに及ぼす影響　愛知教育大学教育創造開発機構紀要，*5*，133-140．

狩野素朗（1985）．コンデンセーション法による大局的集団構造特性の集約　実験社会心理学研究，*24*，111-119．

Karweit, N. & Hansell, S.（1983）．Sex differences in adolescent relationships: Friendships and status. In J. L. Epstein & N. Karweit（Eds.）, *Friends in School: Patterns and Selection and Influence in Secondary Schools*（pp. 115-130）. New York: Academic Press.

河村茂雄（2009）．いま，学級づくりに求められるスキルとは――現代の子どもたちに対応した学級づくり　児童心理，*63*（6），2-11．

楠見幸子（1986）．学級集団の大局的構造の変動と教師の指導行動，学級雰囲気，学校モラールに関する研究　教育心理学研究，*34*，104-110．

三島浩路（2007）．小学校高学年児童の友人関係における排他性・親密性と学校適応感との関連　東海心理学研究，*3*，1-10．

永井里奈・石田靖彦（2020）．親和欲求と拒否不安が仲間集団指向性とグループの所属・グループの特徴に及ぼす影響　愛知教育大学教育臨床総合センター紀要，*10*，10-19．

中谷素之・岡田　涼（2020）．学業的・社会的領域の目標と学業的援助要請に関する包括的レビュー：援助を求めることは常に最善か？　心理学評論, *63*, 457-476.

岡村達也（1998）．親からの精神的分離　古屋 健治・星野 命・山田 良一（編）　青年期カウンセリング入門——青年の危機と発達課題（pp. 209-221）　川島書店

大嶽さと子（2007）．「ひとりぼっち回避規範」が中学生女子の対人関係に及ぼす影響——面接データに基づく女子グループの事例的考察　カウンセリング研究, *40*, 267-277.

Rubin, K. H., Bukowski, W. M., & Parker, J. G.(2006). Peer Interactions, Relationships, and Groups. In N. Eisenberg, W. Damon, & R. M. Lerner（Eds.）, *Handbook of Child Psychology: Social, Emotional, and Personality Development*（6th ed., pp. 571-645). John Wiley & Sons, Inc.

Ryan, A. M.（2001）．The peer group as a context for the development of young adolescent motivation and achievement. *Child Development*, *72*, 1135-1150.

Sage, N. A., & Kindermann, T. A.（1999）．Peer networks, behavior contingencies, and children's engagement in the classroom. *Merrill-Palmer Quarterly*, *45*, 143-171.

佐藤有耕（1995）．高校生女子が学校生活においてグループに所属する理由の分析　神戸大学発達科学部研究紀要, *3*, 11-20.

高橋智美・越　良子（2019）．小学校高学年における学級内の友人関係に協同学習が及ぼす影響——仲間集団以外の級友との関係に着目して　上越教育大学研究紀要, *39*, 19-28.

Tesser, A. & Campbell, J.（1985）．A self-evaluation maintenance model of student motivation. In R. Ames & C. Ames（Eds.）, *Research on Motivation in Education: Vol.2. The Classroom Milieu*（pp. 217-247). Orlando: Academic Press.

第4章
学級における子どもの対人的問題 ──いじめ

1 いじめとは

　2011年に大津市の中学校2年生がいじめを苦に自殺した事件をきっかけに，教育委員会や学校の不適切ないじめ対応や閉鎖性が社会問題となり，2013年（平成25年）に「いじめ防止対策推進法」が施行された。この法律の第2条において，いじめは「児童等に対して，当該児童等が在籍する学校に在籍している等当該児童等と一定の人的関係にある他の児童等が行う心理的又は物理的な影響を与える行為（インターネットを通じて行われるものを含む。）であって，当該行為の対象となった児童等が心身の苦痛を感じているもの」と定義されている（文部科学省, 2013）。この定義によると，子どもが学校内の児童等の人間関係のなかで心理的又は物理的な苦痛を感じている場合には，教師はそれを「いじめ」と認識して対応を開始する必要があるということになる。

　いじめの研究をする際には，その他の攻撃行動と区別するためにもう少し狭義の定義が使用されることが多い。国際的には，「加害者からの攻撃が繰り返されており，継続性があること」，「力関係の強弱が存在しており，被害者が攻撃を防ぐことが困難なほど加害者の力が強いこと」の2要因を含んだ攻撃行動がいじめと定義される傾向がある（Olweus, 1978）。

2 日本のいじめの様態

　文部科学省の調査（2023）によると，近年のいじめは低年齢層で増加傾向にあり，特に小学校低学年生での報告件数が増えている。また，いじめの手口としては（1）冷やかしやからかい，悪口や脅し文句，嫌なことを言われるなどの言語的いじめ（小学校52.9％；中学校62.0％），（2）仲間はずれ，集団による

無視をされる（小学校 12.2%；中学校 9.0%），(3) 軽くぶつかられたり，遊ぶ
ふりをして叩かれたり，蹴られたりする（小学校 25.7%；中学校 14.3%），(4)
ひどくぶつかられたり，叩かれたり，蹴られたりする（小学校 6.8%；中学校
5.5%），(5) 金品をたかられる（小学校 0.9%；中学校 0.9%），(6) 金品を隠さ
れたり，盗まれたり，壊されたり，捨てられたりする（小学校 5.5%；中学校
5.0%），(6) 嫌なことや恥ずかしいこと，危険なことをされたり，させられた
りする（小学校 10.3%；中学校 8.5%），(7) パソコンや携帯電話で，ひぼう・
中傷や嫌なことをされる（小学校 1.8%；中学校 10.2%），(8) その他（小学校
4.6%；中学校 3.5%）という状況になっている（括弧内は認知件数に対する割
合）。

　いじめは大きく分類すると，(1) 直接的いじめ（「叩く，蹴る」などの身体
的攻撃や「悪口を言う，からかう」などの言語的攻撃を用いて，被害者の心
身に直接的な苦痛を与えるタイプのいじめ）と，(2) 間接的いじめ（持ち物を
隠されたり，盗まれたり，壊されたり，捨てられたりするタイプのいじめ），
(3) 関係性いじめ（「無視，仲間はずれ，悪い噂を広める」など，親しい仲間
内の対人関係や受容感に危害を加えるタイプのいじめ），(4) ネットいじめ（イ
ンターネットを利用して「悪口や個人情報を SNS や掲示板などに書き込む」
「チェーンメールやなりすましメールで誹謗中傷を送る」などの行為により被
害者に苦痛を与えるタイプのいじめ）に分けられる。文部科学省（2023）の調
査からも見てとれるように，パソコンや携帯電話などを用いたネットいじめ
は，小学校よりも通信端末の所有数が増加する中学校で大幅に件数が増える傾
向がある。

　なお，こうしたいじめの被害にあった子どもは，自尊心が低下し，不安・抑
うつなどの内在化問題や自傷行為，自殺企図，自殺念慮が高まることが国内外
の研究で報告されている（Li et al., 2022；Mullan et al., 2023；村山，2015）。さ
らに，いじめ被害によるネガティブな影響は短期的なものだけでなく，小学生
時に受けた仲間はずれによるいじめ経験が，大学生時の自尊感情を低下させる
ことで特性不安を高め，主観的幸福感を低下させる（水谷・雨宮，2015）とい
うような長期的な影響も問題になっている。したがって，子どもが安心して学
べる環境を確保し，心身の安全を守るためにも，いじめは日ごろから十分に予
防し，発生した場合には早期発見・早期解決を目指す必要がある。

3 学級内のいじめの構造

近年の研究で，学校のいじめは個別的な現象ではなく，学級や部活動内の仲間集団や社会的文脈のなかで起こる社会的な現象であることが明らかにされてきた（Hymel et al., 2015）。例えば，森田・清永（1986）は，いじめは被害者と加害者の二者関係ではなく，いじめを見てはやし立てる観衆と，いじめを見て見ぬふりをする傍観者がかかわることで生じるという「いじめの四層構造理論」を提唱している（図 4-1）。この理論によると，傍観者はいじめに暗黙の支持を示し，観衆がいじめを増幅させることで，いじめを促進する役割を担っている。仲裁者は傍観者のなかに含まれ，いじめを抑止する作用がある。Salmivalli（1999）もまた，フィンランドの一連のいじめ研究から学級にはいじめの加害者を補助する子どもや，いじめ加害者を強化する子どもが存在することを示している。すなわち，いじめの発生プロセスには，いじめの加害者だけでなく，学級内のほとんどの子どもたちが何らかの役割で関与していると考えるのが妥当である。なかでも，最も多くの人数を占めている役割は，いじめの傍観者である。

近年，学級内でいじめを見ても何もせずに消極的に傍観している子どもをいじめの被害者の味方にすることを目的としたいじめの防止方法に注目が集まっており（本章第 6 節参照），いじめの傍観者といじめの仲裁者の研究が進めら

図 4-1　いじめ集団の四層構造モデル（森田，2010 をもとに作成）

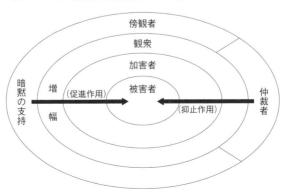

れている。例えば，Reijntjes et al.（2016）は，オランダの小学生を対象にしたいじめの役割行動に関する研究で，いじめの仲裁者には加害者を制止するタイプと被害者に寄り添うタイプが存在することを示している。彼らの調査に協力した394人の児童のうち，最も数が多かったのは残念ながらどちらの仲裁行動も行わない子どもであった（52%）が，次に人数が多かったのは被害者には寄り添うが，いじめの加害者を制止しないタイプの子ども（25%）であった。なお，いじめの加害者を制止するが，被害者に寄り添わないタイプの子ども（13%）には，男子が多く，いじめの制止と同時にいじめの加害者やいじめの強化者の役割も経験していた。両タイプの仲裁行動をとる子どもは最も少数（10%）であり，好感度にもとづく学級内の地位が高い女子が多かった。いじめの被害者を守るために，いじめの加害者を制止する行為は，いじめの加害者の怒り感情を喚起するリスクがある。この研究結果は，いじめの制止者になることができるのは，いじめの加害者から攻撃を受けても反撃することができる子どもが，他者の攻撃行動が気に入らないときに自己中心的な動機で制止するか，学級内で人気が高く，味方が多いためにいじめの加害者から守ってもらえる子どもであることを示唆している。

4 学級の集団規範といじめ

　日本の学校生活は，学級での集団生活を基本としており，決められたメンバーで多くの時間を過ごすことが求められる特殊な環境である。特に小学校高学年生以降の，心理的居場所が親から仲間関係に移行する年代にとっては，その特殊な世界でクラスメートから受け入れられることが重要な意味をもつ。したがって，学校生活を過ごすなかで，子どもたちは周囲の友だちからどのような行動が期待されており，どのような行動が嫌われるのかを常に気にかけている。それが，日々の生活のなかで学級内の子どもたちの独自ルールとなり，そこから逸脱すると冷ややかな目で見られたり，悪口を言われたりすることになる。

　このように学級で子どもたちに共有される暗黙のルールは集団規範という概念で説明される。現代心理学辞典（2021）によると，集団規範とは，集団内の大多数の成員が共有する判断の枠組みや思考様式のことであり，集団成員とし

て期待される行動の標準を示すもので，集団内での自己の適切な行動を選択する際の基準となるものである。

　学級の集団規範はいじめの加害者にとっても，攻撃行動を実行するか否かの判断基準となりうる。大西（2007）は，中学生を対象に学級の集団規範と生徒のいじめの加害傾向との関連を検討し，学級の集団規範がいじめを許す傾向のある学級では，学級の集団規範がいじめに否定的な学級と比較して，生徒のいじめの加害傾向が高いことを示している。また，黒川（2010）では，中学生を対象にした研究で，いじめに否定的な学級規範のある学級では，「携帯電話のカメラで被害者が嫌がるような写真を撮って友だちと見る」などの携帯電話を利用したいじめが少ないことが示されている。このように，学級の規範に着目した関連研究では，外山・湯（2020）が小学校4年生から6年生を対象に学級の雰囲気といじめとの関連についてマルチレベル分析を用いた検討を行っている。その結果，集団レベルの学級の質（友だち関係雰囲気，学級雰囲気，承認雰囲気，いじめ否定雰囲気）が良好であるほど，児童のいじめの加害行動を抑制することが示された。

　学級の集団規範はいじめの傍観者にも影響を与えることがわかっている。Pozzoli & Gini（2010）は，いじめに否定的な集団規範による規範的圧力を感じている子どもは，いじめを目撃した際に被害者をかばう傾向が高いことを示している。これらの研究は，学級内の子どもたちがいじめに対して否定的であることが，いじめの抑止につながることを示唆している。それでは，学級の集団規範をいじめに否定的な状態にするためにはどのような工夫が必要になるのだろうか。

　いじめに否定的な学級の集団規範には，担任教師が日常的にどのように子どもに接しているかが関連することが明らかにされている（大西他，2009）。具体的には，教師が学級の子どもたちに，「うれしいとき一緒に喜んでくれる」「話しかけやすい感じがする」「自分の苦手なことや失敗したことを話してくれる」といった受容的で親しみやすい態度や，「口答えや反抗を示す子どもにもしっかりとした指導を行う」，「納得がいく理由でしかってくれる」，「悪いことをしたとき，どの子どもも同じようにしかる」などの自信をもった客観的な態度を日常的に示すことで，学級の集団規範がいじめに否定的になる傾向が認められている。このような教師の影響によるいじめ防止効果は，Veenstra et

50 第Ⅰ部 子どもと学級

al.（2014）のフィンランドの研究でも示されており，教師がいじめを制止することができる指導力をもち，教師にとっていじめの解決が困難ではないと子どもが認識している学級では，いじめに反対する子どもだけでなく，いじめに賛成する子どもでさえも相対的にいじめの加害傾向が低いことが明らかになっている。

しかしながら，学級の集団規範は明示的なものではないため，子どもが誤解や誤認をする余地も大きい。そのため，教師が学級集団のリーダーとして，「いじめを許さない」と明言したり，教室にいじめ防止のポスターを貼ったり，いじめの問題について定期的に話し合いをするなど，子どもたちにわかりやすい形で，いじめに否定的な規範を学級内で共有する機会を設けることも重要である。

5 いじめと認知の歪み

いじめは力の強い者が弱い者に一方的に危害を加えるという明確な非倫理的行為である。しかし，村山他（2015）の全市調査によると，小学校4年生から中学校3年生までの学年ごとのいじめの加害経験率は男子で7.94%〜17.06%，女子で5.31%〜13.82%であり，多くの子どもにいじめの加害経験が認められた。なぜ子どもたちはいじめを道徳的に不適切な行動であると判断できなかったのだろうか。

Bandura（2002）は，社会的認知理論の観点から道徳的推論や道徳的規準のみが人の社会的行動を決定するのではなく，それらを含む自己調整のプロセスが存在するという道徳不活性化モデルを提唱した。このモデルによると，人は心のなかに自己調整過程をもっており，そのなかに良心やこれまでに学んできた道徳的原則を，自分の行動を判断する監督システムとして取り込んでいる。この監督システムが自己調整過程のなかで正常に活性化すれば，善悪の基準が「行動」の良し悪しを判断し，悪い行いを実行する前に中止することができる。しかし，この監督システムは活性化されない限り働かず，8種類の認知の歪みが自己調整過程を不活性化すると，人は攻撃行動などの不適切な行動を実行してしまうという。

図4-2は，自己調整過程のなかで監督システムが不活性化させられて攻

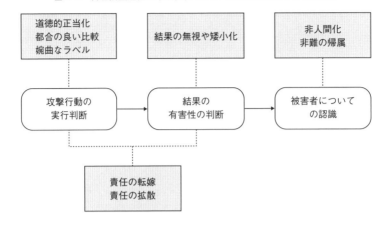

図 4-2　自己調整過程の不活性化モデル（Bandura, 1986 を参考に作成）

撃行動を実行してしまう際の4つの主要なポイントをまとめたものである（Bandura, 1986）。まず，「道徳的正当化」「都合の良い比較」「婉曲なラベル」の3つの認知の歪みが攻撃行動を正当化したり悪質性を軽減したりすることで，攻撃行動を実行することが許容される。次に，同様の行為をしている他者の存在によって「責任の転嫁」と「責任の拡散」が生起され，自分の行動の責任を軽く感じさせる役割をする。さらに，自分が攻撃行動を実行したことで生じた被害者の物理的苦痛・心理的苦痛については，結果の有害性を判断する段階で「結果の無視や矮小化」が被害の大きさを最小化する。最後に，被害者について「非人間化」「非難の帰属」の認知の歪みが働くことによって，実行した攻撃行動が反省されることなく，被害者は自分の攻撃による苦痛を受けることが妥当であったと結論づけられてしまう（8つの認知の歪みの詳細は**表4-1**左側を参照）。このように自己調整過程内の道徳不活性化は，悪い行いをしたことから生じる恥や罪悪感の気持ちを抑制することも明らかにされている（Bandura et al., 1996）。

　多くの先行研究で，いじめの加害者は道徳不活性化が高く，自己調整過程における道徳不活性化のプロセスを通じて，自分の行動を正当化・合理化する傾向が高いことが明らかになっている（Gini et al., 2014；Thornberg, 2023）。また，国内の研究でも大西・木下（2022）が定時制高校260名を対象に調査を行い，道徳不活性化が高い生徒は，学校でクラスメートに変なあだ名をつける，

52　第Ⅰ部　子どもと学級

表 4-1　自己調整過程を不活性化する要因といじめ場面での具体例

自己調整過程を不活性化させる要因		レベル	いじめ場面での具体例
道徳的正当化	その行動を正当化し，より高い道徳的目的のために行われているとみなすこと	個人	「生意気なやつは暴力でわからせてやる」
		学級	「痛いめにあって学ぶこともある」
都合の良い比較	その行動をより悪い行いと比較して悪質性を軽減すること	個人	「殴りたいけど教科書を破るだけで許してあげる」
		学級	「暴力はダメだけど持ち物に何かするぐらいならいい」
婉曲なラベル	その行動が及ぼす悪影響を最小化または不明瞭化する言葉を用いて，より受け入れやすくすること	個人	「いじめじゃないよ。少しからかっただけ」
		学級	「冗談を大げさにとらえる子のほうがよくない」
責任の転嫁	他者が関与している場合に，他者にその行動の責任があることにして，自分の個人的責任を最小化すること	個人	「あの子が最初に悪口を言い始めたんだよ」
責任の拡散		学級	「何人かでいじめたなら，誰が悪いかなんて決められない」
結果の無視や矮小化	その行動の結果を無視したり矮小化したりすることで被害者の苦痛について深く考えないこと	個人	「泣いていないから，もっと強く叩いても大丈夫」
		学級	「鈍感な子は，ひどいことをされても気にしていない」
非人間化	被害者の人間的価値や平等な人権を認めないこと	個人	「あいつには何をしてもいいんだ。おもちゃだから」
		学級	「弱い子や変な子は，他の人と同じ扱いをされない」
非難の帰属	被害者を非難し，その行動により与えられた苦痛は自業自得であるとみなすこと	個人	「あの子は悪い事をしたのだから，仲間はずれにしよう」
		学級	「迷惑な子は，みんなからいじめられて当然だ」

仲間はずれにする，叩いたり押したりする，悪口や悪い噂を流すなどの攻撃行動の経験頻度が高く，いじめへの否定的態度が低いことを示している。さらに，Mazzone（2016）の研究では，道徳不活性化はいじめの加害行動の高さだけでなく，いじめの制止行動の低さとも関連していた。特に，道徳不活性化が高く，罪悪感が低い生徒においていじめの制止行動のレベルが低かった。

さらに，Gini et al.（2015）は，学級環境としての集団的な道徳不活性化がいじめに及ぼす影響についても検討している。その結果，個人レベルの道徳不活性化と学級集団レベルの道徳不活性化の高さは，どちらもいじめの加害経験の頻度の高さと関連していた。すなわち，生徒が自分のいじめ行動を正当化し，その悪質性を否定しており，学級でもクラスメートからその理屈が受け入れられているときに，いじめが生起しやすいといえる。また，学級レベルの道

徳的不活性化のレベルが高い学級では，いじめを制止しないで見ている消極的な傍観行動の経験頻度も高いことが示された。これは，学級で多くの生徒がいじめを妥当な行為であると信じていることにより，いじめの被害者が攻撃されるに値する人間として認識されてしまい，助けようとする子どもがいなくなるためであると考えられる。

表 4-1 右側は，いじめ場面での自己調整過程の不活性化の具体例を個人レベルと学級レベルに分けて示したものである。いじめの防止に重要なのは，教師と生徒が道徳不活性化のメカニズムを理解し，そのネガティブな影響にさらされて善悪の判断を間違えないように日頃から意識しておくことであると考えられる。

6 いじめの予防プログラム

国際的ないじめ防止プログラムとして，フィンランドで開発された KiVa プログラムを紹介する（KiVa Program & University of Turku, 2024）。KiVa プログラムは，学校でいじめを発見した子ども（いじめの傍観者）をいじめの制止者に変えるための教育をすることに主眼が置かれている。具体的には 1 年間を通して行われるロールプレイを含むいじめの授業（2 時間 × 10 回）と，オンライン・コンピューター・ゲーム（家でも学校でもプレイできる）が，いじめを制止することへの責任感，自分が介入すればいじめはなくなるという効力感を高めたり，いじめの役割ごとの立場や気持ちを学んだりするために実施される。また，校舎内のいじめ防止ポスターや休み時間に職員が運動場で着用する専用のベストなどが，子どもたちに KiVa プログラムのなかで生活していることを忘れないように意識させる効果をもっている。

また，国内では中村・越川（2014）が，中学生を対象に集団規範への介入を取り入れたいじめ抑止プログラムを実施し，その効果測定を行っている。いじめ抑止プログラムの内容は，「いかなるいじめも容認されない」ということを生徒に伝える心理教育と，いじめを発見した際にいじめを止める方法をロールプレイのなかで練習するソーシャル・スキル・トレーニングで構成されている。いじめ抑止プログラムの実施後は，実施前と比較して生徒たちのいじめ加害傾向が低くなり，いじめに否定的な規範意識といじめの停止行動に対する自

己効力感が向上したことが報告されている。

　現状において，日本の教師のいじめ加害者への対応として最も多いのは，いじめ加害者の保護者への報告（小学校50.9%；中学校70.6%）と，いじめられた児童生徒やその保護者に対する謝罪の指導（小学校52.2%；中学校51.3%）である（文部科学省，2023）。しかし，例えばKawabata et al.（2024）の中学校3年間を対象とした縦断研究では，関係性いじめの被害を受けたことによって内在化問題が高くなった生徒が，その影響によって1年後に学年が変わっても引き続き関係性いじめの被害を受ける傾向が高いという悪循環が認められている。いじめから救われた子どもがまた，別の集団からいじめを受けるようなことを避けるためにも，個別のいじめの対応に止まらずにKiVaプログラムのような長期的ないじめ防止プログラムを学校全体で導入するなど，広範囲かつ根本的ないじめの解決を目指すことが重要であると考えられる。

> 🔑 **本章のキーワード**
>
> いじめ，集団規範，いじめの傍観者，道徳不活性化モデル

【引用文献】

Bandura, A. (1986). *Social Foundations of Thought and Action: A Social Cognitive Theory.* Englewood Cliffs, NJ: Prentice-Hall.

Bandura, A. (2002). Selective moral disengagement in the exercise of moral agency. *Journal of Moral Education, 31,* 101-119.

Bandura, A., Barbaranelli, C., Caprara, G. V., & Pastorelli, C. (1996). Mechanisms of moral disengagement in the exercise of moral agency. *Journal of Personality and Social Psychology, 71*(2), 364-374. https://doi.org/10.1037/0022-3514.71.2.364

Gini, G., Pozzoli, T., & Bussey, K. (2015). The role of individual and collective moral disengagement in peer aggression and bystanding: A multilevel analysis. *Journal of Abnormal Child Psychology, 43,* 441-452.

Gini, G., Pozzoli, T., & Hymel, S. (2014). Moral disengagement among children and youth: A meta-analytic review of links to aggressive behavior. *Aggressive Behavior, 40,* 56-68.

Hymel, S., McClure, R., Miller, M., Shumka, E., & Trach, J. (2015). Addressing school bullying: Insights from theories of group processes. *Journal of Applied Developmental Psychology, 37,* 16-24.

Kawabata, Y., Kinoshita, M., & Onishi, A. (2024). A longitudinal study of forms of peer victimization and internalizing problems in adolescence. Research on Child and Adolescent Psychopathology. Advance online publication. https://doi.org/10.1007/s10802-023-01155-9

KiVa Program & University of Turku. Retrieved February 19, 2024, https://www.kivaprogram.net/

子安増生・丹野義彦・箱田裕司（監）（2021）．現代心理学辞典　有斐閣

黒川雅幸（2010）．いじめ被害とストレス反応，仲間関係，学校適応感との関連――電子いじめ被害も

含めた検討　カウンセリング研究, *43*, 171-181.

Li, C., Wang, P., Martin-Moratinos, M., Bella-Fernández, M., & Blasco-Fontecilla, H.（2022）. Traditional bullying and cyberbullying in the digital age and its associated mental health problems in children and adolescents: A meta-analysis. *European Child & Adolescent Psychiatry*. Advance online publication. https://doi.org/10.1007/s00787-022-02128-x

Mazzone, A., Camodeca, M., & Salmivalli, C.（2016）. Interactive effects of guilt and moral disengagement on bullying, defending and outsider behavior. *Journal of Moral Education*, *45*(4), 419-432.

水谷聡秀・雨宮俊彦（2015）. 小中高時代のいじめ経験が大学生の自尊感情とWell-Beingに与える影響　教育心理学研究, *63*, 102-110.

文部科学省（2013）. いじめ防止対策推進法　Retrieved February 27, 2024, https://www.mext.go.jp/a_menu/shotou/seitoshidou/1406848.htm

文部科学省（2023）. 児童生徒の問題行動・不登校等生徒指導上の諸課題に関する調査　https://www.mext.go.jp/content/20231004-mxt_jidou01-100002753_1.pdf

森田洋司・清永賢二（1986）. いじめ 教室の病い　金子書房

Mullan, V. M. R., Golm, D., Juhl, J., Sajid, S., & Brandt, V.（2023）. The relationship between peer victimisation, self-esteem, and internalizing symptoms in adolescents: A systematic review and meta-analysis. *PLoS ONE*, *18*(3), Article e0282224.

村山恭朗・伊藤大幸・浜田　恵・中島俊思・野田　航・片桐正敏・高柳伸哉・田中善大・辻井　正次（2015）. 内在化／外在化問題との関連性　発達心理学研究, *26*, 13-22.

中村玲子・越川房子（2014）. 中学校におけるいじめ抑止を目的とした心理教育的プログラム開発とその効果の検討　教育心理学研究, *62*, 129-142.

Olweus, D.（1978）*Aggression in the Schools: Bullies and Whipping Boys*. Oxford, England: Hemisphere.

大西彩子（2007）. 中学校のいじめに対する学級規範が加害傾向に及ぼす効果　カウンセリング研究, *40*, 199-207.

大西彩子・木下雅博（2022）. 青年の選択的道徳不活性化の研究　甲南大学教育学習支援センター紀要, *7*, 59-66.

大西彩子・黒川雅幸・吉田俊和（2009）. 児童・生徒の教師認知がいじめの加害傾向に及ぼす影響——媒介要因としての学級規範と罪悪感　教育心理学研究, *57*, 324-335.

Pozzoli, T., & Gini, G.（2010）. Active defending and passive bystanding behavior in bullying: The role of personal characteristics and perceived peer pressure. *Journal of Abnormal Child Psychology*, *38*(6), 815-827.

Reijntjes, A., Vermande, M., Olthof, T., Goossens, F. A., Aleva, L., & van der Meulen, M.（2016）. Defending victimized peers: Opposing the bully, supporting the victim, or both? *Aggressive Behavior*, *42*(6), 585-597.

Salmivalli, C.（1999）. Participant role approach to school bullying: Implications for intervention. *Journal of Adolescence*, *22*(4), 453-459.

Thornberg, R.（2023）. Longitudinal link between moral disengagement and bullying among children and adolescents: A systematic review. *European Journal of Developmental Psychology*, *20*(6), 1099-1129.

外山美樹・湯　立（2020）. 小学生のいじめ加害行動を低減する要因の検討——個人要因と学級要因に着目して　教育心理学研究, *68*, 295-310.

Veenstra, R., Lindenberg, S., Huitsing, G., Sainio, M., & Salmivalli, C.（2014）. The role of teachers in bullying: The relation between antibullying attitudes, efficacy, and efforts to reduce bullying. *Journal of Educational Psychology*, *106*(4), 1135-1143.

コラム　ネットいじめ

　2013年に公布されたいじめ防止対策推進法第二条では,「この法律において「いじめ」とは,児童等に対して,当該児童等が在籍する学校に在籍している等当該児童等と一定の人的関係にある他の児童等が行う心理的又は物理的な影響を与える行為（インターネットを通じて行われるものを含む。）であって,当該行為の対象となった児童等が心身の苦痛を感じているものをいう」と定義されており,「インターネットを通じて行われるもの」もいじめの定義に含められている。インターネットを通じて行われるいじめは「ネットいじめ」と呼ばれている。

　いじめ防止対策推進法が公布される前にあたる2006年度より,文部科学省は,「パソコンや携帯電話等で,ひぼう・中傷や嫌なことをされる」といういじめの態様でネットいじめについて調査を行っている。**下図**は2006年度から2022年度にかけてのいじめに占めるネットいじめの割合の推移を示したものである。小学校ではおよそ1％〜2％,中学校ではおよそ5％〜10％,高等学校ではおよそ15％〜20％の割合で推移している。この結果からわかることは,学年が上がるほどいじめに占めるネットいじめの割合が高いことである。これは,学年が上がるにつれて,携帯・スマートフォンといった端末を所有する子どもが増えていき,いじめの手段としてネットが使われるようになるからだと考えられる。

　ネットいじめが社会問題となった2004年頃は,例えば,「〇〇中学校裏サイト」のような学校非公式サイト（通称裏サイト）とよばれる大型掲示版に,特定の児童生徒を誹謗・中傷する書き込みがされていた。誹謗・中傷するとい

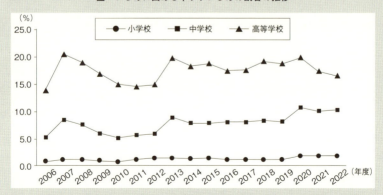

図　いじめに占めるネットいじめの割合の推移

注）文部科学省「児童生徒の問題行動・不登校等生徒指導上の諸課題に関する調査」2006年度から2022年度をもとに作成（ただし,2015年度までは「児童生徒の問題行動等生徒指導上の諸問題に関する調査」)

う手口の直接的攻撃がネット上でされていたと言える。2008 年から 2012 年頃は，インターネットの通信速度の高速化やコンテンツの充実などによって，携帯電話からでも個人ウェブサイトを開設できるようになり，中学生や高校生であっても，自分のホームページをもち，情報発信ができるようになった。このような変化に伴い，加害者が自分のサイトや被害者のサイトで誹謗・中傷を行ういじめがみられるようになった。また，被害者のサイトを閲覧しないようにするオンライン上での仲間外れもみられた。画像や動画をアップロードすることが容易になり，被害者を撮影した画像や動画を拡散するといういじめもみられるようになった。2013 年以降は，LINE を使ったいじめがみられている。特定の児童生徒に対してグループから外す・グループに入れない，特定の児童・生徒が加われない別のグループをつくる，LINE のコミュニケーションで無視をするといった手口がみられている。これらの手口は，無視や仲間はずれといった関係性攻撃がネット上でされているものと言える。ネットいじめの初期は，不特定多数の人を巻き込む恐れもあった直接的いじめが中心であったが，一定の人的関係のなかで行われる関係性いじめが中心になってきている点が，国内のネットいじめの形態の変化である（**下表**）。

　Kowalski et al. (2014) は，複数の研究結果を統合する手法であるメタ分析によって，ネットいじめ加害や被害の頻度が，抑うつ，不安，低い生活満足度，低い自尊心，孤独感といった様々な心理的変数と関連があることを示している。ネットいじめを予測する要因や結果としてもたらされる影響についても研究が進みつつある。

　ところで，ネットいじめ（Cyber Bullying）に対して，叩く，蹴る，無視といった従来から行われていた対面によるいじめを従来型いじめ（Traditional Bullying）という。ネットいじめは単にインターネットを通じて行われるいじめなのか，それともこれまでのいじめとは異なるものなのかについて，2 つの仮説が示されている（Barlett et al., 2024）。1 つ目は拡張仮説（Extension hypothesis）である。この仮説では，定義的な重複や類似したいじめの予測因（攻撃性や共感性）や被害によってもたらされる結果（抑うつや不安）が共通していることから，ネットいじめはこれまでのいじめのなかに含まれるが，従来型いじめとは別な

表　主なネットいじめ形態の変遷

年	2004 ～ 2007 年頃	2008 ～ 2012 年頃	2013 ～ 2024 年現在
攻撃形態	直接的	直接的・関係性	直接的・関係性
いじめの方法	・大型掲示板での誹謗・中傷	・個人サイトでの誹謗・中傷 ・オンライン上での仲間外れ ・画像や動画の拡散	・個人サイトでの誹謗・中傷 ・LINE グループから外す ・LINE グループに入れない ・別の LINE グループをつくる ・LINE で無視する ・画像や動画の拡散

形態であると仮定されている。もう1つは，差異仮説（Differences hypothesis）である。拡張仮説で述べたような各種の重複はあるものの，ネットいじめはこれまでのいじめには含まれず，様々な点で区別されるものと仮定されている。

　研究上のネットいじめの定義は，従来型いじめの定義を踏襲している。従来型いじめの定義は，いじめの被害者と加害者の力が不均衡にある状態で，加害者に被害者を傷つけようとする意図があって，傷つけようとする行為が繰り返し行われていることとされている（Olweus, 1993）。一方で，ネットいじめは，自分自身で容易に守ることができない被害者に対して，コンピュータを使用した接触形態によって，集団もしくは個人によって一定期間以上繰り返し行われる攻撃的，意図的な行動とされている（Smith et al., 2008）。また，メタ分析の結果では，従来型いじめ加害とネットいじめ加害との間に $r=.45$，従来型いじめ被害とネットいじめ被害との間に $r=.40$ の関連が示されている（Kowalski et al., 2014）。さらに，ネットいじめをターゲットにしていない従来型いじめの防止プログラムが，ネットいじめの加害や被害を減らすことも示されている（Gradinger et al., 2015）。

　このように，ネットいじめと従来型いじめの重複や関連はあるものの，仮説の検証には，従来型いじめを統制したうえで，ネットいじめと他の変数との関連をみなければならない。Barlett et al.（2024）は，従来型いじめを統制したうえでメタ分析を用いて仮説の検証を行った。従来型いじめ加害を統制しても，ネットいじめ加害のリスクファクターとしてネットいじめ被害，道徳性，ダークパーソナリティ，攻撃性との関連が示され，結果としてもたらされる影響として薬物使用との関連が示された。一方で，従来型いじめ被害を統制しても，ネットいじめ被害のリスクファクターとしてネットいじめ加害や従来型いじめ加害との関連が示され，結果としてもたらされる影響として，ストレス，自殺，抑うつ，孤独感，薬物使用との関連が示された。つまり，ネットいじめはこれまでのいじめには含まれないとする差異仮説を支持した。

　黒川（2016）は，ネットいじめが従来型いじめと異なるところとして4点指摘している。①「いつでも」「どこでも」加害行為が行われる可能性があること，②加害者は直接被害状況を見ることはないこと，③加害者が匿名性をもつ場合もあること，④目撃者は不特定多数に及ぶ場合もあり，事態の収拾がつかないこともあること，である。従来型いじめは加害者と被害者が対面で向かい合っていないと起きないものであったが，ネットいじめはネット環境があれば，いつでもどこでも行うことができる。そして，加害者と被害者が対面していないので，加害行為によるフィードバックがなく，加害者が想定していないような被害をもたらす可能性もある。ネット上への投稿には書き手を知られないようにすることもできるため，匿名性をもつこともある。匿名性は対面における加害者と被害者の関係を排除する。つまり，加害者と被害者の身体的な強さの差や，人気や勢力などの社会的地位の影響を受けずに加害行為ができる。加害者と被害者が同じ学校の

児童生徒であっても，それを目撃する人は同じ学校の児童生徒に留まらず，画像や動画がネット上に拡散されるとそれらを消去することが困難になる場合もある。

【引用文献】

Barlett, C. P., Kowalski, R. M., & Wilson, A. M. (2024). Meta-analyses of the predictors and outcomes of cyberbullying perpetration and victimization while controlling for traditional bullying perpetration and victimization. *Aggression and Violent Behavior*, *74*, Article 101886.

Gradinger, P., Yanagida, T., Strohmeier, D., & Spiel, C. (2015). Prevention of cyberbullying and cyber victimization: Evaluation of the ViSC Social Competence Program. *Journal of School Violence*, *14*, 87-110.

Kowalski, R. M., Giumetti, G. W., Schroeder, A. N., & Lattanner, M. R. (2014). Bullying in the digital age: A critical review and meta-analysis of cyberbullying research among youth. *Psychological Bulletin*, *140*, 1073-1137.

黒川雅幸 (2016). ネットいじめの対応 宇田光・有門秀記・渡邉賢二 (編) 生徒指導士入門テキスト2──ポジティブに子どもを育てる (pp. 50-53) 学事出版

Olweus, D. (1993). *Bullying at School: What We Know and What We Can Do*. Blackwell.

Smith, P. K., Mahdavi, J., Carvalho, M., Fisher, S., Russell, S., & Tippett, N. (2008). Cyberbullying: Its nature and impact in secondary school pupils. *The Journal of Child Psychology and Psychiatry*, *49*, 376-385.

第5章

学級におけるジェンダー問題

1 社会・学級・学校でのジェンダーバイアス

「ねえ，ママの夢は何？」

「ママの夢はおばあちゃんになって孫のお世話をすることかな～」

これは筆者と当時6歳の娘との会話で，深い考えなしに発した言葉であった。しかし，後日娘から「大きくなってもママとずっと一緒に住みたいから結婚はしたくないの」と言われ，「なぜ娘はシスジェンダー（性自認と生まれもった性別が一致している人）で異性愛者と勝手に思い込んで将来の期待をしていたのだろう」と自分の浅はかさに打ちのめされた。そして別の日に，娘の保育園のお友だちに「○○ちゃん，その（手づくり）マスク素敵だね！　お母さんがつくってくれたの？」と言った言葉も思い出し，自分の無意識のバイアス（＝子どもが身につける手づくりの物は母親がつくる）にも驚かされ，「こういった大人の態度や一見すると何気ない声がけの積み重ねで子どもたちに無意識のジェンダーバイアスが形成されてしまう！」と大いに反省した経験であった。読者の方も似たような経験（言った・言われた）をおもちかもしれない。日本労働組合総連合会（連合）は2020年に日常・職場でのアンコンシャス・バイアス（無意識の思い込み・偏見）アンケートを実施し，5万人超から得た回答を公表した。その20問からなるアンケート（**図5-1**）のなかで，1つ以上の設問（アンコンシャス・バイアス）を認識したことがある人は95.5％以上にのぼり，一人平均5.7件（男性=5.9件，女性=5.0件）のアンコンシャス・バイアスが報告されたことを明らかにした。ちなみに最も多かったものは「親が単身赴任中というと，父親を想像する（母親を想像しない）（66.3％）」という質問で，筆者も当てはまった。

私たちの多くはジェンダー問題に限らず意識的・無意識的なバイアスをもっ

第 5 章　学級におけるジェンダー問題　　61

図 5-1　日常・職場でのアンコンシャス・バイアス　（無意識の思い込み，偏見）アンケート
（日本労働組合総連合会，2020 より）

Q 設問を見て自分に思い当たるものにチェックをしてください（複数選択可）〈計 20 問〉

□「親が単身赴任中」というと，父親を想像する（母親を想像しない）

□体力的にハードな仕事を女性に頼むのは可哀そうだと思う

□お茶出し，受付対応，事務職，保育士というと，女性を思い浮かべる

□DV（ドメスティック・バイオレンス）と聞くと男性が暴力をはたらいていると想像する（女性を想像しない）

□LGBT の人は一部の職業に偏っていて，普通の職場にはいないと思う

□LGBT であると聞くと，戸惑いを感じてしまう

□こどもが病気になったときは母親が休んだほうがいいと思う

□育児中の社員・職員に不可の高い業務は無理と思ってしまう

□介護しながら働くのは難しいと思う

□病気治療しながら働いている人をみると，仕事をやめて治療に専念した方が良いと思う

□障がいのある人は，簡単な仕事しかできない，あるいは働くのが難しいだろうと思う

□非正規雇用で働く人は，自分で望んで，その働き方を選択していると思う

□パートタイマーは，「主婦が家計補助のために働いている」というイメージがある

□外国人労働者は日本の企業文化にあうのか，つい心配になる

□外国人労働者をみると，出稼ぎなど，一時的な滞在者だと思う

□定時で帰る人は，やる気がないと思う

□上司より先に部下が帰るのは失礼だと思う

□「普通は○○だ」「それって常識だ」と思うことがある

□年配（高齢者）の人は頭が堅く，多様な働き方への融通が利かないと思ってしまう

□「多様性」と聞くと，全ての違いを，なんでも受け入れなければならないことだと思う

ている。そして，大人たちのそのような意識や態度が，次の世代に連鎖し，現代の子どもたちの生きづらさにつながっている可能性はある。人権 NGO 団体が 458 人の生徒を対象に行った調査では（**図 5-2**），86% の回答者が学校の先生や生徒の「オカマ」といったホモフォビア（同性愛嫌悪）的発言を耳にしたことがあると明らかにされ（ヒューマン・ライツ・ウォッチ，2016），悪意のない冗談のつもりが性的マイノリティー（Lesbian, Gay, Bisexual, Transgender,

図 5-2 LGBTQ+ の子どもたちのホモフォビア（同性愛嫌悪）的発言の経験割合
(ヒューマン・ライツ・ウォッチ, 2016 をもとに作成)

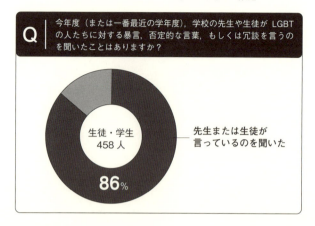

Questioning /Queer：LGBTQ+) の子どもたちの心を深く傷つけている可能性を示唆した。このような発言が教師側からなくとも，「ホモ」「オカマ」などといった児童・生徒の発言をスルーしたり，一緒に笑ったりすることで差別を助長するキッカケになってしまうこともある。

　実際に前述の調査でも，生徒の暴言を耳にした教師のうち注意したのは7％のみである。60％は特に何も対応しなかっただけでなく，自らも暴言を吐くなどした教師も18％いたことが報告されている（日本経済新聞, 2016）。

　近年は教員研修の機会も増え，多様な性の在り方に関する社会的な視点も変化しつつあるものの，学校文化であたりまえのこととして実施されてきた多くのことは異性愛中心主義や性別二元論になっている（星野, 2022）。例えば「男女混合のグループで女子に世話や指導の役割を期待して，だらしない男子・しっかりした女子というステレオタイプを強化すること」「恋愛することが「ふつう」で子ども同士の恋ばなに加わること」「力仕事を男子に頼むこと」など（星野, 2022, p. 108）は筆者にも経験があり耳が痛い。社会変化が急速に進んでいることを考えると，学校や大学での養成課程がこうした変化やLGBTQ+児童生徒に対するニーズにまだ追いついていないことは理解できる。実際，教職員約1500名を対象にした「学校における性的指向・性自認に係る取り組み及び対応状況調査」（Rebit, 2023）でも，教員養成課程で「LGBTQの子どもの課題や適切な支援について学んだ経験がある」との回答はわずか13.0％で

あり，教員になる前に学ぶ機会が不足していることが指摘されている（Rebit,
2023）。しかし，約6,200名の成人を対象に行った調査（電通,2019）では，
LGBTに該当すると報告した回答者が8.9％になったことが明らかになっている。またこの数字は増加傾向にあり，2012年の調査では5.2％，2015年の調査では7.6％であったことから，学級に当事者が1名以上いる可能性は極めて高い。日本で一番多い苗字のトップ5は，佐藤さん・鈴木さん・高橋さん・田中さん・渡辺さんで，これらの苗字の人の占める割合をすべて合わせても6.11％であることから（明治安田生命,2018），私たちの周りにいる佐藤さんや鈴木さんより，LGBTQ+の人のほうが実は多いということがわかる。すなわち，可視化（カミングアウト）されていなくても性の悩みをもつ子どもたちが一定割合いるという前提で学級運営をしていく必要があるのだ。LGBTQ+の子どもたちは様々な心理・社会的リスクを経験している。どの児童・生徒が当事者で配慮が必要かと検討するのではなく，どの児童・生徒もセクシャリティやジェンダーに関することで悩んだり，からかわれたりする可能性があるという認識をもつことが重要（葛西,2019）であり，これらの認識が子どもたちの心理的危機やいじめを予防する基礎となる。

2 ジェンダー問題といじめ・不登校

　過去40年に渡り，いじめ問題は深刻な教育的・社会的問題としてとらえられ世界中で様々な研究が行われてきた。日本では2013年にいじめ防止対策推進法が施行されたが，それ以降もいじめ問題の根本的な解決には至っておらず，文部科学省（2023）の調査では全国の小中高校と特別支援学校が認知したいじめの件数は過去最高の約68万2千件であった。いじめ被害のリスク要因は様々であるが，体型や顔などの外見，人種や国籍，社会経済的地域からくる生活状況，性自認などが多数派と「違う」ことがきっかけになることが多い（UNESCO,2019）。

　したがって，LGBTQ+の子どもたちはいじめ被害に遭うリスクがそうでない子どもたちよりも高いことが様々な調査研究で明らかにされている。国内の性的マイノリティー成人609名を対象にした調査では，68％が学生時代にいじめられた経験があるとしている（いのちリスペクト。ホワイトリボン・キャン

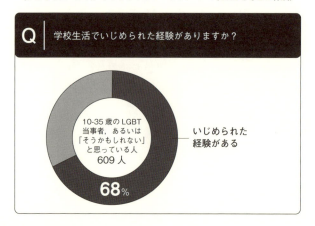

図 5-3 LGBTQ+ 当事者におけるいじめ被害の経験率
(いのちリスペクト。ホワイトリボン・キャンペーン, 2014 をもとに作成)

ペーン, 2014；図 5-3)。

UNESCO による世界のいじめの調査 (2019) では, 頻繁にいじめの被害にあっている子どもは, そうでない子どもと比較して, 学校の欠席が増え, 学校で居場所がないと感じ, 学業成績の低下が見られるなど, 多くのネガティブな影響を受けていることを明らかにしている。また, 孤独感が高まり, 不眠に悩まされる, 自殺念慮が高まる, 喫煙やアルコール摂取リスクが増えることも報告されている。このように, いじめは被害者に広範囲かつ長期的なダメージを残すので, 予防の取り組みは非常に意義がある (飯田, 2021)。実際, 予防教育の実施が, いじめ問題だけでなく, 子どもたちの健康・適応問題の総合的予防・学力向上にもつながるという科学的根拠も蓄積されてきている (和久田, 2019)。これらのエビデンスにより, 近年では児童・生徒向けに開発された様々ないじめ予防プログラムの実践研究も報告されている。しかしながら, そのような予防プログラムにおいて LGBTQ+ 問題を十分考慮しておらず, また日本政府は, LGBTQ+ の生徒に特有の脆弱性に着目したいじめ防止策を策定していない (ヒューマン・ライツ・ウォッチ, 2016)。

一方, 近年では不登校の数も増え続け, 大きな社会問題になっている (第 2 章参照)。文部科学省の統計では, 小学校で約 60 人に 1 人, 中学校で約 17 人に 1 人が不登校にあると発表されている。そのなかでも, LGBTQ+ の児童・生徒の不登校経験率はさらに高く 22.6%, 特に 10 代で 30.2% と深刻な数字で

あったことが明らかになっている（日高, 2018）。前述のように LGBTQ+ の児童・生徒はいじめ被害に遭うことが多く，その結果，居場所のなさを感じて欠席が増え，不登校につながるリスクは高い。また，学校の異性愛中心主義や性別二元論が苦痛となっている可能性もある。不登校の原因は様々であるが，はっきりとした理由が保護者にも教師にも分からないとしたら，その背景にはLGBTQ+ の児童生徒の声に出せない苦しみがあるかもしれない。支援団体の ReBit（2022）によると，10 代 LGBTQ+ は過去 1 年に，48.1% が自殺念慮，14.0% が自殺未遂，38.1% が自傷行為を経験し，52.3% が過去 1 年で心身不調や精神疾患を経験したと回答している。この数字は，日本財団（2021）の自殺意識調査（$N = 20,000$）と比較しても，10 代 LGBTQ+ の自殺念慮は 3.8 倍高く，自殺未遂経験は 4.1 倍高い状況であることから，深刻な問題であることがわかる。

　このようななか，文部科学省も 2015 年から 3 年連続で，「性的指向や性自認の多様性について教員の理解が必要である」という文書を出しており，2015 年には「性同一性障害や性的指向・性自認に係る，児童生徒に対するきめ細かな対応等の実施について」という文書を公表し，学校生活への各場面における支援の事例などを提示している（**表 5-1**）。

　しかし，多様なニーズをもつ LGBTQ+ の子どもたちへの理解や支援はまだまだ発展途上であると言わざるをえない。前述の「学校における性的指向・性自認に係る取り組み及び対応状況調査」（Rebit, 2023）では，児童・生徒からのカミングアウトや LGBTQ+ に関する相談を受けた経験がある教職員は

表 5-1　学校生活の各場面での支援例（文科省, 2016 より）

項目	学校における支援の事例
服装	自認する性別の制服・衣服や，体操着の着用を認める
髪型	標準より長い髪型を一定の範囲で認める（戸籍上男性）
更衣室	保健室・多目的トイレ等の利用を認める
トイレ	職員トイレ・多目的トイレの利用を認める
呼称の工夫	校内文書（通知表を含む）を児童生徒が希望する呼称で記す 自認する性別として名簿上扱う
授業	体育又は保健体育において別メニューを認定する
水泳	上半身が隠れる水着の着用を認める（戸籍上男性） 補習として別日に実施，又はレポート提出で代替する
運動部の活動	自認する性別に係る活動への参加を認める
修学旅行等	1 人部屋の使用を認める 入浴時間をずらす

26.1％で，そのうち「適切に対応・支援できたと思う」と回答した教職員は18.6％であった。ではこれから学校は LGBTQ+ の子どもたちのためにどのようなことができるだろうか？

❸ 差別やバイアスのないインクルーシブな学級環境の重要性

　UNESCO（2005）はインクルーシブ教育を，「多様な子どもたちがいることを前提とし，その多様な子どもたちの教育を受ける権利を地域の学校で保証するために教育システムそのものを改革していくプロセス」と定義している。したがってインクルーシブ教育とは，障害など特別なニーズのある子どものためのものではなく，経済的に貧困な家庭の子ども，労働やケアをせざるを得ない立場の子ども，外国にルーツのある子ども，など多様であることを前提としたすべての子どもたちへの教育システムであると野口（2022）は強調している。学校はすべての生徒・児童にとって安全で，暴力やハラスメントのない学習環境の場であることは言うまでもなく，それを実現するための責任がある。そして Mah（2009）も主張するように，それぞれの違いを理解し，尊重し，受け入れるような，ポジティブでインクルーシブな学校環境は，様々なニーズや課題をもつ子どもたちだけでなく，どの子どもたちにとっても有益である。

　しかし学校文化は，明治時代からの一斉指導スタイル，つまり「みんなが同じ」であることがベースになっており，小学校入学と同時に揃いの黄色い帽子をかぶり，同じ学用品を使い，同じ給食メニューを同じ量食べるのが子どもたちの日常である（田中，2022）。教員としてまずできることは，「あたりまえ」「普通」とされてきたことは本当に誰にとっても「あたりまえ」で「普通」なのか再考することである。支援の第一歩は，校内のトイレや更衣室の整備などのハード面に関することではなく，むしろ教員の異性愛主義，異性愛中心主義といった価値観の変容が重要なのだ（葛西，2019）。

　では，差別やバイアスのないインクルーシブな学級環境をどのように実現するのか？　LGBTQ+ の話を学級でする際に，教師はこの分野の専門家である必要はないと筆者は考えている。昨今は授業で使えるスライド，ワークシート，指導案は既存の様々なものを利用できる（本章末尾に記載の＜授業で使えるリソース＞参照）。また様々な支援団体が派遣する講師の授業も依頼可能

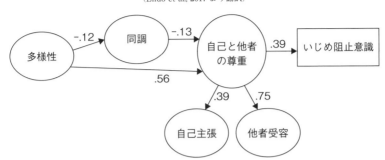

図 5-4　多様性の寛容度といじめ阻止意識に及ぼす影響：同調と相互尊重との関連において
(Endo et al., 2017 より翻訳)

$\chi^2(184) = 628.95 (p<.01)$, CFI=.89, RMSEA=.07

だ。教師として大切なのは，誰しもが偏見，思い込み，固定観念があるという前提で，それぞれの児童・生徒の反応や信念をオープンに議論できるような安全な学習環境をつくることであろう。実際，筆者らが高校生を対象に，多様性の寛容度が他者への同調，尊重，いじめ阻止意識とどのように関連するかも調査した際に，図 5-4 のような結果を得た。このことから，自分自身や他者を尊重していく態度がいじめを阻止しようという意識を強める可能性が示された (Endo et al., 2017)。

その上で，「気づき」「知識」「スキル」の 3 つの要素が多文化理解を促進するためのプログラムには必要であると Pedersen (2000) は指摘する。アメリカ中西部の 200 人の教員養成課程の学生を対象に，彼らの態度，同性愛嫌悪の度合い，LGBTQ+ 問題に関する知識について調査した結果，知識が豊富であることがより肯定的な態度や認識にはつながらないという結果を得た (Mudrey & Medina-Adams, 2008)。教員研修などではまず LGBTQ+ に関する「正しい知識」を学ぶことが多い。しかし，性的指向や性自認のために疎外された経験をもたない人は，自分自身の性的および性自認の発達を探求せず，それらに関する自身の信念についても考える機会が少ないことから (Buhrke & Douce, 1991)，自分がかかわる LGBTQ+ の人たちの経験について，注意を払わない可能性がある。したがって「正しい知識」だけではインクルーシブな学級環境の実現には不十分であり，前述のような無意識の偏見・思いつきなどの「気づき」を体験することが必要であろう。また，マジョリティー特権につ

表 5-2 「労なくして得ることができる優位性」の具体例（東京人権啓発企業連合会 HP, 2020 より）

アイデンティティ	マジョリティ性	マイノリティ性
人種・民族	□日本人	□人種・民族的マイノリティ（外国人，在日コリアン，アイヌ民族等）
学歴	□高学歴	□低学歴
身体・精神	□健常者	□障がい者
出生時に割り当てられた性別	□男性	□女性
性的指向	□異性愛者	□同性愛者・バイセクシャル・パンセクシャル等
性・ジェンダー自認	□シスジェンダー（身体と性自認が一致している人）	□トランスジェンダー・X ジェンダー等
所得	□高所得	□低所得
居住地域	□大都市圏在住	□地方在住

いてグループで話し合う機会も「気づき」に有効である。マジョリティー特権とは，多数派側の社会集団に属していることで苦労することなく得ることができる優位性（出口，2020）のことで，努力の成果ではなく，たまたま生まれた社会集団に属することで，自動的に受けられる恩恵である（**表 5-2** 参照）。

「人前で恋愛相手に愛情を示す際に，周りからの嘲笑や暴力を恐れたことがありますか？」「あなたが間違いを犯した際に，その行動を自分の性別や性指向のせいだと言われたことがありますか？」「メディアにおいて自分の性別や性指向の表現が適切ではないと感じたことがありますか？」などといった質問においてすべて「いいえ」と回答したのなら，その人はマジョリティー特権を有している。また，レストランに行く際に車椅子用のトイレがあるかを考えずに食べたいものからレストランを選ぶことができるのも，読みたい本が点字になっているか，音声読み上げに対応する電子書籍になっているかに注意を払わず本を選ぶこともマジョリティー特権である。教員研修や授業でこれらの質問についてどのように感じたか話し合うことは重要な「気づき」になり，そこから自分と異なる属性をもつ他者への共感につながることが期待できる。

マジョリティ性を多くもつ人たちは，自分の特権に無自覚である。それゆえ，自分たちが普通＝変わる必要はないという意識になりがちで，その意識がマイノリティー側が変わればいいという思考につながってしまう（出口，2020）。したがって「気づき」は，インクルーシブな学級環境の実現において重要である。その上で，適切な対応スキルの獲得を目指すのが良いであろう。「スキル」に関しては，グループでのロールプレイが様々な研修場面でも取り

入れられており，対応力の向上が期待できる。方法は，相談をする人，相談を受ける人，オブザーバーとしてそのやり取りを観察する人というように役割を決めて様々な事例カード（例：「同性から好きだと告白された」「性別の変更を希望している」「生きているのが辛い」）を引き，各事例5分で割り振られた役割を演じてもらう。その後，オブザーバーが2人の言語的・非言語的（表情，声色，姿勢など）やり取りを評価し，演じた2人も「どのように感じたか」「反応するのは難しかったか，比較的容易だったか」などについて話し合う。その後，役割を交代して複数の事例でロールプレイを行う。実際にソーシャル・スキル・トレーニング（Social Skill Training: SST）などでも，インストラクション→モデリング→リハーサル→フィードバックという手続きで新しい行動（技能）の獲得を目指している。ただ，個々人のスキル獲得だけでは集団内での行動変容には不十分であると研究では示されている。Theory of Planned Behavior（TpB，計画的行動理論）の考えによれば，人がとる行動は，「行動信念（実践した行動がもたらすであろう結果についての信念）」「社会規範的信念（他者からの規範的期待についての信念）」「統制信念（行動の遂行を可能にしたり，妨げたりする要因の存在についての信念）」の3種類の考慮によって規定されるという（Ajzen, 1991）。この枠組みから考えると，LGBTQ+への支援行動を予測するのは，「行動信念」＝「LGBTQ+生徒へのハラスメント（いやがらせ）や偏見の場面において介入する責任がある」などという個人の信念，「社会規範的信念」＝「私の職場の上司や管理職はLGBTQ+の人たちへのハラスメント場面において私が介入することは正しいと理解するだろう」といった所属する集団内の規範における自身の信念，「統制信念」＝「私はLGBTQ+の人たちへのハラスメントを止め・また将来の発生を防ぐために介入することができるであろう」という自己効力感と考えられる（McCabe et al., 2013）。つまり，個々人が援助のためのスキルを獲得するだけでは支援行動には直接つながらず，自分にとって重要な人たちは当該行動を承認するのか，あるいは否定するのか，そしてその承認は自分にとって重要なのかということが行動変容の鍵となるのだ（McCabe et al., 2013）。したがって管理職は，「差別や偏見のない学校をつくる」という意思を明確にし，教職員・子どもたちに一貫した態度で伝え続けることが求められる。インクルーシブな社会を築くのは，一部のマイノリティの人たちだけではなく，その人たちとかかわるすべての人たち

70 第Ⅰ部 子どもと学級

である。インクルーシブな学級・学校は，インクルーシブな社会の実現の最初の一歩なのである（田中, 2022）。

4 学校・学級でできる LGBTQ+ の子どもたちへの支援

[1] 相談先の確保

近年では総合病院内に「ジェンダー外来」が設置されているため，幼児の段階で受診するケースもあるが，自身の性別違和や性的指向に関しては発達的な段階があり，「なんとなく違う」という想いがうまく言語化できず，モヤモヤが長く続く可能性がある。また，周りに相談しにくいセンシティブな悩みなので，「この悩みを抱えているのは世界に自分一人だけなのではないか」と思い詰めてしまうケースも多いという。外部のゲスト講師として LGBTQ+ 当事者や支援団体を招き，様々な生き方があることや生きづらさの原因となっている社会のしくみを学ぶ機会があれば視界が開けるきっかけになるであろう。実際に筆者のトランスジェンダーの友人は，学生時代にそのような機会があれば先生に相談できていたかもしれないと語っていた。前述の NPO 団体 ReBit などでも出前授業の受付を HP 上で行っており，小中高それぞれの授業サンプルも公開されている。

[2] 相談してくれた子どもへの対応

最後に，勇気を出し，先生を信頼して相談してくれた子どもたちにはまず「話してくれてありがとう」と伝えてあげることが信頼形成の一歩になる。万が一，いじめやハラスメントに遭っている場合は，「いじめられるのは周りと違う自分も悪いからでは？」と自分を責めている可能性もある。しかし，もしいじめられた側に直すべき点があったとしてもそれがいじめをして良い理由には絶対にならないことを明確にして，自分を責めないようにするサポートが必要だ。そして，学校全体にとって大事なことなので他の先生たちと一緒に問題を解決しなければいけない旨を説明し，他の先生や保護者にも共有していいか確認することが相談者の安心にもつながる。その際に保護者には伝えないでほしい，この先生だけなら話してもいいなどの要望が子どもからあればその気持ちを尊重してあげることで信頼関係を損なうことを防げるだろう。そして実際

第5章　学級におけるジェンダー問題　71

の対応に至るまでには，学年会議，学校全体会議，SC などを含めた支援検討会議などいくつかの学内的ステップがあり，時間を要するプロセスになるかもしれない。したがって，そのときどきで子どもに進捗状況を伝えられる範囲で報告し，安心させてあげることが大切だ。相談して数日・数週間経っても何も伝えられないと子どもたちは不安になってしまうので，学内でどのようなプロセスがあり，どのくらい時間がかかるのか，見通しを可能な範囲で共有しておけると良いだろう。

[3] エンパワーの取り組み

　それと同時に，大人が寄り添い，LGBTQ+ の子どもたちをエンパワーする取り組みも大切だ。例えば，適切な社会生活をスムーズに送るための様々なスキル（怒りや感情のコントロール，リラクゼーション方法，SOS の出し方，ストレスマネージメント／コーピング，アサーションスキル，レジリエンスなど）の学習機会を与えることは生涯にわたって役立つものとなるであろう。スクールカウンセラーと協働で，集団または個別でスキル獲得の機会を提供するなどして支援を続けることも有効である。実際，アメリカで開発された「Proud & Empowered」という LGBTQ+ の若者向けプログラムでも 10 回のセッションを通じてこれらの内容を伝えている。そして，無作為化比較による介入研究で効果検証を行ったところ，様々な効果があったことが報告されている。具体的には，プログラム参加者は対照群よりも介入後に LGBTQ+ 特有のストレスや不安が減り，抑うつ症状，自殺念慮，PTSD も軽減したことを明らかにした（Goldbach et al., 2021）。このような体系的なエビデンスにもとづいたプログラムの開発が国内でも急がれよう。困難な課題においては簡単な解決法はなく，様々な環境で異なる特性やニーズをもった子どもたちを，様々な立場の私たち一人一人がもっているリソースで支援し続けることが重要で，その歩みが誰にとっても安心で安全なインクルーシブな学級，ひいては社会の実現につながるのだ。

本章のキーワード

LGBTQ+，性的マイノリティー，アンコンシャスバイアス，マジョリティー特権

Appendix <授業で使えるリソース>

・認定NPO法人 ReBit が提供する小学校高学年・中学生・教職員向け「Ally Teacher's Tool Kit（アライ先生キット）」（全ての資料が無償ダウンロード可能）
　https://rebitlgbt.org/project/kyozai/shougakko
・NPO法人ピルコンが提供する授業のスライドやハンドブック，ワークシート，動画授業，事前・事後アンケートなどの教材データが会員登録でダウンロード可能
　https://lifedesign.pilcon.org/
・東京都教育委員会が作成した「性教育の手引き」　学校での性教育の進め方や実践例が充実　https://www.taiiku-kenko-edu.metro.tokyo.lg.jp/life_style/doc/sexual_education.pdf
・独立行政法人教職員支援機構　校内研修シリーズNo.87　「学校で配慮と支援が必要なLGBTsの子どもたち」　https://www.nits.go.jp/materials/intramural/087.html
・NHK for School「LGBTQ」で検索すると関連する番組の動画視聴が可能

【引用文献】

Ajzen, I. (1991). The theory of planned behavior. *Organizational Behavior and Human Decision Processes, 50*, 179-311.

Buhrke, R. A., & Douce, L. A. (1991). Training issues for counseling psychologists in working with lesbian women and gay men. *The Counseling Psychologist, 19*, 216-234.

出口真紀子（2020）．マジョリティの特権を可視化する――差別を自分ごととしてとらえるために　東京人権啓発企業連絡会『明日へ』, *62*, 2-7.　https://www.jinken-net.com/close-up/20200701_1908.html

電通（2019）．「LGBT調査2018」　https://www.dentsu.co.jp/news/release/2019/0110-009728.html

Endo, H., Aoyama, I., Iida, J., & Sugimoto, K. (2017). The Effect of Openness to Diversity on Bullying Reduction: In Relation with Peer Conformity, Mutual Respect, and Attitude Toward Bullying. The Seventh Asian Conference on Psychology & the Behavioral Sciences (ACP)

Goldbach, J.T., Rhoades, H., Mamey, M.R., Senese, J., Karys, P., & Marsiglia, F. F. (2021). Reducing behavioral health symptoms by addressing minority stressors in LGBTQ adolescents: a randomized controlled trial of Proud & Empowered. *BMC Public Health, 21*, 2315.

日高庸晴（2018）．LGBTs のいじめ被害・不登校・自傷行為の経験率全国インターネット調査の結果から　現代性教育研究ジャーナル, *89*, 1-7.
　https://www.jase.faje.or.jp/jigyo/journal/seikyoiku_journal_201808.pdf

星野俊樹（2022）．なぜ今，包括的性教育なのか　野口晃菜・喜多一馬（編著）　差別のない社会をつくるインクルーシブ教育（pp. 102-126）　学事出版

ヒューマン・ライツ・ウォッチ（2016）．「出る杭は打たれる」日本の学校における LGBT　生徒へのいじめと排除
　https://www.hrw.org/sites/default/files/report_pdf/japan0516_japaneseweb_5.pdf

飯田順子（2021）．いじめ予防の基本とポイント　飯田順子・杉本希映・青山郁子・遠藤寛子（編）いじめ予防スキルアップガイド――エビデンスに基づく安心・安全な学校作りの実践（pp. 1-23）金子書房

いのちリスペクト。ホワイトリボン・キャンペーン（2014）．LGBTの学校生活に関する実態調査2013
　https://uploads.strikinglycdn.com/files/e77091f1-b6a7-40d7-a6f2-c2b86e35b009/LGBT%E5%AD%A6%E6%A0%A1%E7%94%9F%E6%B4%BB%E8%AA%BF%E6%9F%BB.pdf

葛西真記子（2019）．LGBTQ+の児童・生徒・学生への支援　誠信書房

Mah, R. (2009). *Getting Beyond Bullying and Exclusion, PreK-5:Empowering Children in Inclusive Classrooms*. Sage Publication: Thousand Oaks, CA

McCabe, P. C., Rubinson, F., Dragowski, E. A., & Elizalde-Utnick, G. (2013). Behavioral intention of teachers, school psychologists, and counselors to intervene and prevent harassment of LGBTQ youth. *Psychology in the Schools, 50*(7), 672-688.

明治安田生命（2018）．全国同姓調査
　　https://www.meijiyasuda.co.jp/profile/news/release/2018/pdf/20180808_01.pdf
文部科学省（2016）．性同一性障害や性的指向・性自認に係る，児童生徒に対するきめ細かな対応等の
　　実施について（教職員向け）
　　https://www.mext.go.jp/b_menu/houdou/28/04/__icsFiles/afieldfile/2016/04/01/1369211_01.pdf
文部科学省（2023）．令和4年度児童生徒の問題行動・不登校等生徒指導上の諸課題に関する調査
　　https://www.mext.go.jp/a_menu/shotou/seitoshidou/1302902.htm
Mudrey, R., & Medina-Adams, A.（2008）．Attitudes, perceptions, and knowledge of pre-services
　　teachers regarding the educational isolation of sexual minority youth. *Journal of Homosexuality*,
　　51（4）, 63-90.
日本経済新聞（2016）．LGBTの子供 暴言86%経験　学校で，国際人権団体調べ
　　https://www.nikkei.com/article/DGXLASDG06H9O_W6A500C1000000/
認定NPO法人ReBit（2022）．LGBTTQの子ども・若者調査
　　https://prtimes.jp/main/html/rd/p/000000031.000047512.html
認定NPO法人ReBit（2023）．学校における性的指向・性自認に係る取り組み及び対応状況調査
　　https://prtimes.jp/main/html/rd/p/000000046.000047512.html
日本労働組合総連合会（2020）．5万人を超える回答　アンコンシャス・バイアス（無意識の思い込み，
　　偏見）診断　https://www.jtuc-rengo.or.jp/info/chousa/data/20201204.pdf?30
日本財団（2021）．第4回　自殺意識全国調査報告書
　　https://www.nippon-foundation.or.jp/app/uploads/2021/08/new_pr_20210831_05.pdf
野口晃菜（2022）　インクルーシブ教育について考えよう　野口晃菜・喜多一馬（編著）（2022）．「差
　　別のない社会をつくるインクルーシブ教育」（pp. 16-32）　学事出版
Pederson, P.（2000）．*A Handbook for Developing Multicultural Awareness*, 3rd Edition. American
　　Counseling Association.
田中博司（2022）．インクルーシブな教室がインクルーシブな社会を作る　野口晃菜・喜多一馬（編著）
　　差別のない社会をつくるインクルーシブ教育（pp. 102-126）　学事出版
UNESCO（2005）．Guidelines for Inclusion: Ensuring Access to Education for All.
　　https://files.eric.ed.gov/fulltext/ED496105.pdf
UNESCO（2019）．Behind the Numbers: Ending School Violence and Bullying. United Nations
　　Educational, Scientific, and Cultural Organization.
　　https://unesdoc.unesco.org/ark:/48223/pf0000366483
和久田学（2019）．いじめの科学　日本論評社

74

第Ⅱ部
教師と学級

第6章

教師の子ども理解

1 教育観にもとづく学級経営

　担任として学級を経営していく際に，教師は個々の子どもの能力・特性，学習状況，生活状況や，学級の人間関係，雰囲気などを「見取る」ことが重要である。これらの認知にもとづいて，教師は学級全体への教科指導，生活指導や学級活動の指導を行い，個々の子どもに適切と思われる対応をすることになる。近年の学校現場では，子どもの多様性が増大するなかで，一人ひとりの特徴を生かしつつ，協働して学習を進められるよう指導することが求められている。

　こうした教師の指導行動は，教育目標に照らして行われる。このような力をつけてほしい，このような子どもに育ってほしいといった教育目標は，学習指導要領等でも示されている。しかし，どのような子どもに育てたいかと問えば，実際には個々の教師の考える教育目標はそれぞれ違っている。高い学力をもつことが重要だと思う教師もいれば，学力よりも友だちと元気に遊べることが何より大事だと思う教師もおり，それは各教師のもつ基本的な教育観ともいえる。そうした教育観や教育目標にもとづいて，教師は学習指導に力を入れたり，休み時間に子どもたちと一緒に運動したりしている。

　近藤（1994）によれば，それぞれの教師の学級では，異なる「儀式化（ritualization: Erikson, 1977）」が行われるという。儀式化とは「特定の目標に向かって子どもを方向づけ，水路づけ，訓練する過程」である。教師は担任する学級において，教授・学習の方法と学級経営の仕方を通した「儀式化」によって，自身の教育観や教育目標を反映した能力・特性や行動を子どもに要請している（近藤, 1994）。例えば，授業で「協同的な学習」を導入することは子どもたちに，仲間と協調し，自身の関心や欲求を他者のそれと調整し協力し合って学習を進める力をもつように求めているといえる。教室に掲げられた

78　第Ⅱ部　教師と学級

「学級のきまり」が「大きな声で挨拶する」ことであれば，それは子どもたち
に規律正しさを要請していることになる。そして教師の教育観・教育目標にも
とづいた子どもたちへの要請は，その学級の価値観や規範となり，子どもたち
の行動に少なからず影響を与えるのである。

2 教師の子ども認知の枠組み

[1] 教師特有の子ども認知次元

　教師にとって教育観・教育目標は，子どもを見る際のいわばレンズの役割を
する。そのレンズを通して子どもを見ている。それゆえに，教師の教育観・教
育目標は教師の子ども認知次元に反映される。教師は，要請する能力・特性や
行動を子どもがどの程度達成できているかを見るからである。子ども認知次元
には，小中学校教師の場合，「社会性」「活動性」「安定性」「知的意欲」「創造性」
の5次元，あるいは「活発さ」「温厚さ」「聡明さ」「落ち着き」「根気強さ」の
5次元などがあるとされている（浜名, 1988）。しかしながら，すべての教師が
これらすべての次元を用いて子どもを見ているわけではない。こうした一般的
認知次元のうち，各教師はそれぞれの教育観・教育目標のもとで特に重視する
次元をもって子どもを認知し，評価している。近年ではそうした教師個別の認
知次元の検討[1]が蓄積され（**表6-1**），個別次元の分類から，「能力・学力」「物
事に対する姿勢や意欲」「行動統制のとりやすさ」「人間関係の配慮」「基本的
生活習慣」「他者へのかかわり方」「明るさ」「自己表出性」の8カテゴリーと
した報告（越, 2002）もある。

　また，授業内・授業外場面での教師の指導行動として，「発言の促進」「かか
わり合い場面の設定」「目標設定と評価」「児童の主体性の尊重」「教師と児童
の関係づくり」「児童同士の関係づくり」「児童の主体的な学級運営」の7カテ
ゴリー（石田・加藤, 2024）が指摘されている。指導行動もまた子どもへの要
請といえることから，上記認知次元の知見と合わせて，教師が学業達成と人間

1）教師個別の認知次元を抽出する方法として，教師用RCRT（Role Construct Repertory
　Test: 近藤, 1984, 1994）がある。これは各教師がどのような視点から子どもをとらえてい
　るのかを明らかにする，認知枠組みのアセスメント法である。

第 6 章　教師の子ども理解　　79

表 6-1　子ども認知次元の例

論文	三島 (2006)	渡邉他 (2021)	飯田 (2022)	越 (2002)	坂下 (2015)
学校段階	小学校低学年	小学校高学年	中学校	小中学校	高校
次元抽出の方法	RCRT	RCRT	RCRT	RCRT 結果を集約・分類	語りから分類
認知次元	注意・抑制 精神的安定	教師の支援 規範行動 思慮深さ 社交性	生活・学習面での安定的取り組み 素直で親和的な態度 自己表明力・明朗さ	能力・学力 物事に対する姿勢や意欲 行動統制のとりやすさ 人間関係の配慮 基本的生活習慣 他者への関わり方 明るさ 自己表出性	能力・学力 学校生活への意欲 教師への態度 人間関係の配慮 基本的生活 背景的要因

表中の RCRT とは，教師用 RCRT（近藤 ,1984,1994）を指す。教師用 RCRT については脚注 1）を参照のこと。

関係の側面を重視していることが示唆される。

　一方で，教師は子どもの性格特性として協調性，非攻撃性，良識性を重視し，知的好奇心は相対的に重視していないことも明らかにされている（石田，2020）。また全国の教育センター対象の調査において，子どもたちに身につけさせたい能力・特性として，コミュニケーション能力と自己肯定感が挙げられている（越・安藤，2013, 2014）。さらに同調査では，子どもたちの人間関係上の課題として，集団内での自己表現力の欠如や，傷ついた人間関係の修復ができないことなどが指摘された（**表 6-2**）。教師が子どもたちに対して，親しい友人関係をもち，かつ，無用なトラブルを回避して学校適応を損なわずにいてほしいと思っていることが示された。

　教育観の世界的潮流として，現代の子どもたちが未来において力を発揮するためには，デジタルリテラシー等も含めた基礎学力と，双方向的で互恵的な協力関係の構築が必要とされている。教師の子ども認知次元もこうした教育観に合致しているといえるだろう。ただしその重視度は，人間関係の形成・維持の側面が，学業の側面よりも相対的に高いようである。

[2] 教師の認知が子どもの適応に及ぼす影響

　教師の視線は，子ども認知次元において，評価的なものにならざるを得ない。教師の要請に応えた能力・特性をもっていると認知された子どもほど，スクールモラール（第 7 章注 1 参照）が高い（近藤，1994）。教師の子ども認知は子ど

80　第Ⅱ部　教師と学級

表 6-2　教師から見た子どもの人間関係の問題（越・安藤, 2014 をもとに作成）

上位カテゴリー	カテゴリー	記述内容の例
集団内の課題	集団内での自己表現の難しさ	・自己表現が適切にできない ・仲間への過剰な気遣い
	集団意識の欠如	・集団の一員としての意識の欠如
個々の対人関係の課題	他者との表面的な関わり	・対人関係が表面的 ・他者に無関心
	他者との消極的限定的関わり	・価値観の同じ者同士の排他的グループ化 ・集団としてまとまれない
	コミュニケーション能力・スキルの不足	・他者を配慮し理解できない ・人間関係の修復ができない
個人的課題	主体性の乏しさ	・自立できない ・指示待ち
	自己肯定感のなさ	・自己肯定感のなさ
	認知の偏り	・物事を公平に見られない ・相手の話を公平に聞けない
	感情コントロールの難しさ	・感情コントロールの未発達 ・キレやすい
家庭の課題	保護者の問題	・子どもへの関わり方 ・視野の狭さ
環境的な課題	他者と関わる場の不足	・機会の不足 ・地域・異学年の交流不足
	携帯電話による縛り	・携帯電話に縛られる

もの学級適応に影響するといえよう。

　それゆえ，教師が子どもを認知する次元は多様であることが望ましい。教師が一次元でのみ評価すると，低く評価された子どもはその教師の学級において，常に低い評価を受け続けることになる。しかし認知次元が複数であれば，「Aさんは○○はうまくないが○○は優れている」と多面的に評価されうる。子どもたちは自身の特徴を生かした活動において活躍し，高く評価される可能性もあるだろう。そのため，教師の認知次元の多様性は，教師と子どもの関係のみならず，子ども同士の関係にも影響する。認知多様性の高い教師の学級では，特に体育と特別活動場面における子どもの級友認知の多様性が高く，級友関係が肯定的であったことが明らかにされている（笠松・越, 2007）。子どもの特徴が発揮されやすい学校場面において教師の子ども認知が分化し多様であることは，子ども同士がお互いを認め合い，交流を深めることにつながると考えられる。この場合，複数の教師によって子どもを見ることも意味がある。子どもは，学級担任には話せない本音を養護教諭には話していることもある。学級担任，校長や教頭，養護教諭，スクールカウンセラーなど，それぞれ学校内の

役割が異なり，教育観や認知次元が異なり，もっている情報も異なる。複数の教師がお互いの認知を交流することで，複眼的に子どもを理解することができる。

[3] 教師役割のジレンマ

　子ども認知次元は教師の教育観・教育目標にもとづくものであり，したがって，教師ごとに一貫しており，変わりにくい。こうした認知の枠組みは，子どもの発達的変化に制限を加える可能性もはらんでいる。教師は現実社会での望ましさを基準として，その方向に向けて子どもたちを指導している。子ども独自の特徴が学校場面では必ずしも評価されないものであるとき，教師がそれを伸ばすようなかかわりをすることは，現実問題として難しい。子どもの将来に対して，例えばエジソンのように今は学校不適応であってもいずれ必ず大発明家になる，といった確固とした見通しをもって現在の指導方針を決めることもまた容易ではない。川田（2015）は，特別支援教育において教師の「子どもへのまなざし」には診断的まなざし，手段的まなざし，危機管理的まなざしがあることを指摘した。それによると，診断的まなざしとは，子どもを「よく見る」際に医学的・心理学的カテゴリーによって障害等の有無の判断を行い，それを実践より優先させる子ども理解である。こうした子ども理解は，「このような活動をしたからこのような結果になった」という因果関係で子どもを見ることにつながり，すなわち活動を「手段」としてとらえる手段的まなざしをもたらすという。さらに，危機管理的まなざしによって，教師は未来のリスクを回避するために子どもの「いま」と向き合って教育実践を創造する柔軟性を削がれてしまうというのである（川田, 2015；吉永, 2021）。

　特別支援教育に限らず，教師として，「診断」や「危機管理」を優先しなければならないことは当然ある。揺らがない信念と教育観・教育目標をもって，子どもたちに要請を行う必要がある。それは教師としての役割に則った指導行動である。しかしながら，教師の認知の枠組みは，ある種の偏りをもって，子どものあり方を方向づけているともいえる。子どもの将来的な社会適応や自己実現を可能にするために行われる教師の日々の指導行動が，現実社会の価値観と子どもの現在の現実に制限されざるを得ないことは，まさに教師の役割ゆえのジレンマでもあるだろう。

82　第Ⅱ部　教師と学級

3　子ども認知にもとづく学級経営

[1] 適切な指導行動の選択

　子ども認知によって，教師の指導行動は異なる。子どもの「問題行動」の原因を子どもの個人要因（個人的資質や家庭環境）に帰属する教師は多いが（速水, 1981；北口, 2015），環境要因（教室，他の子ども，教師）に帰属する教師は個人要因に帰属する教師よりも，子どもへの賞賛行動が多い（北口, 2015）。また，障害児保育の経験のある保育者は子どもの多動・衝動的行動について，生活環境や状況に原因帰属する傾向があり，その場合，安定した生活習慣を意識した対応を行うことが報告されている（濱田, 2019）。

　つまり教師の指導行動は，目の前の子ども認知と教育観とによって決定されていく。割澤（2010）は，通常学級における特別な支援ニーズのある子どもに対する対応について，7名の教師との面接から，そのプロセスを明らかにしている。それによると，子どもを「支援ニーズをもつ子ども」としてとらえた場合，一人ひとりの個性を大切にするという価値観がより強く意識され，子どもに対して「どうすべきか指示する」「一時的に他の子どもと離して落ち着かせる」といった個に応じた対応がとられていた。また，「配慮不要」ととらえた場合は，子どもたち全員を公平にという価値観が強く意識され，上記の対応のほかにルールづくりなども行っていた。さらに，子どもの変化・成長を促す形で関与しようとする場合は教師の行動が指導的になり，子ども自らの変化・成長を支える形での関与を選んだ場合はサポーティブなかかわりが行われていた。1人の教師の教育観は分化した価値観を内包しており，そのなかから，認知された子どもの特徴に合わせて適切な教育観が意識され，適切な指導行動が選ばれているといえる。すなわち，教師のもつ教育観も単次元ではなく複数の価値観から成る。その多面性によって，子どもを多次元的に認知し，対象の子どもの特徴や状況に応じて，ふさわしい教育観にもとづいた適切な指導が行われる（**図6-1**）。

　学級全体の特徴認知にもとづいた学級指導でもまた同様のことがいえる。伊藤・毛利（2005）の事例では，学級風土質問紙の実施により学級の「学習指向性が高く，やんちゃだが自己開示できる風土」が再認識されたことで，その後

第 6 章　教師の子ども理解　　83

図 6-1　多面的教育観にもとづく子ども認知と指導行動

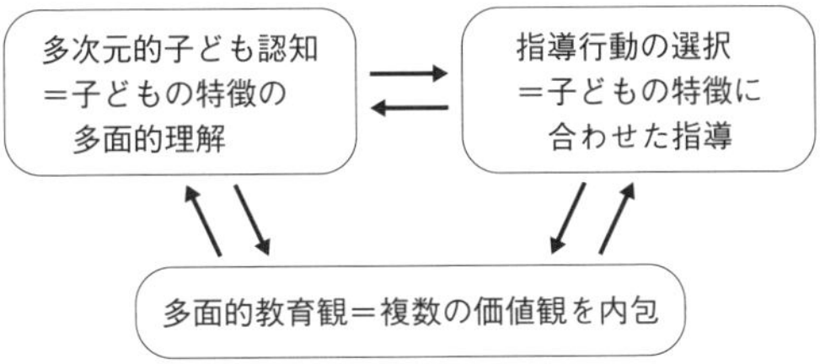

多次元的子ども認知
＝子どもの特徴の
多面的理解
⇄
指導行動の選択
＝子どもの特徴に
合わせた指導

多面的教育観＝複数の価値観を内包

の授業において，自主的な活動による調べ学習や，意見・感想を述べ合いやすい教材を用いる工夫が行われたことが示されている。

[2]　子どもの発達に伴う認知次元の違い

　子どもたちの発達段階や学校段階，あるいは生活環境に応じて，使用される認知次元や重視される認知次元は異なる。また，学級の発達に伴って，学期によっても異なってくる。先にあげた**表 6-1**において，小学校低学年では「注意・抑制」や「精神的安定」（三島, 2006）といった基本的生活態度にかかわる次元が用いられていた。これに対して高校教師の生徒認知には，進路選択に関連する「能力・学力」，人としての理想の実現にかかわる「基本的生活」や「人間関係への配慮」のほか，家庭環境や言語・文化の相違といった「背景的要因」についての認知が含まれている（坂下, 2015）。また坂下（2019）は高校教師 2 事例において生徒の進路決定と自立を見据えた認知次元が共通して見られたことを挙げ，高校の特色によらず，これが高校教師にとっての「揺るぎない視点」であると述べている。小学校，中学校，高校では，担任システムや子どもに対する教師の要請が異なり，子どもに関する情報の獲得方法も異なる（渡邉他, 2021）。教師たちは多くの認知次元をもつと同時に，目の前の子どもにふさわしい認知次元をもって理解し，適切な指導・支援に結びつけているといえよう。

[3]　認知次元変容の試み

　認知次元が変わりにくいことはすでに述べた。しかし教師の認知次元が教育観・教育目標の反映であるならば，そして指導行動に影響するならば，学級状況を変えるためには認知次元の変容も必要になる。一方で，集団の価値観は同

84　第Ⅱ部　教師と学級

質化しやすく，教師集団も例外ではない。そのなかで教師同士が職員室などで教育観や教育目標などを交流する機会があったとしても，教師が自身について見直しや気づきを得るのは容易にできることではないだろう。またそうした気づきはそれまでの自身の教育実践に対する葛藤を引き起こすものともなる。

　三島（2006）や浦野（2001）などは，学級経営に悩む教師に対して教師用RCRT（近藤，1984，1994）を用いたコンサルテーションを実施することで，対象教師が自身の子ども認知次元を自覚し，学期の進行につれてその認知次元の数と内容が変化し，学級雰囲気も変化した事例を報告している。教師が自身の認知次元を自覚することは，自身の教育観の省察を深め，自身が子どもたちに何を要請しているのかなどの気づきを促すだろう。その結果として，指導行動が変わり学級状況に影響を与えたと考えられる。さらには，学級状況の変化も，教師の認知次元の変容を促したであろう。また，ステレオタイプの変容あるいは抑制における反証例や活性化抑制についての知見（Devine, 1989；Rothbart, 1981）などを参考に，教師用 RCRT に加え，子ども自身が選んだ子どもの長所を教師に知らせることで認知次元変容を促した介入の報告もある（渡邉他，2021）。

4　相互作用のなかでつくられる子ども認知

［1］レッテルの影響

　認知次元のみならず，すでに形成された子ども認知内容もまた変容しにくいことは，ステレオタイプや偏見研究において明らかにされている（栗田，2015；Sherif et al., 1988 など）。いったん形成された子どもについての認知はレッテルとして機能し，教師の行動も当該の子どもの行動も規定していく。

　高橋（1999）は，システム理論（Living Systems）の観点から，そのプロセスを以下のように述べている。A と B の二者間において，A は B の行為を「お節介」と感じ，その行為が繰り返されることで A は B を「お節介な人」と考えるようになる。一方 B は A の行為を「頼りない」と感じ，その行為が繰り返されることで A を「頼りない人」と考えるようになる。お互いに相手に対して「お節介な人」「頼りない人」とレッテルを貼り，それを前提として自らの行為を限定し，そのことが同時に相手の行為を限定する（高橋，1999 p.

13)。この二者間においてできあがった，相手に対して「お世話をする」「お世話をされる」といった相互作用システムが，お互いの認知を維持しいっそう強めることになる。

　レッテルの効果は，教師期待効果研究においても示されている。教室において，教師は期待高群（というカテゴリーベースのレッテル）の子どもには質問のヒントを出したり，回答を待ったりするのに対し，期待低群の子どもにはヒントは出さず，すぐに指名替えをしたりするのであった（Brophy & Good，1974 浜名他訳 1985）。その結果として，教師は期待高群に対する肯定的認知と期待低群に対する否定的認知を自己確証的に強めることになる。さらに，子どもたちはそうした教師の行動から自身への教師の期待を認知し，それに影響を受けて自己期待を変え，それが学業成績に反映されるのである（古城，1996；Murdock-Perriera & Sedlacek, 2018）。

[2] 相互作用からつくられる個人の特性

　これらの知見は，レッテルの効果を示すと同時に，「頼りない」とか「期待がもてる」といった特徴が，実は本人の内的特性としては存在しないかもしれないことを示している（高橋，1999）。上記の A の場合，B から頼りないと認知された A が C を「頼りない人」と認知したならば，A は C の世話を焼くことになり，C からは「親切な人」と認知されるかもしれない（高橋，1999）。

　このことは，学校では暴力的と認知される子どもが家庭ではおとなしい子どもと認知されるようなケースの，理解の 1 つの参考になる。ひとりの子どもについての認知が教師と保護者で異なることがある。教師と保護者の認知次元や評価基準が異なることや，選択的情報処理の影響がその要因と考えられる。一方で，学校場面に関していうならば，教室での「問題行動」は当該の子どもに内的帰属されるべきものでなく，その「問題児」と教師や他の子どもたちとの相互作用のなかでつくられたレッテルが，その子のあり方を決めているのかもしれないのである。子どもを理解するには，子どもの言動だけでなく，その言動が出現するに至った学級内の相互作用の連鎖をも理解する必要がある。

　したがって，レッテルを剥がすには，学級内の相互作用を変えることが有効である。当該の子どもの言動に学級内の教師や他の子どもたちの動きがどうつながり，かかわり合っているか。それを変えることは，学級を変えていくこと

86 第Ⅱ部 教師と学級

も可能にすると考えられる（中野, 2019）。レッテルを，役割加工によって強制的に貼り替えた介入研究もある（例えばジグソー学習法（蘭, 1983；Aronson et al., 1975）など）。

5 子ども理解の多様性

［1］子どもの内面の理解

　これまで見てきたように，教師が子どもを理解する際に，どのような次元でどう認知するかという点において，教師としての役割の影響が見いだせる。一方で，子どもを理解することは，単に子どもがどのような能力をもっているか，どのような特性をもっているかだけを認知することでもない。子ども理解とは，子どもの内面を理解することであり，子どもが経験している内的世界を理解することでもある（田中, 2006；吉永, 2021）。子どもの行為を，その子の単なる行動特徴として理解するのでなく，子どもの世界の自己表現として理解することともいえる（津守, 1987 p. 134；吉永, 2021）。

　他者に対して自己主張が強く，授業では居眠りばかりしている子どもを対人関係次元で認知するだけでは，教師はその子を「協調性がない子」「自分勝手な子」と否定的にしか理解できない。その子を受け入れることも難しいかもしれない。しかし，その子が好きな教科では教師に熱心に質問していると知ることで，その子はものごとを正しく理解し納得したいのであり，それがかなわないことで不満をもっているといった，行動の理由と心情に気づくことができる。角南（2018）は，ADHD傾向が見られる子どもとのかかわりにおいて生じる教師の困難感のプロセスを，語りの分析によって描き出している（第10章を参照）。その教師は，前担任から引き継ぎ情報などももらい，実際に学級で様々な困難場面に対応しながら，この子はなぜこのような行動をするのか，何ができて何が苦手かなど，自身の子ども理解と対応を見直している。当該の子どもの障害にかかわる特性と，それ以外の心情，思考，背景などの内面について多面的に理解し，また子どものよいところや取り組み過程について承認もしながら，これらを契機にして，教師はこれまでとは別の視点から子どもをとらえ，自身の対応の再検討を行った。それは個別対応だけでなく，学級環境に配慮するインクルーシブ教育にもつながっていた。こうした子ども理解の省察

と広がりは，他の子ども理解にも生かされるだろう。

認知次元の多様性とは，誰に対しても等しく多くの次元を用いて認知することではない。子どもを認知する際のレパートリーとして，多くの次元をもっていることを意味する。それによって，目の前にいる一人ひとりの子どもの特徴を見過ごすことなく拾い上げ，理解することが可能になる。例えば，認知多様性の指標である認知的複雑性が低い教師は，社会性や活動性などの外面的な認知次元を用いる傾向があり，認知的複雑性が高い教師は知的さや力量性といった内面的な次元によって子どもを認知する傾向がある（渡邉, 2022）。認知の多様性は，表面には出にくい内面的特徴にも目を向けた子ども理解を促しうる。

［2］教師と子どもの関係性

むろん，子どもを理解すること，ましてや子どもの内面の理解は，そう容易なことではない。例えば利己的な行動傾向の子どもについては，行動の原因の内的・外的帰属が難しく，心情や行動も理解しにくいという（坂西, 1994）。しかしながら，子ども理解は教師が一方的に観察するだけで成立するものではない。子どもの言動にはその子なりの「理」がある（Schön, 1983 柳沢・三輪監訳 2007）のであって，その理を読み解こうとすることが，まさに教育実践で求められる子ども理解である。

子どもが抱える子どもの内と外にある様々な事情は，具体的な言動として表出される。教師は，まずは子どもがよく見える位置まで近づかなければならない。また，教師は子どもから理解され受容されて初めて，その距離まで近づくことができる。

一般に，親しい関係であるほどコミュニケーション量は多く，自己開示も深い。心理的距離の遠い人の行動は抽象的に解釈され，特性として理解されやすいが，心理的距離の近い人の行動は具体的に解釈され，行為目標の観点から解釈されやすい（谷口・池上, 2018）。つまり，子どもと教師との関係性によって，「見える」ものは異なる。また先述のように，原因帰属に関して，教師は子どもの問題行動や学業不振を，概して子どもの能力，性格や動機づけ，つまりは本人の「非」に帰属しやすい（北口, 2015；弓削, 2009）。しかし子どもと教師の関係性によって，原因帰属も異なる可能性がある。Galper（1976）によれば，人は共感を感じている相手に対してはその行動の原因を気質に帰属せず，状況

に帰属しやすい。また，McGrath & Bergen（2019）は，子どもの問題行動を子ども自身ではコントロールできない原因に帰属し，かつ情緒的コンピテンス（子どもへの共感など）の高い教師は，問題行動をする子どもと親しい関係をつくっていることをみいだした。親しい関係であるからこそ，教師は子どもがその行動に至った様々な内的・外的事情を理解することが可能になるし，そうした子どもの事情を理解することが子どもとの関係を変えうるのだろう。尾見（1999）は，教師は子どもたちからソーシャルサポートの提供者とみなされる程度は低いものの，教師だけからサポートを受けている子どもも少数ながらいることを報告している。

　すなわち，子ども理解は子どもと教師の相互関係によって成立する。子どもの内面に分け入ることのできるような子どもと教師の関係の質に，子ども理解は規定される（上野, 1993；吉永, 2021）。また，子どもをどのように理解するかによって，異なる関係性が紡がれる。それは，「この子は○○が得意で○○が苦手」といった外的に示された能力・特性の理解にとどまらず，そこにつながる様々な個別の心理的・身体的・社会的事情の理解ということである。

6　個別性の承認という子ども理解

　これらをふまえると，子ども理解は，最終的には子どもたちの個別性を認知し，個々の子どもを承認することであると考えられる。子どもを前にした教師は，全体に対して指示を出し，活動に向かわせなければならない。その指導行動が子どもたちを一定方向に儀式化し，子どもたちは多くの級友とともに，同じ課題において同じ程度のパフォーマンスを示さなければならない。そのなかで教師が子どもを理解するには，一面的な言動から「協調性のない子」「自分勝手な子」などとレッテルを貼り，カテゴリーとして認知するのではなく，その子どもの事情を含めてその子が独自な存在であると認識することが必要ではないか。そしてそれは，その子をそのまま理解し承認するということであろう。それぞれの子どもの独自性は，教師や他の子どもから承認され受け入れられて，学級のなかで位置づけられる。

　承認（Anerkennung：recognition）とは，気づかいや関与，共感を含む他の人格に対する尊重（Honneth, 2005 辰巳・宮本訳 2011）である。子どもの存

表 6-3　承認の 3 形態（新元・越，2018 を改変）

承認の基底	承認の形態		
	他者を，自分と同じ主体性のある人間とみなすこと		
学級の承認 3 形態	【愛の承認】	【人格の承認】	【貢献の承認】
学級における承認姿勢	受容ならびに積極的関心必要に応じて愛情を注ぐ	子ども概念の毀損と平等に帰責を有する人格者として尊重	目標や集団にむけての貢献に対する積極的評価
Honneth の承認 3 形態	【愛の承認】	【法の承認】	【連帯の承認】
	感情を基本とした情緒的な気遣いや無条件の愛情	個々人を一人の「人格」として平等にあつかい，自由を享受する道徳的な帰責のある人格として尊重	他者から差異化された個人の特性や能力に対する評価
承認から得るもの	自己信頼	自己尊重	自己評価
社会的条件	「愛」「法」「連帯」の 3 つの承認がそろうことで，人は自律的な人間になる		

在の肯定的認知であり，単なる賞賛ではなく，リスペクトというべき態度であるともいえる。承認には 3 つの形態があり，新元・越（2018）はそれを学級における承認として，愛，人格，貢献の 3 形態の承認に整理している（**表 6-3**）。

　教室において，教師が子どもの言動に対して善悪に言及する場面は必ずある。しかしその指導は，子どもの存在や人格の承認（リスペクト）に支えられていなければならない。また，学級のホームルームでしばしば行われる，子ども同士がお互いの行為を賞賛したり感謝したりする活動は，ともすると特定の行動や価値観を強化し，固定化に向かわせることもあり得る。しかしながら承認（リスペクト）は，子どもたちのいわゆる「心理的安全性」（psychological safety：Edmondson, 2019 野津訳 2021）を高めるものと考えられる。心理的安全性とは，他者から能力や人格について悪く評価されるリスクあるいは不安のない状態である。教師や他の子どもたちから自身の存在や人格や貢献を承認（リスペクト）され受け入れられることで，子どもたちは評価懸念をもつことなく，安心して主体的な判断がしやすくなり，他者を受容し，他者の判断を尊重することも可能になる。その結果として，承認はその学級社会における適応的行動の基準を示す機能ももつ。新元・越（2022）において，学級の子ども同士の承認（リスペクト）が，学級の信頼，自主性，規範意識，自己開示などを高めたことが示されている。さらに，子ども同士の承認（リスペクト）は，教師からの子どもたちへの承認（リスペクト）によって高まった。このように，

90 第Ⅱ部 教師と学級

一人ひとりの子どもを承認しリスペクトする教師の子ども理解が，個々の子どもと学級の主体性・自律性を促す可能性が示唆される。

本章のキーワード

認知次元，教育観，多様性，承認（リスペクト）

【引用文献】

蘭　千壽（1983）．児童の学業成績および学習態度に及ぼすJigsaw学習方式の効果　教育心理学研究，*31*，102-112.

Aronson, E., Blaney, N. T., Sikes, J., Stephan, C., & Snapp, M.（1975）．Busing and racial tension: The jigsaw route to learning and liking. *Psychological Today*, February, 43-59.

坂西友秀（1994）．教師の利己的生徒，利他的生徒についての認知と生徒の自己認知　教育心理学研究，*42*，403-414.

Brophy, J. E., & Good, T. L.（1974）．*Teacher-Student Relationships: Causes and Consequences*. Holt, Rinehart and Winston.（ブロフィ，J. E.・グッド，T. L. 浜名外喜男・蘭　千壽・天根哲治（訳）（1985）．教師と生徒の人間関係──新しい教育指導の原点　北大路書房）

Devine, P. G.（1989）．Stereotypes and prejudice: Their automatic and controlled components. *Journal of Personality and Social Psychology*, *56*(1), 5-18.

Edmondson, A. C.（2019）．*The Fearless Organization: Creating Psychological Safety in the Workplace for Learning Innovation, and Growth*. John Wiley & Sons.（エドモンドソン，A. C. 野津智子（訳）（2021）．恐れのない組織　英治出版）

Erikson, E. H.（1977）．*Toys and reasons:Stages in the ritualization of experience*. W. W. Norton & Company.（エリクソン，E. H. 近藤邦夫（訳）（1981）．玩具と理性──経験の儀式化の諸段階　みすず書房）

Galper, R. E.（1976）．Turning observers into actors: Differential causal attributions as a function of empathy. *Journal of Research in Personality*, *10*(3), 328-335.

濱田祥子（2019）．ADHDの行動特徴に対する保育者の原因帰属と対応の関連　LD研究，*28*(2)，283-295.

浜名外喜男（編著）（1988）．教師が変われば子どもも変わる　北大路書房

速水敏彦（1981）．学業不振児の原因帰属──ケース評定尺度によるアプローチ　教育心理学研究，*29*(4)，287-296.

Honneth, A.（2005）．*Verdinglichung - eine Anerkennungstheoretische Studie*. Suhrkamp.（ホネット，A. 辰巳伸知・宮本真也（訳）（2011）．物象化──承認論からのアプローチ　法政大学出版局）

飯田　都（2022）．生徒の学級適応感を規定する教師の認知次元の検討──3名の中学校教師のケーススタディから　岡山大学教師教育開発センター紀要，*12*，227-241.

石田靖彦（2020）．小学校教師が重視する児童の特徴──教師の性格特性との関連と教員養成大学生との比較　愛知教育大学研究報告　教育科学編，*69*，93-98.

石田靖彦・加藤奈央（2024）．教師の学級指導行動と児童の自己成長感との関連──基本的心理欲求の充足と変化に着目した検討　愛知教育大学大学院共同教科開発学専攻（編）教材開発学を創る 第5集（pp. 30-45）愛知教育大学出版会

伊藤亜矢子・毛利珠美（2005）．小学校における学級という場を活用した学校支援（1）──教師用RCRTに見る教師の視点の多様性と学級風土　日本教育心理学会第47回総会発表論文集，619.

笠松幹生・越　良子（2007）．教師の児童認知の多様性が児童の級友認知と級友関係に及ぼす影響　学校心理学研究，*7*，21-33.

川田　学（2015）．心理学的子ども理解と実践的子ども理解——実践者を不自由にする「まなざし」をどう中和するか　障害者問題研究, 43(3), 178-185.

北口勝也（2015）．小学校通常学級担任教員における賞賛行動と応用行動分析の理解との関係　武庫川女子大学教育学研究論集, 10, 1-8.

古城和敬（1996）．教師の指導行動　蘭千壽・古城和敬（編著）教師と教育集団の心理（pp. 51-76）誠信書房

近藤邦夫（1984）．児童・生徒に対する教師の見方を捉える試み——その①　方法について　千葉大学教育工学研究, 5, 3-21.

近藤邦夫（1994）．教師と子どもの関係づくり　東京大学出版会

越　良子（2002）．児童・生徒認知に関する教師の自己把握　上越教育大学研究紀要, 21, 617-634.

越　良子・安藤美華代（2013）．日本の学校における予防教育の現状と課題　山崎勝之・戸田有一・渡辺弥生（編著）世界の学校予防教育——心身の健康と適応を守る各国の取り組み（pp. 263-280）金子書房

越　良子・安藤美華代（2014）．教師から見た児童生徒の適応を損なう人間関係の実際　日本教育心理学会第56回総会発表論文集, 561.

栗田季佳（2015）．見えない偏見の科学　京都大学学術出版会

McGrath, K. F., & Bergen, P. V. (2019). Attributions and emotional competence: why some teachers experience close relationships with disruptive students (and others don't). *Teachers and Teaching, 25*(3), 334-357.

三島美砂（2006）．スクールカウンセラーによる学級集団づくりに悩む担任教師への支援——「教師用RCRT」・〈学級雰囲気〉質問紙を用いて　神戸常盤短期大学紀要, 28, 17-25.

Murdock-Perriera, L. A., & Sedlacek, Q. C. (2018). Questioning Pygmalion in the twenty-first century: the formation, transmission, and attributional influence of teacher expectancies. *Social Psychology of Education, 21*, 691-707.

中野真也（2019）．集団の問題の捉え方　吉川　悟・赤津玲子・伊東秀章（編）システムズアプローチによるスクールカウンセリング（pp. 159-172）　金剛出版

新元朗彦・越　良子（2018）．学級における教師と児童生徒相互の承認に関する研究の現状と課題　上越教育大学研究紀要, 38(1), 35-44.

新元朗彦・越　良子（2022）．担任教師と生徒相互の承認が学級の自律性に及ぼす影響　上越教育大学研究紀要, 41(2), 265-274.

尾見康博（1999）．子どもたちのソーシャル・サポート・ネットワークに関する横断的研究　教育心理学研究, 47, 40-48.

Rothbart, M. (1981). Memory processes and social beliefs. In D. L. Hamilton (Ed.), *Cognitive Processes in Stereotyping and Intergroup Behavior* (pp. 145-181). Erlbaum.

坂下ちづる（2015）．高校教師の対生徒関係の悩みから見た生徒認知の検討——教師の学校外婦による経験の相違に着目して　日本教育心理学会第57回総会発表論文集, 529.

坂下ちづる（2019）．高校教師の生徒認知変容プロセスの検討——学級担任の縦断的インタビューを通じて　東京大学大学院教育学研究科紀要, 59, 217-229.

Schön, D. A. (1983). *The Reflective Practitioner : How Professionals Think in Action*. New York: Basic Books.（ショーン, D. A. 柳沢昌一・三輪健二（監訳）（2007）．省察的実践とは何か——プロフェッショナルの行為と思考　鳳書房）

Sherif, M., Harvey, O. J., White, B. J., Hood, W. R., & Sherif, C. W. (1988). *The Robbers Cave Experiment: Intergroup Conflict and Cooperation*. Middletown, CT: Wesleyan University Press (Original work published: University Book Exchange, 1961).

角南なおみ（2018）．ADHD傾向がみられる子どもとの関わりにおいて生じる教師の困難感のプロセスとその特徴——教師の語りによる質的研究　発達心理学研究, 29(4), 228-242.

高橋規子（1999）．システム理論の概論　吉川　悟（編）　システム論からみた学校臨床（pp. 9-27）金剛出版

田中孝彦（2006）．「子ども理解」の今日的課題と臨床教育学　田中孝彦・筒井潤子・森博俊（共著）

教師の子ども理解と臨床教育学（pp. 5-87）　群青社

谷口友梨・池上知子（2018）．対人認知場面での自発的推論を規定する要因――解釈レベル理論に基づく検討　実験社会心理学研究, *67*(2), 78-92.

津守　真（1987）．子どもの世界をどうみるか――行為とその意味　NHK出版

上野ひろ美（1993）．子ども理解における「意味づけ」に関する一考察　教育方法学研究, *19*, 19-27.

浦野裕司（2001）．学級の荒れへの支援の在り方に関する事例研究――TTによる指導体制とコンサルテーションによる教師と子どものこじれた関係の改善　教育心理学研究, *49*, 112-122.

割澤靖子（2010）．特別なニーズをもつ子どもに対する教師の関わり決定のプロセスに関する研究――教師と臨床心理士のより効果的なコラボレーション実現を目指して　東京大学大学院教育学研究科紀要, *50*, 189-200.

渡邉信隆（2022）．教師の成長と子ども認知との関連――教師の認知的複雑性の視点から　学校教育研究, *37*, 126-138.

渡邉信隆・赤坂真二・越　良子（2021）．小学校学級担任の児童認知の変容――「教師用RCRT」と児童の「ストレングス（強み）アプローチ」を介して　上越教育大学研究紀要, *40*(2), 439-448.

吉永紀子（2021）．実践的省察を通した教師の〈子ども理解〉の更新――観の編み直しの契機につながる省察に着目して　教育方法の探究, *24*, 31-38.

弓削洋子（2009）．教師の学級課題認知の変容における社会心理学的問題　愛知教育大学教育実践総合センター紀要, *12*, 329-333.

第7章
学級集団と教師の学級経営

1 はじめに

　教育は対人関係であること（Bruner, 1996；Gergen, 2009）を，最も具体的に体現しているのが学級集団である。しかし，学級集団を経営することに困難を抱えている教師は多い。授業など学級単位での諸活動が成り立たなくなる学級崩壊にまでは至らなくても，特に，若手教師は学級経営に苦慮している（e.g., 高平他，2014）。その背景として，教師の多忙化や児童生徒の多様化などが一般的に指摘されているが，そもそも，学級集団構造を構成している対人関係は，教育集団として経営する難しさを内包している面がある。この章では，この難しさを学級集団行動内の対人関係の矛盾から説明し，このような学級集団をどのように学級経営していくことで，児童生徒の個の成長が促されるかを考えていく。

2 学級集団構造の心理特性

[1] 学級集団の特異性

　学級集団は，同規模の集団と比べると特異な集団といわれている（淵上，2005）。メンバーは強制的・制度的に集団に配置され，集団内は大人1名と同年齢の児童生徒20〜30名で構成されており，大人と児童生徒の関係は教える－教えられる役割関係に予め決められている。集団継続期間は1年ないし2年であり，集団であるにもかかわらず集団の目的が児童生徒個人の成長にある。目的が個の成長であるにもかかわらず，強制的に1年間同じメンバーで過ごすことは児童生徒と教師に過度のストレスを与える可能性がある。

　加えて，学級集団構造が内包する対人関係の矛盾した心理的特性がストレス

や緊張を与えている。換言すれば，学級集団構造の矛盾が引き起こす心理的問題を理解して向き合うことが，個の教育につながるといえる。

[2] 教師と児童生徒の関係と児童生徒同士の関係

学級集団構造が内包する対人関係の心理特性を見ていこう。

1つは，教師と児童生徒の関係の非対等性に見る依存的関係である。社会制度上，大人である教師は児童生徒を指導するリーダーとしての権威的役割を保障されている。公的には，教師が児童生徒を教えて児童生徒が教師から教わる関係にある。役割および影響力の面で上下関係または非対等な関係であり，役割上教師は依存される立場にある。それだけでなく，非対等な関係にある教師に児童生徒は心理的にも依存し，教師という権威に責任をあずけることで安心感を得ようとする。教師への反発も，教師を権威として認めるがゆえの反動として理解できる（Filloux, 1974）。

もう1つは，児童生徒同士の関係の対等性である。児童生徒は学力や他の能力・資源は異なるが，同年齢であり，かつ学級集団での役割上，児童生徒として対等な関係にある。それだけではなく，児童生徒は対等な関係である友人関係を求める傾向にある。友人関係は自発的に選択でき，お互いが影響し合うことで自他の理解と尊重および自己確立をもたらすだけでなく，前青年期から青年期において精神的安定をもたらす（遠矢, 1996）からである。

[3] 学級集団構造の矛盾

学級集団は，教師と児童生徒の非対等性にみる依存（反依存）と児童生徒同士の対等性を内包しているが，この両立には難しさがある。教師への児童生徒の依存から転じて，教師に依存する児童生徒と依存できない児童生徒に分かれることがある。依存する児童生徒は教師と心理的に近しいが，教師に反発するなどして依存しない児童生徒は教師と心理的距離ができる（**図7-1**）。このとき，教師との関係性において，教師に依存する児童生徒が上位となり反発する児童生徒が下位に位置づけられ，児童生徒が同級生に求める対等性が脅かされる。そして，この対等な関係への脅威は児童生徒の学級への不満につながる。例えば，権威的な教師は従順な児童生徒を好意的に評価するが，このような教師のお気に入りの存在は学級の児童生徒たちを分断させ，不満や怒りを引き起

図 7-1　学級集団における教師と児童生徒の関係の動態

こす（Babad, 2009）。それだけでなく，下位に位置づけられた児童生徒と教師の間で対立が顕在化すると，児童生徒同士で対等性を回復しようとして児童生徒集団がまとまり教師に抵抗して対立する動きも生じうる（図7-1）。

　このように，学級集団構造は，教師と児童生徒の非対等性と児童生徒同士の対等関係という両立が難しい関係性を内包しており，教師と児童生徒（集団）の間で心理的緊張を高める。したがって，学級経営は，両立の難しい関係性を統合して，学級集団と児童生徒個人の双方を伸長させる必要がある。

3　教師の学級経営

[1]　学級経営手段としての指導行動

　学級経営は，学級における児童生徒の教育に向けて，教室の物理的環境の整備と，学級内の対人関係を調整する集団運営とで構成されている（e.g., 蓮尾・安藤, 2013）。このうちの集団運営としての学級経営手段として，教師の指導行動が挙げられる。教師の指導行動とは，指導者として教師が児童生徒との相互作用のなかで児童生徒に影響を及ぼす対人行動であり，学級集団および児童を指導するうえでの対人的手段である。教師の指導行動として，様々な対人的行動があることが観察などで明らかになっているが（表7-1），基本的には，教師の教育機能でありかつ学級集団機能である2つの機能に相当するカテゴリーに分類されている。1つは，児童生徒を課題へ方向づける働きである。先行研究では教師中心，直接的影響，P機能などの名称であるが，ここでは「課題志向」と称しておく。もう1つは児童生徒の心情に配慮する働きである。先行研究では，学習者中心，間接的影響，M機能などの名称であるが，ここでは「配

96　第Ⅱ部　教師と学級

表7-1　教師の指導行動カテゴリーに関する先行研究例

	「課題志向」	「配慮志向」
Anderson et al. (1946)	**支配的**：教師－児童の差異や児童の変化に抵抗する指導 (e.g., 児童の活動の詳細を決める, 行動をやめさせる, 非難, 注意喚起, 活動要求, 直接的拒否, 講義法)	**統合的**：教師－児童の差異を強調せずに共通目標を見いだす指導 (e.g., 賞賛, 教師の意見に対する児童の反論を受け入れる, 活動参加の呼びかけ, 児童の関心への質問, 最後の答えを言わずに問う, 協同活動に参加, 児童のしたいことを許可)
Withall (1949)	**教師中心**：教師の言動を支持する指導 (e.g., 教師の期待に学習者が沿うよう直接指示・命令, 叱る, 非難, 児童の要求を無視)	**学習者中心**：学習者の言動を支持する指導 (e.g., ほめる, 学習者が理解しやすいよう言い直して手助け, 問いかけて課題を明確にして問題解決を促す)
Flanders (1970)	**直接的影響**：生徒の行動範囲を制限する指導 (e.g., 考えや知識を述べる, 講義, 指示・命令を与える, 批判・非難)	**間接的影響**：生徒の行動範囲を広げる指導 (e.g., 生徒の考えや感情を受け入れて明確にして支える, ほめる, 励ます, 児童の意見を受け入れた授業展開)
三隅・吉崎・篠原 (1977)	**P機能**：目標達成・課題解決に向けた, 課題遂行への圧力や説明 (e.g., 忘れ物をしないように注意する, 学級のみんなが仲よくするように言う, きまりを守ることを厳しく言う)	**M機能**：集団内の人間関係の緊張緩和による集団の維持 (e.g., 児童と同じ気持ちになって一緒に考える, 話を聞く, ひいきしない, おもしろいことを言って笑わせる, 学習中に机の間をまわって一人ひとりに教える)
Wubbels & Levy (1993)	**支配－服従関係**：教師による相互作用の統制・影響力の行使 (e.g., 要求的あるいは厳しい態度を示す)	**協同－対立関係**：児童生徒が安心できる関係形成 (e.g., 学習のとき手助けする, 共感的態度を示す)
弓削 (2012), 弓削・富田 (2016)	**ひきあげる・課題志向**：課題遂行に向けて児童を課題に方向づける指導 〈注意指示〉教師が課題への方向付けを直接・一方的に行って統制する (e.g., 指示に従うよう注意する, きまりを守るように言う) 〈突きつけ〉教師への依存を断って児童に課題への取り組み方を決定させる (e.g., わからないときは自分で考えたり調べたりしなさいと言う, クラスの問題を「自分たちでどうにかしなさい」と言う, あえて異論を唱える)	**養う・個人尊重志向**：児童生徒の個々の心情・資源に配慮する指導 〈受容〉児童の心情を受容する (e.g., 悩んだり困ってたりしている児童を励ます, 助言する, 子どもの言動をほめる, 子どもの反応に応じて指導を変える, 正誤にかかわらず児童の発言を次の発問に生かす) 〈理解〉児童の心情や資源の状態を把握する (e.g., 子どもと話し合う, 休み時間や放課後に児童と個別に話す, 子どもたちとお互いに思っていることや要望を率直に話す)

慮志向」と称しておく（**表7-1**）。

　各カテゴリーの指導行動をみると多岐に渡っており，これらの指導行動を駆使して教師は学級経営を行っているといえる。小中学校教師の指導行動研究では，児童生徒の学習意欲や学級内の連帯感や協力性，あるいはこれらを総合

した学級生活への適応的な個人的主観的心理である学校モラール[1]への効果について検討されている。2つの指導行動カテゴリーの効果を比較すると「配慮志向」のほうが効果的であるが（Anderson et al., 1946；Flanders, 1970），「課題志向」と「配慮志向」の双方を行う学級経営として，注意指示と受容を行うパターンのPM型（三隅他, 1977）や支配と協同を行うパターン（Wubbels & Levy, 1993）が最も効果的なことが報告されている。

[2] 学級集団構造と教師の学級経営

　教師の指導行動の2つの機能は，単に課題を出して方向づけ，課題に取り組んでいる児童生徒をほめて児童生徒の学習意欲を高めているわけではない。各機能の指導行動は学級集団構造の非対等性と対等性にそれぞれ影響する。児童対象の調査は，「課題志向」のP機能は特定の児童に勢力が集中する児童集団構造をもたらすことを示している（吉崎, 1978）。また，中学生対象の調査では，学級内での地位が低い攻撃的な生徒や引っ込み思案の生徒は，担任教師が生徒の話を聞き理解する「配慮志向」を行う学級であるほど，同級生から受け入れられている（Chang, 2003）。

　以上の結果を併せみると，「課題志向」の指導行動は，教師が要請する課題に取り組める児童と取り組めない児童がいることを学級内で顕在化させて，できる・できないの階層化をもたらし（吉崎, 1978），一方，「配慮志向」の指導行動は，児童生徒それぞれの心情に配慮し各自を一個人として対応することで，児童生徒の平等化をもたらすことを意味すると解釈できる。

　つまり，PM型指導のように両指導行動を行う学級経営が効果的なのは，学級集団構造の非対等性と対等性を両立させるゆえといえよう。

4 学級集団の発達

[1] 集団発達

　ただし，学級集団構造の非対等性と対等性の表れ方は，学級集団の1年のうちの時期や学年によって変わり，この変容とともに学級経営を変えていくこと

---

1) 第6章の「スクールモラール」および後述の「学級モラール」と同義である。

98 第Ⅱ部 教師と学級

で，学級集団と児童生徒個人は成長に向かう。ここでは，まず，学級集団の変容について，集団発達から見ていこう。

集団発達の理論として，Wheelan（1994）は，人間関係訓練グループなどの諸理論（Bennis & Shepard, 1956；Tuckman, 1965）をまとめ，集団構造が内包する対人関係の非対等性と対等性の表れ方の変容を5段階に分けて説明している。

1）**第一段階「依存と包括」** 所与の指導者に集団メンバーが依存する段階である。新しい集団に入り，行動規範や集団に受け入れられるかがわからないために緊張と不安が高い状況にあり，メンバー同士も交流が少ないため指導者に頼る。並行してメンバー間での関係を探り合う時期でもある。

2）**第二段階「反依存と抵抗」** メンバーと指導者間，メンバー間，またはメンバー集団と指導者間の対立が生じる。これは集団活動での不安を回避する試みであり，権威による統制から自由になることを希求して小集団をつくる。そのために価値を共有する者で集団分化するとともに，集団間の対立と指導者への小集団の抵抗が生じる。この対立は集団をまとめる契機になるが，この段階で止まると対立回避のために権威に依存したままになる。

3）**第三段階「信頼と構造」** 前段階の対立解決後に安心したメンバーが信頼し合う段階であり，集団目標，組織の構造化や役割分担など作業に向けての準備をする。ただし，集団の情緒面にばかり関心を向けていると次の段階には進めない。

4）**第四段階「作業」** メンバー同士が自由に意見や情報を交換して作業を進めていく。

5）**第五段階「完了」** 権威への依存はなくなり，集団構造の相互依存化と信頼が成立する。

以上のように，指導者とメンバーとの非対等性から生じる指導者への依存から始まり，依存による小集団分裂あるいは指導者への反発，相互依存的集団に見られる対等性へと進む集団の発達が仮定されている。

[2] 学級集団の発達

学級集団も上記の集団発達理論と同様に，1年間あるいは小学校の場合は年齢発達に伴って，依存，反依存，そして相互依存へと発達するといわれてい

第 7 章　学級集団と教師の学級経営　99

表 7-2　学級集団発達に関する諸理論と学級経営研究のまとめ

段階	依存	反依存	相互依存
教師と児童生徒の関係	**上下関係にある教師への依存** 不安解消のために権威の要請に依存	**上下関係にある教師への依存と反依存** 教師の要請に応える児童生徒（集団）と反発する児童生徒（集団）に分化	**教師への反依存と自律** 児童生徒集団の価値規範から教師を評価，尊敬の低下と不満
児童生徒関係・集団	**平行的，友人関係の始まり** 児童生徒の弱い結びつきや既存の結びつき，その後に，新たな友人関係を求める	**同級生への依存，小集団分化と対立** 共有価値にもとづく小集団に分化，小集団内に上下関係。教師依存集団と反発集団間で対立が生じる	**児童生徒リーダーへの依存，相互依存** 小集団間の対立と統合，児童生徒同士の相互依存，対等性，児童生徒集団による価値規範形成
学級生活における児童生徒の心情	**不安** 新しい集団で受け入れられる行動が不明確で不安	**承認欲求，自尊心** 教師または同級生に認められること，自尊心向上や維持に向かう	**自律** 集団内活動への積極的関与と役割遂行で自己を位置づけ

る。**表 7-2** は，過去の学級集団発達試論（永田,1969；根本,1991；園原・広田,1960）を総合したものである。上下関係にある教師への依存から始まり，児童生徒集団の上下関係と反発を通じて，最終的に児童生徒同士で協力し合う対等関係のなかで児童生徒個人の自律にいたる過程を仮定している。

　ただし，学級集団は自然に発達するのではない。学級に限らず，上記のWheelan（1994）の指摘どおり，集団が途中の段階に留まることも多い。加えて，学級集団は企業組織とは異なり，指導する側と指導される側が制度上固定され，制度上教師に児童生徒は依存する立場にある。そのなかで，児童生徒個人が教師から自律するのは容易ではない。各段階に応じた学級経営が必要となる。

5　学級集団の発達と学級経営

[1] 1 年間の学級経営

　学級集団の継続期間は基本的には 1 年である。この 1 年間の学級集団発達を，どのように学級経営は支えているのか。例えば，企業経営の状況対応リーダーシップ（SL）理論（Hersey & Blanchard, 1977）は，集団発達に伴う集団経営として，「課題志向」の指示説明から始まり，次に指示説明と「配慮志向」の助言の双方を実施したあとは指示説明をやめ，最終的に助言も積極的にはせ

表 7-3 学級経営研究

	学級開き ⟹		年度末
1年間の学級経営（蘭・武市，1996；河村，2009）	学級ルールを教える（ルールにもとづく注意）・理解してもらう，関係づくりに向けた理解	ルールをもとに児童生徒同士話し合わせて，互いに納得できる共有化を図る	児童生徒集団に権限を委譲して，児童生徒集団による自治を促す，できないときだけ簡単な助言

	低学年	中学年	高学年
小学校6年間の学級経営（弓削，2012；弓削・富田，2016）	〈注意指示〉と〈理解〉の組み合わせである「理解を伴う注意指示」	〈理解〉と〈受容〉	〈突きつけ〉と〈理解〉の組み合わせである「理解を伴う突きつけ」

ずに集団メンバーに運営の諸決定を任せ，組織を自律させる展開を仮定している。

　同様の流れが，学級ルール・目標を活用した小学校の1年間の学級経営の知見（河村他，2009）や中学校の事例（蘭・武市，1996）に見られる（**表7-3**）。初期には教師主導で学級ルール・目標を教える「課題志向」の指示説明と，児童生徒同士の関係づくりに向けて「配慮志向」の話を聞くなどを行うが，学級ルール・目標確立後は，ルールをもとに児童生徒同士で話し合う機会をつくる「配慮志向」を行い，互いを受け入れられるようにする。最終段階では，「配慮志向」も児童生徒が必要なときだけ実施し，あとは児童生徒が自治的に活動できるよう教師は権限を児童生徒に委任していく。

[2] 小学校の学年発達と学級経営

　小学校6年間の学年発達に伴う学級経営も，上記の1年間の学級経営と類似した過程が報告されている。ただし，小学校の場合，教師の児童への影響力は中学校に比べて強く，児童が教師に依存しやすいことが学級経営にも反映される。影響力が強い背景には，小学校では担任教師と児童が丸1日ともに過ごし，ほとんどの教科授業と給食や清掃などの諸活動をともに行っていくことがある。加えて，児童期は認知能力と社会性の発達が顕著な時期であり，学習面と対人面の能力伸長上，教師の支援が必要な時期でもある。このように，小学校教師は学習のみならず対人面や生活全般において児童に影響力を及ぼすため

児童は教師に依存的になるが，この状況下で最終的には児童が教師から自律することを学級経営上目指している。

　では，具体的にはどのように学年ごとに学級経営を変えていくのか。ここでは，学級経営の対人手段である指導行動から見ていこう。

　小学校教師が自分の指導行動（**表7-1**）と担任学級の学級モラールについて評定した質問紙調査（弓削，2012）や中高学年児童による質問紙調査（弓削・富田，2016）の結果は，低中高学年によって学級モラールを高める指導行動の組み合わせが異なることを示している（**表7-3**）。先述した1年間の流れに関するモデルと同様，学年を追うごとに「課題志向」に分類される〈注意指示〉の効果がなくなっていく。ただし，異なる面が2点ある。1つめは，いずれの学年でも「配慮志向」の〈理解〉が効果的な点である。中学生に比べて小学生は，相手にわかるよう自分の考えを伝えたり互いの意見を理解する力が年齢発達段階上十分ではないため，教師が児童に話を聞いたり話し合いの機会を設定したり観察したりなどして，児童の心情を理解することが必要と思われる。もう1つは，1年間の学級経営の最終段階では，SL理論からすれば「課題志向」でも「配慮志向」でもない委任的指導行動を，「課題志向」のなかに〈突きつけ〉として位置づけて，高学年では児童の学級モラールを高めている点である。小学生の特徴である教師への依存性が強いゆえ，教師は委任的指導行動を単に任せるのではなく「課題志向」に位置づけ，教師に頼る児童に対し課題を自分で考えさせたり教師から異論を唱えたりして，児童を突き放す強い姿勢を取っている。課題を〈突きつけ〉ることで，教師は課題を提起する役割に徹し，児童が課題への方向づけ方を決める役割を担わざるを得ない状況を設定している。児童に課題の方向づけの役割を手渡すことで児童に自力で課題について考えさせて実行させ，自律に向けての背中押しをしているといえよう。

［3］学級集団発達と学級経営

　学級集団の1年間，または小学校6年間の学級集団発達に伴う学級経営の変容を見てきた。学級集団の各段階や学年に応じた学級経営や指導行動を実施することで，学級集団が発達していくことがわずかな知見から理解できる。

　では，なぜこのように学級集団と学級経営が共変するのだろうか。この点は，理論構築や実証は十分ではないが，諸知見から考えていこう。

102 第Ⅱ部 教師と学級

　1つは，学級経営が各発達段階の児童生徒の諸能力に応じている点である。児童生徒は学習面などの諸能力が高くなるにつれ，自力で諸活動を統制できるようになり，「課題志向」のあり方を注意指示など教師が統制するかたちから児童生徒が統制するかたちへ変えていく（Vermunt & Verloop, 1999）。

　もう1つは，学級集団構造における対人関係のあり方と集団生活での児童生徒の心情に応じている点である。表7-2にあるように，各段階で児童生徒は教師に対して依存，反依存，自律，同級生に対しては並行，依存と反依存，相互依存と関係性が変化する。児童生徒の心情は，不安（安心欲求），承認欲求，自律へと変化する。この変化と小学校6年間の学級経営の変化とを対応づけて見てみよう。最初の段階で学校生活への不安から教師に依存しているとき，教師がルールなどを児童に理解や納得できるかたちで〈注意指示〉や説明することは，児童にとって学校生活を安心して過ごすための準拠枠を教えてもらうことを意味する。しかし次の段階では，教師への依存だけでなく同級生や仲間集団にも依存しており，教師の行動規範に対する意見の対立から児童集団の階層化と分裂が起きる。教師は児童集団が対等関係になるよう，児童に意見を聞いたり児童間で話し合わせたりして，分裂解消と相互承認を促すと思われる。そして，最後の段階は，教師への反依存と自律，学級の児童リーダーへの依存が並立している。教師は課題提起の役割のみで課題のとらえ方や進め方を判断する役割を児童に手放す〈突きつけ〉が，教師に依存も反依存もできずに，児童リーダーのもと学級の児童が協力し合う相互依存的状況をつくる。この状況下で各自が役割を果たしつつ助け合う結果，学級集団と児童個人の自律に向かうのではないか。

　このように，学級経営は児童生徒の諸能力に合わせるだけでなく，学級集団構造のあり方とそのなかでの児童生徒の心情に応じて「課題志向」のあり方を変えることで，学級集団とともに児童生徒個人が発達すると考えられる。ただし，学級集団構造と児童生徒の能力や心情を理解し受け止める「配慮志向」が伴わないと，「課題志向」の課題は児童生徒の自分事にはならないであろう。

6 学級経営のメカニズム

　学級経営として，「課題志向」の際には児童生徒への「配慮志向」が伴う必

要を指摘したが，両者はどのように関連し合って学級集団や児童生徒個人の発達を促しているのだろうか。1つは，「配慮志向」によって児童生徒が安心できる環境をつくると，「課題志向」の指示に従って児童生徒が意欲的に課題に取り組む可能性（三隅，1984；Wentzel et al., 2016）である。教師から要求される課題に取り組むことは児童生徒にとって緊張を伴うが，教師が児童生徒の話を聞く・励ますことで，緊張が緩和するという考え方である。もう1つは，教師の「課題志向」に対する児童生徒の反応が，児童生徒を理解し受け止める「配慮志向」のきっかけとなる可能性である。このような過程は授業場面にて報告されているが（e.g., 本山, 1999），ここでは，学級経営にかかわる例を紹介する（以下の事例は複数の実例を組み合わせた架空の事例である）。

　小学校中学年学級の新学期に教師が児童に守ってほしいルールを説明したあと，ルールを守る児童とそうではない児童に分かれた。そのなかでルールを守る児童Aが守らない児童グループBに注意すると，グループBは児童Aをからかうようになった。教師はこの様子を見て放課後に児童Aに話を聞いた。

> 教師「グループBにいろいろ言われていて，気になってる？」
> 児童A「うん，言われるの嫌」
> 教師「私からBたちに話そうか，でもその前にAさんはどうしたいか知りたい」
> 児童A「自分からグループBの人たちに，やめてほしいって言ってみる」
> 教師「わかった。もし，言ったあとに嫌なことになったらすぐ言って」

　次の日，児童AはグループBに自分の気持ちを伝え，その後，教師はAに助言しつつグループBにも個別に気持ちを聞いていった。Aへのからかいは次第に収まり，AとグループBは自然と班活動に取り組むなどしていた。教師の「課題志向」で提起したルールによる学級内の分裂とからかいを教師が受け止め，からかいという対人的課題について児童AとグループBとが相互理解できるよう「配慮志向」を，プロセスを踏んで行っている。
　この児童らが高学年になった年度末，学級活動として最後の盛大なお楽しみ会が計画され，児童らは準備してきた。しかしAだけがインフルエンザで休

みが続くなか，お楽しみ会の前日となった。会開催の注意事項を教師が朝の会で伝えると，児童の一部からAだけが参加できないのでどうしたらよいか，教師に相談に来た。このとき教師は「みんなで決めなさい。みんなのお楽しみ会ですよ」と伝えた。児童らから話し合いの場が要請され，教師は掃除を早めに切り上げて帰りの会にその機会を設定した。「一人だけ参加できないなんてAがかわいそう」「これで最後なんだから絶対やりたい」「でもAが一番がんばっていろいろ準備してくれたよ」「他にやる日は残ってないよ」など議論は紛糾したが，教師はその様子を見ているだけであり，ときどき児童らの意見がわかりやすくなるよう返して，児童が互いに意見を理解しあえるよう支援した。最終的に，「Aのために中止したことをAが知ったら悲しむ」「Aが回復したら，Aの快気祝いをする」こととなり，お楽しみ会が開催された。教師は「中止でも開催でもどちらでもよかったが，いろいろな考え方があるなあと思って聞いていた」と後日，著者に語った。

　教師は学級活動のお楽しみ会を開催する課題について，児童からの相談をみんなで決める課題に転換して〈突きつけ〉，話し合いの様子を見ながら各児童の意見を互いが尊重できるよう「配慮」し，児童らの決定を尊重している。「課題志向」を行うことで，その課題への児童の反応が生じ，児童の心情を理解し受け入れる「配慮志向」が可能になること，さらに「課題志向」のあり方を転換できるといった，教師と児童らの相互作用のなかで課題が配慮をつくりだすプロセスが見られる。

　以上より，学級経営によって，学級集団は児童生徒が「いるところ」から「つくるところ」に変わっていくことがわかる。ただし，常にこのように順調に発達していくわけではなく，むしろ難しい。行きつ戻りつしたり，退行や停滞したりする。学級集団と児童生徒の発達を促す学級経営が可能になる要因として，教師や児童生徒を含む学校にかかわる様々な社会的要因と支援のあり方（e.g., 弓削, 2024）の考慮が必要である。

> 🔑 **本章のキーワード**
>
> 学級経営，指導行動，学級集団の発達，PM型

第 7 章 学級集団と教師の学級経営　　105

【引用文献】

Anderson, H. H., Brewer, J.E., & Freeman, F. N.（1946）. Studies of teachers' classroom personalities, II: Effects of dominative and integrative contacts on children's classroom behavior. *Applied Psychology Monograph*, 8.

蘭　千壽・武市　進（1996）. 教師の学級づくり　蘭　千壽・古城和敬（編）対人行動学研究シリーズ2　教師と教育集団の心理（pp. 77-128）　誠信書房

Babad, E.（2009）. *The Social Psychology of the Classroom*. Routledge.

Bennis, W. G., & Shepard, H. A.（1956）. A theory of group development. *Human Relations*, 9, 415-437.

Bruner, J.（1996）. *The Culture of Education*. Harvard University Press.（ブルーナー, J. S.　岡本夏木・池上貴美子・岡村佳子（訳）（2004）. 教育という文化　岩波書店）

Chang, L.（2003）. Variable effects of children's aggression, social withdrawal, and prosocial leadership as functions of teacher beliefs and behaviors. *Child Development*, 74, 535-548.

Filloux, J.-C.（1974）. Psychologie des groupes et étude de la classe. In M. Debesse et G. Mialaret（Éds.）, *Traité des Sciences Pédagogiques 6: Aspects sociaux de l'éducation*（pp. 31-105）. Presses Universitaires de France.（フィルー, J.-C. 永田良昭・山本俊麿（訳）（1977）. 集団心理学と学級の心理　M. ドベス・G. ミアラレ（編）波多野完治・手塚武彦・滝沢武久（監訳）現代教育科学7　教育と社会（pp. 49-150）　白水社）

Flanders, N. A.（1970）. *Analyzing Teaching Behavior*. Addison-Wesley Pub.

淵上克義（2005）. 学校組織の心理学　日本文化科学社

Gergen, K. J.（2009）. *Relational Being: Beyond Self and Community*. Oxford University Press.（ガーゲン, K. J. 鮫島輝美・東村知子（訳）（2020）. 関係からはじまる──社会構成主義がひらく人間観　ナカニシヤ出版）

蓮尾直美・安藤知子（2013）. 学級の社会学──これからの組織経営のために　ナカニシヤ出版

Hersey, P., & Blanchard, K. H.（1977）. *Management of Organizational Behavior: Utilizing Human Resources*. Prentice-Hall（P. ハーシー & K. H. ブランチャード　山本成二, 水野　基, 成田　攻（訳）（1978）. 行動科学の展開──人的資源の活用: 入門から応用へ　日本生産性本部）

河村茂雄・藤村一夫・浅川早苗（2009）. ギャングエイジ再生「満足型学級」育成の12か月──Q-U式学級づくり（小学校中学年）　図書文化社

三隅二不二（1984）. リーダーシップ行動の科学（改訂版）　有斐閣

三隅二不二・中崎静夫・篠原しのぶ（1977）. 教師のリーダーシップ行動測定尺度の作成とその妥当性の研究　教育心理学研究, 25, 157-166.

本山方子（1999）. 社会的環境との相互作用による「学習」の生成──総合学習における子どもの参加過程の解釈的分析　カリキュラム研究, 8, 101-116.

永田良昭（1969）. 学級集団における社会化　桂広介・園原太郎・波多野完治（監修）児童心理学講座9　社会生活とコミュニケーション（pp. 37-100）　金子書房

根本橘夫（1991）. 学級集団過程の規定要因と学級集団の発達段階に関する試論　心理科学, 13, 30-41.

園原太郎・広田君美（1960）. 学級社会の成立　阪本一郎・中野佐三・波多野完治・依田　新（編）教育心理学講座　3　学級社会の心理（pp. 1-62）　金子書房.

高平小百合・太田拓紀・佐久間裕之・若月芳浩・野口穂高（2014）. 小学校教師にとって何が困難か？──職務上の困難についての新任時と現在の分析　論叢: 玉川大学教育学部紀要, 103-125.

遠矢幸子（1996）. 友人関係の特性と展開　大坊郁夫・奥田秀宇（編）対人行動学研究シリーズ3 親密な対人関係の科学（pp. 89-116）　誠信書房

Tuckman, B. W.（1965）. Developmental sequence in small groups. *Psychological Bulletin*, 63, 384-399.

Vermunt, J.D., & Verloop, N.（1999）. Congruence and friction between learning and teaching. *Learning & Instruction*, 9, 257-280

Wentzel, K. R., Russell, S., & Baker, S.（2016）. Emotional support and expectations from parents, teachers, and peers predict adolescent competence at school. *Journal of Educational Psychology*,

108, 242-255.

Wheelan, S. A.（1994）．*Group Processes: A Developmental Perspective.* Allyn & Bacon.

Withall, J.（1949）．The development on a technique for the measurement of social-emotional climate in classrooms. *Journal of Experimental Education, 17,* 347-361.

Wubbels, T., & Levy, J.（1993）．*Do You Know What You Look Like?: Interpersonal Relationships in Education.* Falmer Press.

吉崎静夫（1978）．教師のリーダーシップと学級の集団勢力構造に関する研究　心理学研究, *49,* 22-29.

弓削洋子（2012）．教師の2つの指導性機能の統合化の検討——機能に対応する指導行動内容に着目して　教育心理学研究, *60,* 186-198.

弓削洋子（2024）．学級コンサルテーションにおける児童・学級の課題理解の視点の分析——関係性からの理解の効果　愛知教育大学研究報告（教育科学編）, *73,* 54-61.

弓削洋子・富田崇裕（2016）．児童評定による教師の2つの指導性機能統合化の探索的検討　愛知教育大学研究報告（教育科学編）, *65,* 127-132.

第8章

学級集団と授業──学び合う学級に向けて

1 学び合う学級づくりの重要性

　学級集団とは，同一学年で制度的に構成された公式集団である。児童生徒間の親密性などにもとづいて自然発生する非公式集団と異なり，学校教育の目的を達成することを狙って意図的に構成される。つまり，学級集団はよりよく学ぶことを目指して組織された集団といえる。実際に，良好な学級運営が学業達成に寄与することがメタ分析で示されている（e.g., Durlak et al., 2011; Korpershoek et al., 2016）。

　しかし，学級開きと同時に，ともに学び合おうとする意識をもった集団となっていることはほぼないだろう。学級開きの時点では，もち上がりの学級でなければ，お互いのこともよくわからない状況で，学び高め合おうとする意識も希薄である。つまり，制度的に構成されただけの学級集団のままではよりよい学習を展開できる集団とはならず，いかによりよく学ぶための集団にしていくかが，学習面にかかわる学級経営の課題である。本章では，学校教育の目的のうち，よりよい学びの実現という視点から学級経営を考えたい。

　はじめに，近年の学校教育における授業・学習について文部科学省が示した指針にも触れておきたい。2017年（高校は2018年）に告示された学習指導要領では，「主体的・対話的で深い学びの実現に向けた授業改善」（アクティブ・ラーニングの視点）が明記された（e.g., 文部科学省, 2017）。この指針は，従来の教師主体の教える授業から，児童生徒主体の学び合う授業への転換を位置づけるものであった。また，2021年には，上記の学習指導要領の趣旨を実現するための「個別最適な学び」と「協働的な学び」の充実化に向けた参考資料も提示された（文部科学省, 2021）。その資料において「個別最適な学び」は，児童生徒一人ひとりの特性や学習進度，学習到達度等に応じて，指導方法や教材，

学習時間などを柔軟に設定する「指導の個別化」と，児童生徒一人ひとりに応じた学習活動や学習課題に取り組む機会を提供していく「学習の個性化」に整理されている。一方で「協働的な学び」は，探究的な学習や体験活動などを通して，子ども同士，地域の方々などの多様な他者との協働により，社会の変化を乗り越え，持続可能な社会のつくり手となるための資質・能力の育成を目的としている。上記の指針をふまえると，学校での授業は，子どもの主体性を尊重し，他者とともに学び合いながら，教科内容の理解，ひいては社会の抱える諸課題を解決していく力を育てていくことが求められている。こうした学習が展開できるような学級集団づくりをしていくことが重要となるだろう。また，「協働的な学び」については，学級全体での学び合いと同時に，小集団（グループ）を駆使した学習実践も必要になるだろう。

　これらをふまえて本章では，よりよい学習に向けた学級づくりとして，特に協働して学び合う授業[1]に着目する。このあとの第2節ではその理論的背景や実践の在り方，そして，第3節では学び合う学級づくりにかかわるいくつかの視点を関連する諸研究をふまえながら解説する。

2 学び合う授業

[1] 学び合う授業とは何か

　1）学び合う授業の定義　　本章では，「2人以上の学習者が共通の学習目標に向かって協力し合う教育的な取り組み」（van Leeuwen & Janssen, 2019）が含まれる授業に対して，「学び合う授業」という表記を便宜的に用いる。これは学び合うことを目指した多様な実践や思想を包括的に表すための定義である。こうした包括的な定義を用いる背景には，用語の概念や定義の相違が議論され続けており，現時点でも統一的見解がないことがある。ただし，引用の際には当該研究で用いられている表記に依拠して紹介する[2]。

1）文部科学省が示す「協働的な学び」には，ICT を利用した，教室という学習環境を超えた協働学習（例えば，別の国や学校の児童生徒とのオンライン・オンタイムによる協働的な学び）も想定されているが，本章では1つの教室内で行われる教科の授業に焦点を当てる。

2）日本語訳では，cooperative learning を協同学習，collaborative learning を協働学習や協調学習とすることが多いため，外国語文献の引用の際には，これに準拠した訳語で紹介する。

一方で杉江（2011）は，専門用語と実践上の用語の違いを指摘し，「「協同」か「協働」か「共同」かなどといった議論も実践にとってさほど意義のある議論ではありません」（p. 16）と述べている。これに筆者も同意する。読者の方々の関心（研究のためか，実践のためか）に沿って，用語の相違や厳密性について考えていただければ幸いである。

2）グループ学習との違い　一方で，学び合う授業は，しばしば「グループ学習」を取り入れた授業と混同される。この混同は，用語の定義とは違って大きな問題となる。実際に，学び合う授業を行うための一形態として，グループ（班）で学習を進めることは多い。しかし，学び合う授業はグループの形態を導入すればよいとは限らない。

Johnson et al.（2002 石田・梅原訳 2010）ではグループ学習のタイプを，「見せかけのグループ」「旧来の学習グループ」「協同学習グループ」「高い成果を生む協同学習グループ」の4つに分類している。「見せかけの学習グループ」は，メンバーはただ一緒にいるだけで，助け合ったりコミュニケーションを交わしたりすることもなく，むしろ，混乱させたり他者の努力にただ乗りしようとしたりする。学習成果を共有しようともしないため，グループの成果は個人のレベルよりも低くなる。「旧来の学習グループ」は，メンバーは一緒に活動するが，お互いを必要とせず，他者の学習に責任を感じることもなければ情報を共有することもしない。個人の責任で学習を進めるため，結果的に個人のレベルと同程度の成果に留まる。「協同学習グループ」は，メンバーがお互いに学習を最大限にするという目的を追求している。つまり，グループの目標は個人の成果以上の達成に至ることであり，各メンバーは自分自身の成果に対する責任とともに，仲間やグループ全体の成果にも責任を負う。そして，社会的スキルを活かし，助け合いながらお互いに課題に貢献していく。最後に，グループでの活動を自分たちで振り返りながら，活動の質をさらに高めようとする。こうした諸要素を満たす（満たそうとする）ことで，個人の総和以上の成果を残すことができる（この諸要素については以降の「PIG'S FACE」で詳述する）。「高い成果を生む協同学習グループ」は，先述の「協同学習グループ」の諸要素を高い水準で満たしているグループであり，Johnson et al. も「ここまでのグループはなかなかお目にかかれない」（p. 106）と述べている。

グループの学習形態は導入のコストが小さく，ともすれば，その場の思いつ

110 第Ⅱ部 教師と学級

きでも導入できてしまう。一方で，たとえグループの形態をとったとしても，そのグループのメンバーが自他の学習に対する責任をもち，貢献しようと協力しない限りは，学び合う授業として十分な成果を得ることはできない。グループ学習の失敗の一因は，教師や学習者がこうした認識をもたないままにグループ学習が導入されていることにある。こうした認識を育てていくことを，授業の場面だけでなく，学級内の学習文化として根づくように日々の学級経営の在り方とも連動させていくことが必要である。

[2] なぜ学び合う授業が必要か

　上述の文部科学省の指針より，現在の学校教育では学び合う授業が求められているといえる。では，なぜ学び合う授業が重要視されているのだろうか。

　1）協働・協同の力や態度の重視　その理由の1つに，2000年代以降の世界的プロジェクトにおいて，協働・協同する力や態度を重視する傾向が高まってきたためである。OECDのDeSeCoプロジェクトによる「キー・コンピテンシー」（Rychen & Salganik, 2003 立田監訳 2006）や，ATC21による「21世紀型スキル」（Griffin et al., 2012 三宅他訳 2014）で，協働・協同する力の重要性が位置づけられている。これは，競争によって発展してきた20世紀までの能力観の転換を要求するものであったといえる。

　協働・協同する力について，日本の現状はどうだろうか。OECDが実施した国際学力調査であるPISA2015では，協同問題解決能力の測定も行われた。このなかで日本は，OECD加盟国（32か国）で1位の成績を残した。一方で，同時に行われた協同に対する態度の調査では，「他者との関係性への価値付け」は全体的に肯定的であるが，肯定的回答の割合は各質問項目でOECD平均を下回っていた。「共同作業への価値付け」については，4つのうち2つの質問項目での肯定的回答がOECD平均を下回っていた。さらに，児玉（2021）では，「協同作業認識尺度」（長濱他, 2009）を用いた研究に対する時間横断的メタ分析を行い，協同作業に対する認識について2010年からの約10年間の変化を検討している。分析の結果，協同作業に肯定的な認識である「協同効用」は高得点を維持している一方で，協同作業に否定的な認識である「個人志向」が約10年間で有意に上昇傾向にあることが示されている（**図8-1**）。これらの結果をふまえると，日本の子どもたちは協働・協同する力こそ高く，協働・協同

図 8-1 調査年ごとの協同作業認識の平均値と近似値 (児玉, 2021より)

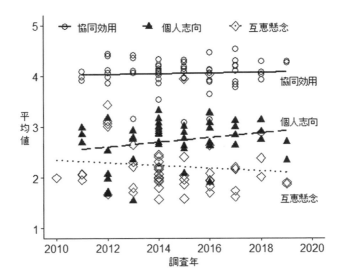

に対する態度もある程度は肯定的ではある一方,「個人志向」のような協働・協同への否定的な態度も近年高まりつつあるといえる。協働・協同する力とともに,協働・協同への肯定的な態度の育成も学び合う授業の課題である。

2) **学び合う授業の効果**　もう1つの理由は,学び合う授業が学習面をはじめ,様々な面に有効であることが示されているためである。Johnson & Johnson (1989) のメタ分析では,学業達成 (協同学習 vs 競争学習,協同学習 vs 個別学習：$d=0.67, 0.64$,以下同様),対人的な魅力 ($d=0.67, 0.60$),社会的サポート ($d=0.62, 0.70$),自尊感情 ($d=0.58, 0.44$) などの点で協同学習が有効であったことを示している[3]。また,Kyndt et al. (2013) は,協同することが重視され始めてからの知見を統合するために,1995年以降の65件(小学生から大学生まで)の協同学習の成果についてのメタ分析を行った。その結果,協同学習は学業達成 (Hedges's $g=0.54, 95\%CI\,[0.47, 0.60]$),学習への態度 (Hedges's $g=0.15, 95\%CI\,[0.04, 0.26]$) に有効であることが示された。

---

[3] ほかにも,課題への従事時間,課題に向き合う態度,推論の質,視点取得においても協同学習の有効性が示されている。

112　第Ⅱ部　教師と学級

メタ分析による知見であることから，学び合う授業がもつ効果にはある程度の頑健さが認められる。一方で，Kyndt et al.（2013）では，学業達成度は学習する領域や学校種，文化的要因によって変動することも示されている。特に教室での実践を考えた場合，教科や学校種（学年段階）は重要な要素であり，効果が最大限に引き出されるような教師の支援が求められる。

［3］どのように学び合う授業を実現するか

Johnson et al.（2002）は，協同学習の基本的構成要素として5つの要素を挙げている。5つの構成要素の頭文字から，それらを「PIGS' FACE」と呼んでいる。これらの構成要素を満たそうとすることが，学び合う授業の基本的な考え方になるだろう。なお，これらの構成要素は，他の協同学習論ともおおむね共通している（c.f. 町・中谷, 2013）。

1）互恵的な相互依存関係（Positive interdependence）　メンバー同士がお互いによい影響を与えながら運命をともにするような関係である。イメージとして，陸上のリレーを思い浮かべてほしい。もし誰かが途中でバトンを落としてしまったら，落とした本人だけでなくチームの順位も下がってしまう。このように，お互いの取り組みによる成否が依存し合うような関係が相互依存関係である。こうした関係のなかでは，お互いの成果がつながり合っていることから，成果を高めるために有益な援助や情報交流が促される。協力することで自分と他のメンバーの双方に利益がある（互恵的な）相互作用が生まれやすい関係である。逆に，特定の誰かに依存するような関係は，有力な者だけが頑張ればよい状況にあるため，協力や援助が生まれにくく，他者の成果にただ乗りする者も現れやすい。

2）個人の責任（Individual accountability）　各メンバーが，グループの学習成果への責任と個人の学習成果への責任の2つの責任をもつことである。協同学習グループの目標は，学習を最大限にすることである。そのために，メンバー同士がそれぞれの力でグループ活動に貢献することや他のメンバーに援助することが不可欠である。それと同時に，グループ内での個人の役割を遂行しながら自分自身の学習目標を達成することも求められる。例えば，グループ学習の後にクラス全体で成果を発表するときに，どのメンバーが発表役になっても（あるいは質問されても）答えられるような状態であることが，他者にた

だ乗りせずに2つの責任を満たしたグループの姿だといえるだろう。

3) グループの改善手続き（Group processing）　より効果的なグループ活動にするためにメンバー同士で振り返り，活動を改善していくことである。グループ活動を振り返る視点は，相互作用の質である。「全員が意見を言えたか」という初歩的なところから，「納得がいかないことをきちんと追求できたか」，「意見を無批判に受け止めずに質問ができたか」など，より質の高い相互作用の仕方ができていたかを見直す。こうした相互作用の質は，学習者の立場からは評価が難しいため，教師のフィードバックが重要となる。さらに，振り返りをもとに，次の活動での改善案を出したり，それをクラス内で交流したりするのもよいだろう。なお，こうした振り返りは「悪いところ」ばかりに目が行きがちであるが，うまくいったところをお互いにほめ合う（または教師からフィードバックする）ことも改善案と同じくらい重要である。

4) 社会的スキル（Social skills）　グループ内での相互作用の質を高めるための協同スキルや対人スキルである。協同学習には，教科内容の学習である「タスクワーク」と，グループスキルや対人スキルの学習である「チームワーク」の2つの学習がセットになっている。日本の場合，チームワークにあたる学習は授業や日々の学級生活のなかで培われるものとして考えられていることが多いが，海外では，学習前に明示的に社会的スキルトレーニングによって獲得させる取り組みも見られる。なお，この社会的スキルは，相手を嫌な気持ちにさせないといった向社会的なスキルから，説明や質問，言い換えや比較，批判や根拠の確認などの建設的な議論のためのスキルまでを含む。

5) 対面しての相互作用（FACE-to-face interaction）　これまでの社会的スキルを用いて，学習課題に対して互恵的な協力をしながら取り組むことを意味する。有意味な相互作用について，Webb（2013）は，情報処理アプローチの観点から，話し手が説明や考えをまとめる（formulating）プロセスが重要だと指摘している。例えば，話し手は聴き手にわかるように説明を構築しなければならない。その説明構築のためには，「自分の考えを的確に表す言葉は何か」「聴き手にとって何がわかりにくいか」などといったことを考える必要がある。このように説明を精緻化する過程に自身の理解をモニタリングすること，つまり「自分は何がわかっているのか」を明確にすることが求められる。「うまく説明できない」となれば，それは"わかったつもり"であったことを

114 第Ⅱ部 教師と学級

表し，再学習の契機となる。さらに，質問や聴き手の表情（例えば，わからず
に困っている表情など）は話し手のモニタリングや再説明を促す。そして，聴
き手自身も的確な質問や批判を示すために「自分は何がわかっていないのか」
「今の説明と自分の考えは何が異なるのか」などと理解をモニタリングするこ
とが求められる。モニタリングのようなメタ認知を利用した深い情報処理プロ
セスを引き出す相互作用が重要である。ここでの説明は記述的な情報だけでな
く，話し手自身の解釈や意味づけを含めた説明のほうが学習に有効であること
も示されている（伊藤・垣花，2009）[4]。

３ どのように学び合う学級へと育てるか

　学び合う授業は授業だけで成立するものでなく，ふだんの学級経営のなか
で，学び合う土壌がつくられることで成立する。最後に，学び合う学級づくり
にかかわる諸要素について，いくつかの研究をふまえながら解説する。

［1］目標構造の共有

　教師は学級経営の指針として学級目標を考える。学級目標は，児童生徒の学
校・学級生活における，友人面，生活面，学習面での行動・態度を方向づける。
特にここでは，学び合う授業にかかわる，学級と目標構造（特に達成目標理論）
の関連について検討した研究を取り上げる。

　小学6年生1,197名（65学級）を対象に，学級内の環境（目標構造や指導法）
と児童のセルフ・ハンディキャップ方略[5]や援助要請の回避の関連を調べた研
究（Turner et al., 2002）では，学級内の習得目標構造[6]と，児童のセルフ・ハ
ンディキャッピング方略，援助要請の回避に負の関連が示された。さらに，教

---

[4] なお，Webb（2013）は，この相互作用の在り方は，情報処理アプローチ以外にも，J.
　Piaget の社会的認知葛藤理論，L. Vygotsky の社会文化的理論，知識の共構築的視点とも
　整合的であると述べている。

[5] セルフ・ハンディキャップ方略とは，失敗によって自己の価値を下げないために，わざと
　失敗につながるような行動（e.g., 試験の前に予定を入れる）をとる方略である。

[6] 習得目標とは，有能さの獲得のために自身の能力を伸ばすことを目標とする目標志向性で
　ある。

室談話の分析によると，習得目標構造が強く知覚された教室の談話では，動機づけに関するサポートが多いことも示された。学び合う授業として重要な点は，学級内の習得目標構造が強く共有されていることで，援助要請の回避を抑制する可能性が示されていることである。学び合う授業において援助要請は重要な学習方略である。わからないところをわからないままにしてあきらめずに，他のメンバーに質問することでわからなさを解消すること，また，質問されたメンバーはわかりやすく教えてあげようとすることで，自身の理解状況をモニタリングする機会にもつながる。

　他の目標構造として社会的目標構造について検討した研究もある。大谷他（2016）は，学級内の社会的目標構造[7]と学習への動機づけに与えるプロセスを検討している。小学校5・6年生3,609名（117学級）を対象にした調査の結果，学級レベルでも児童レベルでも，学級内の向社会的目標構造が友人との相互学習（友人同士で教え合う学習）を媒介し，学習への内発的動機づけや学業自己効力感と正の関連を示した。重要な点は，個人がもつ向社会的目標だけでなく，学級レベルの向社会的目標構造も学習動機づけを高めるということである。そして，その効果は，相互学習を媒介している。これは，向社会的目標は思いやりや互恵性にかかわる目標であり，こうした目標は学び合いの基盤となり，その相互作用から学習動機づけを高めるからだと考えられる。さらに，岡田・大谷（2017）は，向社会的目標構造と協同的な学習活動の関連を検討している。分析の結果，向社会的目標構造が，同一化的調整[8]を媒介して協同的な学習活動と正の関連をすることを示している。向社会的目標構造が学級目標として重視されることによって，思いやりや互恵性を大切にする価値観が個人のなかでも価値づけられ，それが協同的な学習活動を促すと考えられる。

　このように，習得目標や向社会的目標が学級内で共有されていることが，学び合う授業においても有効に機能することが示されている。一方で，向社会的目標はいわゆる「仲良くする」ことを重視した目標であるが，「仲良くする」

---

7) 社会的な生活をする上での目標として，向社会的目標（e.g., 困っている友だちを助けたい）と規範遵守目標（e.g., ルールや決まりを守ることが大事だ）で構成されている。

8) 同一化的調整は自己決定理論（有機的統合理論）における動機づけ概念である。活動の個人的重要性や価値にもとづいた動機づけであり，外発的動機づけの一種であるが，自律性は比較的高い。

116　第Ⅱ部　教師と学級

ことだけを強調してしまうと，お互いの意見を無批判に取り入れてしまったり，活動から逸脱する仲間を注意できなかったりというように，有効な学習活動を阻害してしまう一面もある。この点について杉江（2019）は，B. Bass の示した「人間関係志向的集団」と「課題解決志向的集団」から，仲間関係の在り方を論じている。前者の集団をいわゆる「仲良し集団」とし，後者の集団こそが，学習課題を達成することを目指して組織された集団（つまり，学び合う授業として目指すべき集団）としている。向社会的目標が学級経営の長期的な仲間関係や学級生活の目標であるとすれば，並行して課題解決に向けた学習グループの在り方としての目標意識を，学び合う授業のなかで逐次共有していくことが重要だといえるだろう。

［2］ 学び合う授業のためのグラウンド・ルール

　学級経営と学習成果の関連を調べたメタ分析（Durlak et al., 2011）では，学業達成に対して，教師の学級経営方略（e.g., 学級の秩序の維持，規則の導入）との正の関連が示されていた。学習活動が円滑に進むようにするために，授業にかかわるルールの整備も重要である。授業全般のルールは学級開きの段階から教師によって明示的に指導されたり，経験から潜在的に学習したりすることで共有され，学級文化の一部となる。

　学び合う授業にかかわるルールとして，話し合い活動におけるルール（グラウンド・ルール）の共有の効果が検討されてきた。グラウンド・ルールとは，話し合い活動を成立させる暗黙的なルールである。例えば，授業中に発言するときには挙手をするとか，他の人が話しているときに割り込んで話さないなどもグラウンド・ルールである。Mercer et al.（1999）は，「探求的会話[9]」のためのグラウンド・ルールを明示的に示す介入によって，小学生たちが建設的な議論と推論をしながら話し合うようになったことを示した。

　さらに，松尾・丸野（2007）は，グラウンド・ルールの文脈性に着目し，熟練教師が授業のなかで即興的にグラウンド・ルールを共有する過程を検討した。分析の結果，教師は，話し合う学びを妨げている児童の人間関係や思考の

---

[9] 探求的会話（exploratory talk）は，建設的で批判的な話し合いの姿である。参加者のすべての意見が価値あるものとして扱われ，推論過程が話し合いを通して可視化される。

様相を認識し，この教室にとって必要なグラウンド・ルールが何かを問い直しながら構成していた。そして，一方的にルールを提示するのでは児童に具体的な意味や重要性を気づかせることはできないと考え，話し合いの流れのなかに現れたルールを即興的に取り上げ，意味づけることでそのルールの価値を示していた。

　これらの研究は，ふだんは暗黙的に機能しているグラウンド・ルールを明示的に共有することの効果を示している。また，グラウンド・ルールはその文脈が重要であり，文脈に応じながらルールの意味を価値づけることも大切である。一方で，教師と児童生徒の授業ルールの認識は必ずしも一致しているとは限らない。児玉他（2016）は，ある小学5年生1学級内の授業ルールを予備調査で特定した上で，「重要度」（e.g., どのくらいこのルールは重要だと思うか），「優先度」（e.g., AというルールとBというルールのどちらを優先すべきか），「目的」（e.g., このルールがある目的は何か）の3観点で，教師と児童のルール認識を比較した。その結果，「重要度」においては，教師よりも児童のほうが高く認識していた一方で，「優先度」や「目的」においては，教師と児童での認識のズレが示された。これらのことから，児童は授業ルールを重要だと考えている一方で，どういった優先順位で考えればいいか，また，その目的は何かといったところで教師とは異なる認識をもっている可能性が示された。暗黙に機能するルールだからこそ，ふだんの授業のなかで，そのルールの意味や価値を取り上げながらルールのあり方を確認していくことが重要となるだろう。

4 まとめ：教師への期待

　学び合う授業は，児童生徒が主体となる授業である。一方で，学級づくりにおいては教師が主導する場面も多い（特に学級開きから生徒集団による自治的な学級運営の芽生えまで）。そして，児童生徒にすべてを任せれば，期待通りに学び合うようになってくれるわけではない。Johnson et al.（2002）が示すような，協同学習の基本的構成要素が満たされる学習志向性を高め，そして，学び合うための学級目標やルールを整備し，学び合う価値を育てる学級経営が求められる。

　Kaendler et al.（2015）は，学び合う授業において教師に求められる5つの

118　第Ⅱ部　教師と学級

図 8-2　学び合う授業において教師に求められるコンピテンシー
(Kaendler et al., 2015 をもとに作成)

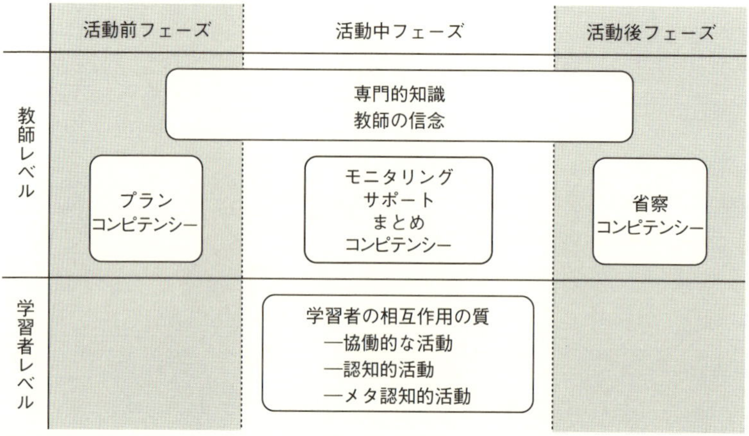

	活動前フェーズ	活動中フェーズ	活動後フェーズ
教師レベル		専門的知識　教師の信念	
	プラン　コンピテンシー	モニタリング　サポート　まとめ　コンピテンシー	省察　コンピテンシー
学習者レベル		学習者の相互作用の質　—協働的な活動　—認知的活動　—メタ認知的活動	

コンピテンシーを示している（**図 8-2**）。彼女らはこのなかでも「モニタリング」と「サポート」のコンピテンシーは，学習活動中の即興的対応が求められるため特に難しいと述べる。また，「プラン」のコンピテンシーとして，学び合うための適切な学習課題や学習目標を設定したり，「まとめ（consolidating）」のコンピテンシーとして，どのようにクラス全体の議論を統合していくかを即興的に判断したり，「省察」のコンピテンシーとして，自身のサポートについて見直したりすることも重要である。いずれのコンピテンシーも児童生徒の学び合う姿につながるものである。教師として，学級経営と並行して学び合う授業に向けた力量形成を期待したい。

　従来の授業における教師の役割は，児童生徒を力強く引っ張り導いていくことであった。それに対して佐藤学は，学び合う授業における教師の役割を「聴く」「つなぐ」「もどす」と表している（e.g., 佐藤，2009）。「聴く」は児童生徒の考えを味わい深く受け止めること，「つなぐ」は児童生徒同士の考え，学習内容と児童生徒の考え，学習内容同士のそれぞれの関連づけを促すこと，「もどす」は話し合いを直線的に完結へ進めようとする児童生徒をいったん立ち止まらせて，もう一度学習課題を見直したり，グループでの話し合いに戻したりすることである。いずれの役割も，教師の柔らかく，悠然とした，包み込むような姿が想起され，従来との違いは一目瞭然である。学び合う授業は，授業の

手綱を教師の手から児童生徒に委ねることである。それゆえに，教師の思うように進まずに不安を感じることも多いだろう。学び合う授業は，従来の授業観や教師像からの転換も必要とする（e.g., 杉江, 2019）。特に長年の実践経験が身についた教師にとっては簡単な話ではないだろうが，価値観の再構築を期待したい。

本章のキーワード

学び合う授業，PIG'S FACE，学級目標，授業ルール

【引用文献】

Durlak, J. A., Weissberg, R. P., Dymnicki, A. B., Taylor, R. D., & Schellinger, K., B. (2011). The impact of enhancing students' social and emotional learning: A meta-analysis of school-based universal interventions. *Child Development, 82*, 405-432.

Griffin, P., McGaw, B., & Care, E. (Eds.) (2012). *Assessment and Teaching of 21st Century Skills.* Springer.（グリフィン, P.・マクゴー, B.・ケア, E.（編）三宅なほみ（監訳）益川弘如・望月俊男（編訳）（2014）. 21世紀型スキル──学びと評価の新たなかたち　北大路書房）

伊藤貴昭・垣花真一郎（2009）. 説明はなぜ話者自身の理解を促すか──聞き手の有無が与える影響　教育心理学研究, *57*, 86-98.

Johnson, D. W., & Johnson, R. T. (1989). *Cooperation and Competition: Theory and Research.* Interaction Book.

Johnson, D. W., Johnson, R. T., & Holubec, E. J. (2002). *Circles of Learning: Cooperation in the Classroom* (5th ed.)Interaction Book.（ジョンソン, D. W.・ジョンソン, R. T.・ホルベック, E. J.（著）石田裕久・梅原巳代子（訳）（2010）. 学習の輪──学び合いの協同教育入門（改訂新版）　二瓶社）

Kaendler, C., Wiedmann, M., Rummel, N., & Spada, H. (2015). Teacher competencies for the implementation of collaborative learning in the classroom: A framework and research review. *Educational Psychological Review, 27*, 505-536.

児玉佳一（2021）. 学校教育を受ける日本人の協同作業認識は約10年でどう変化したか──協同作業認識尺度に対する時間横断的メタ分析　日本教育工学会論文誌, *45*(Suppl.), 221-224.

児玉佳一・笹屋孝允・川島 哲（2016）. 教師と児童の"授業ルール"認識におけるズレの特徴──「重要度」「優先度」「目的」に着目して　教師学研究, *18*, 1-11.

Korpershoek, H., Harms, T., de Boer, H., van Kuijk, M., & Doolaard, S. (2016). A meta-analysis of the effects of classroom management strategies and classroom management programs on students' academic, behavioral emotional, and motivational outcomes. *Review of Educational Research, 86*, 643-680.

Kyndt, E., Raes, E., Lismont, B., Timmers, F., Cascallar, E., & Dochy, F. (2013). A meta-analysis of the effects of face-to-face cooperative learning. Do recent studies falsify or verify earlier findings? *Educational Research Review, 10*, 133-149.

van Leeuwen, A., & Janssen, J. (2019). A systematic review of teacher guidance during collaborative learning in primary and secondary education. *Educational Research Review, 27*, 71-89.

町 岳・中谷素之（2013）. 協同学習における相互作用の規定因とその促進方略に関する研究の動向　名古屋大学大学院教育発達科学研究科紀要（心理発達科学）, *60*, 83-93.

松尾　剛・丸野俊一（2007）．子どもが主体的に考え、学び合う授業を熟練教師はいかに実現しているか――話し合いを支えるグラウンド・ルールの共有過程の分析を通じて　教育心理学研究，*55*, 93-105.

Mercer, N., Wegerif, R., & Dawes, L. (1999). Children's talk and the development of reasoning in the classroom. *British Educational Research Journal, 25*, 95-111.

文部科学省（2017）．小学校学習指導要領（平成29年告示）

文部科学省（2021）．学習指導要領の趣旨の実現に向けた個別最適な学びと協働的な学びの一体的な充実に関する参考資料（令和3年3月版）Retrieved February 25, 2024 from https://www.mext.go.jp/content/210330-mxt_kyoiku01-000013731_09.pdf

長濱文与・安永　悟・関田一彦・甲原定房（2009）．協同作業認識尺度の開発　教育心理学研究，*57*, 24-37.

岡田　涼・大谷和大（2017）．児童における社会的目標構造の認知と協同的な学習活動――動機づけを介する過程の検討　パーソナリティ研究，*25*, 248-251.

大谷和大・岡田　涼・中谷素之・伊藤崇達（2016）．学級における社会的目標構造と学習動機づけの関連――友人との相互学習を媒介したモデルの検討　教育心理学研究，*64*, 477-491.

Rychen, D. S. & Salganik, L. H. (Eds.) (2003). *Key Competencies for A Successful Life and A Well-functioning Society.* Hogrefe & Huber.（ライチェン, D. S.・サルガニク, L. H.（編）立田慶裕（監訳）今西幸蔵・岩崎久美子・猿田祐嗣・名取一好・野村　和・平沢安政（訳）（2006）．キーコンピテンシー――国際標準の学力をめざして　明石書店）

佐藤　学（2009）．教師花伝書――専門家として成長するために　小学館

杉江修治（2011）．協同学習入門――基本の理解と51の工夫　ナカニシヤ出版

杉江修治（2019）．バズ学習を源とする協同学習の理論的，実践的展開　日本協同教育学会（編）日本の協同学習（pp. 3-23）　ナカニシヤ出版

Turner, J. C., Midgley, C., Meyer, D. K., Gheen, M., Anderman, E. M., & Kang, Y. (2002). The classroom environment and students' reports of avoidance strategies in mathematics: A multimethod study. *Journal of Educational Psychology, 94*, 88-106.

Webb, N. M. (2013). Information processing approaches to collaborative learning. In C. E. Hmelo-Silver, C. A. Chinn, C. K. K. Chan, & A. M. O'Donnell (Eds.), *The International Handbook of Collaborative Learning* (pp. 19-40). Routledge.

第9章

教科外活動における学級づくり
──特別活動

1 はじめに

　子どもたちは学校で多くの時間を過ごすことになるが，多くの学校において学級は，子どもたちの生活の基盤ともいえる環境といえよう。学級では授業で学ぶ以外にも，学級活動や学校行事で協力することの楽しさを感じたり，意見が衝突した際，どのように折り合いをつけていけばよいのかを学ぶ機会が設けられている。一方で，学級でいじめが生じ，不登校につながるケースも見られる。このことから学級づくりを行うことは，子どもたちの学びの促進や幸せな学校生活に寄与することになるといえる。しかし，どのようにすれば良い学級づくりができるのか，特に子どもたちの生活の基盤づくりに寄与する教科外活動でどのような活動を展開していくかについては，頭を悩ませる教師も多い。そこで本章では，教科外活動のうち，どの学校でも必ずカリキュラムとして設定されている特別活動の時間に焦点を当て，どのような実践が学級づくりにつながるのか考えていきたい。

2 学級づくりに効果的な学級活動

[1] 学級活動と学級づくり

　特別活動は，いわゆる特活と教員から呼ばれる教育課程の1つであり，学級・ホームルーム活動，児童会・生徒会活動，クラブ活動（小学校のみ），学校行事から成り立っている。特別活動は，集団活動が教育内容そして方法原理であり，集団での児童生徒同士の相互作用のなかから獲得される学びに重きが置かれる（河村，2018a）。

　魅力的な学級を運営する教師には，特別活動のなかでも，特に学級活動の実

践に力を入れている教師が多い。学級活動とは，いわゆる小中学校では「学活」の時間，高校においては「HR（ホームルーム）」の時間として時間割に設定されている。読者のなかにも学級活動の時間に，クラスでレクリエーション（以下，レク）や集会に向けて話し合いをしたり，対人関係や精神健康の向上について考えたりした記憶のある人がいるだろう。

　学級づくりという観点では，特別活動の学習指導要領において，学級（ホームルーム）活動における児童生徒の自発的・自治的な活動を中心として，各活動と学校行事を相互に関連づけながら学級経営の充実を図るよう記述が見られる（文部科学省，2017a, 2017b, 2018）。つまり，学級づくりに効果的な指導におけるキーワードは，児童生徒の自発的・自治的な活動ということになる。特に，学級集団づくりで活用される学級活動は，児童生徒にとって魅力的なものである必要がある。人間が自ら主体的に活動したくなるのは，楽しさや喜び，面白さにつながる活動のときだからである（河村，2018b）。教科学習では自ら進んで勉強したくなることがない子どもであっても，レクの計画であれば，楽しそうだと感じて率先して行動できる場合があるだろう。レクを行うことは，単なる遊びではなく，児童生徒が主体的にかかわる学びをするための教育的な仕掛けの１つなのである。

［2］ 自治的・自発的な活動におけるトラブルのとらえ方

　とはいえ，レクで単に面白い活動を行うだけで，学級が成長するわけではない。学級で自発的・実践的な活動を行うなかで生じるトラブルをどのようにとらえて対応していくかも考えていく必要がある。子どもたちの主体的・実践的な活動で生じる学級の「トラブル」は回避するものではなく，学級の人間関係づくりにおいて重要な契機ととらえることが重要といわれる（白松，2011）。小学生を対象とした質問紙研究では，学級や学校の生活づくりに関する学級活動の取り組みを向上させる活動を取り入れることは，子どもたち自身が，困っている子がいたら互いに助け合い，互いに自分の意見を言い合い，様々なことにチャレンジする学級集団へと向上させる行動につながることが統計的に示されている（長谷川他，2013）。同研究では，統計的な分析から，担任教師が学級の問題解決に向けて直接解決をしてくれることよりも，学級活動で学級や学校の生活づくりの取り組みを向上させる働きかけを行ったほうが，効果的に子ど

もたちの学級集団を向上させる行動につながることも示唆されている。

　つまり，自治的・自発的な活動を行うなかで子どもたちが偶発的に直面するトラブルに対しては，教師が直接解決するよりも，学級活動の時間を通して子どもたちとの話し合いのなかで解決するよう支援していくことが重要なのである。小学生を対象とした質問紙研究では，学級集団内の子どもそれぞれが学級活動の取り組みに積極的になるほど，それぞれの子どもの学級集団向上に関する行動が多く，様々なことにチャレンジしたり，自分の意見を言ったり，困っている子がいたら助けることができる等の行動が多いことが統計的に示されている（長谷川，2022）。また同研究では，学級集団単位で学級活動の取り組みが活性化されるほど，学級全体での集団向上に関する行動が多いことも統計的に示されている。現職教員が執筆した研究報告でも，学級活動の実践を校内研究の中心に位置づけると，学級活動の実践を通して，自分たちの学級の文化を自分たちの力でつくろうという意識が育まれ，そのことが学校の文化をつくることにつながっていると強く感じられたことが報告されている（篠原，2006）。

［3］学級活動の指導で心がけるべきこと

　それでは，学級活動の指導に際し，どのようなことを心掛けることが重要なのだろうか。この点について具体的に考えるため，白松（2015）の研究で紹介されている吉本先生（仮名）の学級について事例を見てみたい。この事例では，これまで人間関係上のトラブルがあった高学年の学級のなかで，児童と生徒が迷い葛藤しながら対話を積み重ね，それが学級づくりにつながるプロセスが記述されている。

　簡単に紹介すると，この学級では，学校行事に向けて学級がまとまろうとしていたものの，ある時学級で生じた盗難事件を機に，児童が疑心暗鬼になり，違和感が生じるようになったという。そのような様子を経過観察するなか，吉本先生が学級の違和感に対して話し合いを提案したところ，小グループで話し合いをしたいという意見が児童から出て，教師の立ち合いのもと，話し合いが行われることになった。その結果，例えば，あるグループでは，児童が「ハブられる怖さから，誰かに迎合していないといけない」という圧力を感じていたり，「寂しかった」「なんでも話し合える友だちが欲しかった」といった発言が見られたりして，実は子ども同士がお互いに同じような気持ちをもっていたこ

とが語り合われた。そして，思ったことを話し合える学級になりたいといった提案がなされた。このようなグループの話し合い活動を経て，「居場所」としての学級のあり方が模索されていったという。

このように，学級活動の指導に際して，教師は子ども一人ひとりの実態，願い，問題点等を的確に把握し，理解して，よりよい方向性を示唆しながら，自主的に解決していけるよう適切な支援・援助ができる力を備えることが重要である（濱川，2009）。濱川（2009）によれば，これがなければ，教師が逐一子どもにどう行動すればよいかを指示し，その指示にだけ対応できる学級になってしまったり，荒れた学級になってしまったりする危険性があるという。学級活動に力を入れ，一見，児童生徒が自主的に動いているように見えても，教師が子どもの願いや想いを重視しなければ，子どもが先生の目を気にして，先生の意向が何であるか顔色をうかがいながら「自主的に」動いているだけになってしまう。そのようなことがないように教師は留意することが必要である。

また，子どもの自発性や自治性を大切にしながら問題解決を効果的に行う上では，トラブルの①意識化（少数の子どもが感じている学級への違和感や不快感を学級に意識化する段階），②共有化（少数の子どもたちの周囲に，同じ意識を共有させる段階），③問題化（学級の話し合い活動における議題化の段階）の３つの段階が重要だといわれる（白松，2011）。特に重要であるのは，①意識化や②共有化の段階で，ある事象を改善すべきだという解釈資源を，子どもたちの人間関係において増大させるという点であるという。解釈資源とは，言語化された人間関係づくりの経験であり，学級の人間関係のなかに増やしたい言動や行動，あるいは改善したい言動や行動のことである。つまり，教師の支援のもと，学級活動で話し合いを行う前に，そのトラブルを解決したいという子どもたちの想いを涵養することが，その問題解決を通した学級の成長にとって重要なのである。

3 学級づくりに効果的な学校行事

[1] 学校行事の学級づくりに対する機能

学級の一体感を感じるきっかけに，運動会や文化祭・学芸会，修学旅行などの学校行事が挙げられることは多い。読者のなかにも学校行事で主体的に活

動するなかで，自然と仲が深まる体験をした人は多いかもしれない。学校行事は，ふだんかかわることのない生徒と交流する機会になることが指摘されており（長谷川，2011；樽木，2005），体育大会や合唱祭で「友人と仲良くなれた」といった効用感を感じた生徒ほど，学校外において同じクラスの友人や，同じ学校の別のクラス・部活動の友人と積極的に遊ぶ傾向があることが研究から明らかとなっている（長谷川，2011）。また，学校行事は集団の所属感や連帯感を深めるため，いじめ予防になることも指摘されている（林，2014）。

　学校行事は学級づくりにうってつけの機会といえる。日本において，授業を静かに受けているだけの集団は，理想の学級とはとらえられない。河村（2010）によれば，理想的な学級とは，子どもたち同士の活発な交流をもとに，自主的，能動的，そして組織的に活動しており，子どもたち個々の士気と同時に集団士気が高まり，その高まりが子どもたちのなかから生まれる集団であるという。このような集団の要因を基底から支えるものに集団同一視がある（河村，2010）。学校行事は，この集団同一視の増減に関連することが研究で示されている（河本，2016）。ここでの集団同一視とは，自分の所属する学級集団の利害と自己の利害が一致していると感じることであり，学級集団のために何かをすることは自分のためにもなり，学級が利害を超えた仲間という認識をもっているということである（河村，2010）。つまり，学校行事は，学級が共同体として機能するようになる１つの教育的仕掛けとして重要な役割を果たしているのである（久保田，2021a）。

［2］学校行事を効果的にする教師の支援

　しかし，学校行事を行いさえすれば，学級づくりがうまくいくというわけではない。むしろ学校行事を行ったことで集団同一視が下がってしまうこともある（河本，2016）。そのため，学校行事においては，その教育的効果を高めるための教師の支援も重要である（久保田，2021a）。例えば，樽木・石隈（2005）の研究を参考とした仮想事例を見てみよう。

　Ａ先生の中学校の文化祭では，毎年クラス劇を行っています。今年Ａ先生が担任をしているクラスでは衣装係が９名いました。しかし本番まであと数日となったところでも，まだつくり終えていない衣装がある状況で

126　第Ⅱ部　教師と学級

す。つくり終えていない衣装は，大きな着ぐるみでした。これまで，衣装係の作業は，衣装係のリーダーであるBさんを中心に，ふだんからクラスでの活動に積極的な6名が中心となって進めており，残りの3名は，部活動の事情もあり，分担された仕事を家にもち帰ってはいましたが，学校での衣装づくりには参加していませんでした。そのため，人手のいる大きな着ぐるみになかなか手がつかなかったのでした。A先生は文化祭では生徒の主体性を尊重したいと考えており，先生が介入してよいものかと悩んでしまいました。

　このように学校行事はクラスがまとまるきっかけになるものの，上記で挙げた例に見られるように，本番までの準備・練習が必ずしも順調にいくとは限らない。学校行事は児童生徒の主体性を尊重する活動であるがゆえに，そのようなときどのように対応をするかは教師によって判断が分かれると考えられる。それでは，教師はこのような状況下，どのような支援や援助ができるだろうか。

　学校行事においては，その運営上，係や委員等の小集団が設定されることが多い。そのため，その小集団の運営が教師の支援としては肝となる。ただし，例えば，大きな背景画を小集団みんなで製作する大道具係の活動では課題の協力のレベルは高い一方，小道具係や衣装係のような個別でできるものを数多く製作する活動では，協力のレベルが高まらないことがある（樽木, 2010）。協力のレベルが低いままでは，行事での活動が作業の経験に留まり，集団への肯定的な理解が広がりにくくなってしまう（樽木, 1999）。そのため，教師の仲間集団同士をつなげる援助が必要となる。

　学校行事における教師の援助については，中学生の文化祭を対象とした研究から，生徒の成長を対象とした援助的介入として，「機会の計画設定の援助」「予防的援助」「促進的援助」「集団としての振り返り・意味づけ的援助」があることが指摘されている（樽木, 2013）。このなかでも，本章では本事例にかかわる「促進的援助」に焦点を当てて解説を行う。

　「促進的援助」とは，生徒が成長するために必要な能力の向上を目指す援助のことである（樽木, 2013）。本事例に見られたように，学校行事において，ふだんつき合いのないメンバーとも協力を行っていく上では，ときに意見の違いの理解やトラブルや葛藤の解決が求められることがある。この際，教師が，生

徒の葛藤を解決に導く援助が重要であることが研究で明らかとなっている（樽木, 2013；樽木・石隈, 2005）。

その援助の1つの例に，小集団での話し合いを提案するというものがある（樽木, 2013；樽木・石隈, 2005）。つまり，生徒同士でそのことについて話し合ってみたらどうかと教師から提案したり，話し合いの場を教師側が設定するということである。上記の例の場合（c.f. 樽木・石隈, 2005），例えば衣装係のリーダーのBさんに対し，「大きな着ぐるみを6名だけで作成せず，着ぐるみ制作を通して，全員揃って活動するきっかけにしたい」と教師の想いを伝えておく。そして，衣装係は残るように教師から声をかけるといったことができる。教師が衣装係に何をすべきかを指示するのではなく，教師の状況の見方は係のリーダーに伝えておきながらも，直接的には生徒主導で進めさせるのである。

むろん，この方法は日常生活のなかでの教師との信頼関係ができているからこそ生徒が受け入れ，活動するという部分もある（樽木, 2013）。また，学校行事に対するモチベーションが最初高かったクラスに対しては，練習の途中でだらけてしまった際，教師が現状を叱ることでクラスの状態が好転した例も報告されている（中川, 2017）。そのため，どのような支援や援助が有効かは，教師のクラスの状態の見立てが重要ということだろう。

このように担任教師が葛藤解決への援助を行うことの効果は複数の研究によって繰り返し支持されている（久保田, 2021a）。それでは，なぜ葛藤解決への援助は，生徒の成長を促すのだろうか。ある研究によれば，教師の葛藤解決の援助は，生徒の困難なときに頑張る姿勢を介して小集団の発展につながることが報告されている（樽木他, 2008）。教師が生徒の葛藤を解決しようと援助することは，その援助を通して，辛いときにも頑張り続ければ解決するかもしれないという生徒のポジティブな見込みを支え，もう少し頑張ろうという姿勢を促進することで，生徒同士の集団の連帯感につながっていくのだと考えられる。

学校行事は子どもたちが主体的に実践を行う場である。だからこそ，その過程ではトラブルや葛藤が生じることがある。こうしたトラブルや葛藤は生じないほうが良いと考える者もいるかもしれないが，前節でも述べたように子どもたちの主体的，実践的な活動のなかで偶発的に生じる学級の「トラブル」は，

回避するものではなく，学級の人間関係づくりにおいて重要な契機ととらえるべきである（白松，2011）。学級集団の発達をより成熟させていく過程では，子どもたちが相互にぶつかり合うことがあったとしても，子どもたちで建設的に解決していける集団にしていくことが重要なのである（河村，2010）。このような集団の発展の契機として，学校行事は重要な意味をもつと考えられる。

4 特別活動が子どもにとってもつ意味

［1］ 特別活動と自律性の発達

　ここまで特別活動における指導の重要な点について見てきたが，教師のなかには，そもそも特別活動の実践は最小限で良いと考える者もいないわけではない。では，実際のところ，特別活動は，子どもたちにとってどのような意味をもった活動といえるのだろうか。

　特別活動は，心理面では子どもの自律性の発達に重要な意味をもつ活動と位置づけられる。我々は大人になるにつれ，行動の選択の幅が広がっていく。そして大人になれば，自由度の高いなか，社会でどのように振る舞うべきかを自身で判断することになる。このように，集団のなかでどのように振る舞うべきかを学ぶ場として特別活動があると考えられる（河本，2012）。教科では，修得すべき知識事項もあるため，授業内容を児童生徒が一から決めることは難しい。しかし，特別活動では，活動の枠組みこそ教師側から構造化されるものの，その枠組みの範囲内であれば，児童生徒は企画・準備段階から主体性を発揮して行動を選択することができる（河本，2012）。例えば，学級活動の時間を使えば，レクの分数や日程，場所の制約はあるものの，レクの内容や工夫の仕方を一から考えて準備を行うことを，児童生徒の発案を生かしながら進めていくことができる。また，学校によってはクラブ活動の内容も教師が決めるのではなく，児童が主体的に提案し児童同士の協議のなかで決めるようにすることで学校づくりを進めたケースもある（Iwabuchi et al., 2019）。このように，特別活動で児童生徒の主体性を重視した集団での活動を展開していくことは，将来，児童生徒が大人になった際の職場や地域，家庭での集団生活につながり，集団で所属感や連帯感を高めながら1つの目標に向かって取り組むことに寄与すると考えられている（文部科学省，2017a, 2017b, 2018）。

[2] 特別活動と人格形成

　また，特別活動は，児童生徒の人格形成においても重要な意味をもつ。特別活動は児童生徒集団で活動することをその特質としているが，集団内で生じる心理的なプロセスが児童生徒の人格形成にもつながることを示す理論がある。それは集団社会化理論という理論である（Harris, 1995）（**図 9-1**）。この理論においては，子どもの人格形成に仲間集団（ピア）が長期的な影響を与えているとされている。特にこの理論が重要視しているのは，仲間集団のなかで生じる集団内での同化と差異化というプロセスである。集団内での同化とは，自分がある集団の一員であると認識するなかで，そこで守るべきとされる明示的，暗黙的な規則や規範に従い，その集団のメンバー「らしく」なっていくプロセスをいう。そして差異化とは，集団メンバーと自身を比較するなかで，自分のどの能力や資質が他の人にない固有のものなのかを知り，他のメンバーとは異なる方向に人格形成が導かれるプロセスをいう（河本, 2018；久保田・利根川, 2021）。集団内での同化は社会化を，差異化は個性化を促すプロセスということもできる（cf., 遠藤, 2004）。

　特別活動でいえば，特別活動の活動を通して集団内での同化が生じるからこそ，集団が協調的に目標に向かえるよう積極的に行動する心的傾向が促進されるのだと考えられる。実際，大学生を対象に中学・高校時代に経験した学校行事を想起させた質問紙研究では，中学や高校の学校行事において集団内での同化を感じたと回答した学生ほど，大学の課外活動集団において集団での対人的

図 9-1　特別活動における集団社会化理論の想定例

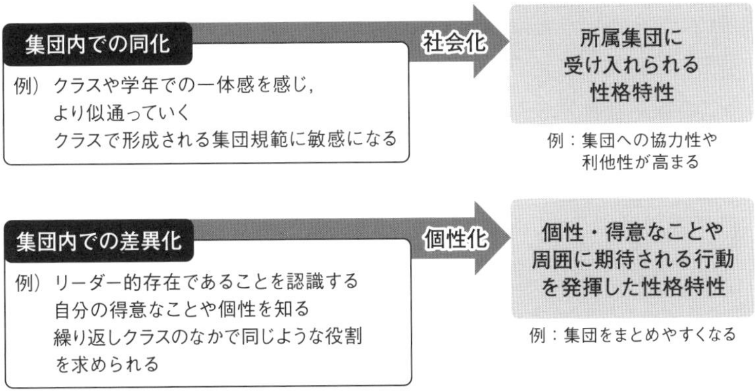

援助を行うことが統計的に示されている（久保田, 2021b）。

　集団内での差異化については，例えば学校行事において，自身の優れた面を発揮し差異化が促される個人は，集団を効果的に機能させる行動が促進されると考えられる。学校行事での差異化の体験は，大学の課外活動においても組織が円滑に機能するよう行動することにつながることが統計的に示されている（久保田, 2021b）。例えば，中学や高校の学校行事において集団内での差異化を感じたと回答した学生ほど，大学の課外活動集団において，対人的援助や，集団がより発展するよう集団内の情報集めをしたり，優秀な人材が入ってくるように努めたりする等の組織支援行動を行いやすいことが示唆されている。

　特別活動においては，集団の連帯感を強調するケースが相対的に多い。しかし，そのなかで個性をどのように扱い，差異化を促すかは重要な視点といえる。差異化にかかわる研究として，小学校の運動会においては，役割発揮が社会参画意識につながることが示されている（久保田, 2023a）。これは集団内での差異化が社会参画意識につながることを示唆していると考えられる。このような役割意識の涵養は，中学校の学校行事においては，例えば様々な生徒に役割が生じざるを得ないように活動を構造化したり，集団のなかで活動する上での目標設定を行わせたり，あるいはリーダーについた子に助言を行ったりといった形で支援が行われている（河本, 2015）。しかし，この役割意識の涵養は必ずしも教師に意識的に支援・援助されるとは限らない。例えば，高校教師を対象とした研究では，同化促進に関する支援についての言及は全員から見られた一方で，差異化促進に関する支援についての言及は半数の教師のみにとどまったことが報告されている（河本, 2017）。この背景には，自然発生的に生徒のなかで差異化が生じている可能性もあるが，教師の意識のなかから差異化の支援の観点が抜けている可能性もある。そのため，差異化のうち役割発揮の効果に着目して，特別活動を通した実践を見ていく必要もあるだろう。

　もっとも，この差異化の効果は，元々，自分のやりたいことを自分の判断で決めたがる自己決定的な性格傾向が強い人ほど大きいことも報告されている（久保田, 2021b）。これは，自身で判断を行うことを好む傾向のある子どもについては，中学や高校の学校行事で自身の能力を発揮しているほど，大学入学後も組織を支援するような行動が多くなりやすいことを示している。一方で，自身で判断を行うのを好まない生徒については，差異化してもその後の組織支

援行動につながるとは限らないことが示されている。自身で判断を行うのを好まない生徒が学校行事で自身の能力を発揮せざるを得ない状況に立たされる場合，心的に大きな負担を感じ，その効果が薄まってしまうのだと推察される。このことから，差異化促進の支援を行う際には，子どもの性格も加味し，特に自分で判断を行うことを好まない生徒については，教師の支援が必要ということとなのだと考えられる。

5 特別活動と教師の成長

　ここまで，特別活動における実践上，重要な観点について研究を紹介してきたが，特別活動においては，教科での指導のように教科書があるわけではない。これまで見てきたように，児童生徒の生活のなかで生じるトラブルなど，その時々の児童生徒や学校の実態に応じながら指導していく必要がある。そのため，特別活動の指導に携わることに不安を覚える者もいれば，学級活動や学校行事に熱心に取り組んできた経験が役立つと期待を寄せる者もいるだろう。

　学校行事においては，教師の被教育体験に着目し，教師自身が児童生徒の頃に経験した学校行事体験が，教師になった今，どのように実践に活かされているかを面接調査により検討した研究が見られる（久保田, 2020, 2023b）。そこでは，小・中・高いずれの校種の教師においても，児童生徒の頃に経験した学校行事体験が，指導に活きるケースがあることが示唆されている。例えば，学校行事で児童生徒の頃に他に代えがたいと思えるような体験があった者や母校に務めることになった教師は，自身が児童生徒の頃に経験した学校行事での経験知を実践にも活かせる可能性があることが報告されている。

　ただし，上記研究では，学校行事にかかわっていたとしても，その体験がたいしたことがない，あるいは，ほとんど経験しないに等しい体験と意味づけられた場合，現在の実践に活かされないケースが見られることも示されている。その場合には，他の活動によって実践の補完がなされ，中学・高校教師については，大学時代の課外活動や文化祭の運営体験，教師になった後の勤務校での学校行事体験が活かされていたことが報告されている（久保田, 2020）。また，小学校教師については，具体的な指導の参照先として被教育体験が活かされている場合はほとんど見られず，指導の手立てを教師になってからの研修や経験

によって獲得したり，同僚から情報を得たり，あるいは同僚の観察学習をすることで指導の方針を立てている比重が大きいかもしれないと指摘されている（久保田, 2023b）。つまり，教員志望の学生が，自身が児童生徒の頃に学校行事をはじめとする特別活動にあまり関わっていなかったとしても，大学生活や教員になってからの経験の蓄積のなかで，特別活動の実践向上につなげられる可能性は十分にあるということである。

　また，特別活動の実践に意義を見いだせていない教師がいたとしても，その後の経験でその意識が変革される可能性もある。ある研究では，特別活動の実践に意義を見いだせない教師（以下P先生）の特別活動に関する意識が，同僚との出会いを通して変容した過程を明らかにしている（伊勢本, 2017）。P先生は，昔から「おもしろい」実践を大切にしたいと思っていた。しかし，その実践と特別活動が相容れるものだとは思っていなかった。よい学級にしたいという想いはある一方，そこにアプローチする技量がなかったという。そのため，クラスで問題が起きた際には，早く解決しようとしており，また，問題が起きないように事前に押さえつけていたところもあったかもしれないという。

　だが，ある年，同じ学年を受けもつことになった先輩のR先生と出会うことで，特別活動への意識が転換されていく。R先生のクラスでは，実践を通して子どもたちがぐいぐい活動的になっていたという。その様子を間近で目にし，R先生から様々なことを教えてもらうなかで，P先生はトラブルが学級をつくる上での大きな契機だと感じるようになった。そして，それを子どもたちが乗り越えると，ものすごく伸びると気づいたという。このように，特別活動の実践が，当初からP先生が目指していた「おもしろい」実践そのものであると気づくことでP先生の意識が大きく変革されたのである。

　教師は経験年数を経ることで，授業や学級の運営，児童生徒への働きかけといった様々な側面において成長するといわれる（越, 2021）。今現在，特別活動の有用性を直感的に感じていない教員志望の学生や教員も，他教員，子どもとの出会いや研修を通して変容する可能性がある。授業のみならず特別活動も教育の根幹にかかわる活動であるという点に気づくこと自体が，教師として学級づくりの技量を高める大きな一歩につながるのかもしれない。

本章のキーワード

特別活動，トラブル，集団同一視，集団社会化理論，被教育体験

【引用文献】

遠藤利彦（2004）．社会化　子安増生・二宮克美（編）キーワードコレクション発達心理学　改訂版（pp. 66-69）　新曜社

濱川昌人（2009）．よりよい学級づくりをめざした学級活動の実践　日本特別活動学会紀要，*17*, 66-74.

Harris, J. R.（1995）. Where is the child's environment? A group socialization theory of development. *Psychological Review, 102*, 458-489.

長谷川祐介（2011）．友人関係に及ぼす学校行事の影響に関する分析の試み　教育実践総合センター紀要，*29*, 91-104.

長谷川祐介（2022）．マルチレベルモデルによる学級集団の向上に与える小学校学級活動の影響に関する分析　日本特別活動学会紀要，*30*, 43-52.

長谷川祐介・太田佳光・白松賢・久保田真功（2013）．小学校における解決的アプローチにもとづく学級活動の効果——測定尺度開発と学級・学校適応に与える効果の検討　日本特別活動学会紀要，*21*, 31-40.

林　尚示（2014）．特別活動と生徒指導を活用した「いじめ問題」の予防方法　東京学芸大学紀要　総合教育科学系，*65*, 65-73.

伊勢本大（2017）．特別活動と教師の語りの接合過程（アーティキュレーション）——小学校教師のライフヒストリー　広島大学大学院教育学研究科紀要　第三部，*66*, 51-58.

Iwabuchi, K., Komoto, A., & Shimizu, H.（2019）. Tokkatsu reform: Learning better together. In R. Tsuneyoshi, H. Sugita, H., K.N. Kusanagi, & F. Takahashi（Eds.）, *Tokkatsu: The Japanese Educational Model of Holistic Education*（pp. 197-206）. World Scientific.

河本　肇（2016）．中学生の合唱コンクールへの取り組みが集団同一視と自己肯定感に与える影響　広島国際大学心理学部紀要，*4*, 53-61.

河村茂雄（2010）．日本の学級集団と学級経営——集団の教育力を生かす学校システムの原理と展望　図書文化

河村茂雄（2018a）．特別活動はどんな学習内容か　特別活動の理論と実際（pp. 8-17）　図書文化

河村茂雄（2018b）．特別活動と学級経営——学級集団の心理学　特別活動の理論と実際（pp. 65-69）　図書文化

河本愛子（2012）．日本の学校行事に関する教育心理学的展望——その教育的機能および発達的意義を問う　東京大学大学院教育学研究科紀要，*52*, 375-383.

河本愛子（2015）．中学校教師の学校行事における関わりの質的検討——集団社会化理論の視座から　東京大学大学院教育学研究科紀要，*55*, 217-226.

河本愛子（2017）．学校行事において生徒の活動集団内での同化・差異化を促し得る高校教師の関わりの質的検討　東京大学大学院教育学研究科紀要，*57*, 115-123.

河本愛子（2018）．課外活動集団内での同化・差異化尺度作成の試み——集団社会化理論に着目して　パーソナリティ研究，*27*, 73-76.

越　良子（2021）．学校組織と教師の成長　越　良子（編）教師になる人のための学校教育心理学（pp. 183-195）　ナカニシヤ出版

久保田（河本）愛子（2020）．被教育体験としての学校行事の意味の検討——中学・高校教師を対象として　日本特別活動学会紀要，*28*, 35-44.

久保田（河本）愛子（2021a）．学校行事を活用した学級づくり　越　良子（編）教師になる人のための学校教育心理学（pp. 143-154）　ナカニシヤ出版

134　第Ⅱ部　教師と学級

久保田（河本）愛子（2021b）．中学・高校での学校行事体験が大学生活に及ぼす長期的効果──集団
　　社会化理論の視座からの回顧的検討　日本特別活動学会紀要, *29*, 31-40.
久保田（河本）愛子（2023a）．コロナ禍における小学校の運動会の中止・縮小と社会参画意識との関連
　　──学校・家庭要因，運動会での役割発揮を考慮に入れた検討　日本特別活動学会紀要, *31*, 49-
　　58.
久保田愛子（2023b）．公立小学校教師の被教育体験としての学校行事に対する意味づけ　宇都宮大学
　　共同教育学部研究紀要 第1部, *73*, 67-80.
久保田（河本）愛子・利根川明子（2021）．学校における情動と発達　遠藤利彦（編）　情動発達の理論
　　と支援（pp. 94-102）　金子書房
文部科学省（2017a）．小学校学習指導要領解説 特別活動編　東洋館出版社
文部科学省（2017b）．中学校学習指導要領解説 特別活動編　東山書房
文部科学省（2018）．高等学校学習指導要領解説 特別活動編　東京書籍
中川優子（2017）．中学校行事に取り組む過程で生じる生徒の変容と中学校教師による援助──生徒間
　　のかかわり・クラスの様子・他尊感情に着目して　応用教育心理学研究, *34*, 27-40.
篠原暁夫（2006）．特別活動の特質を生かした校内研究の取り組み　日本特別活動学会紀要, *14*, 78-
　　84.
白松　賢（2011）．人間関係づくりと「トラブル」の問題化　初等教育資料, *873*, 68-71.
白松　賢（2015）．「自発的」「自治的」の行方──特別活動にみる子ども中心主義のパラドクス　子ど
　　も社会研究, *21*, 61-74.
樽木靖夫（1999）．中学校における文化祭活動に対する生徒の自己評価の変容　日本教育工学雑誌, *23*,
　　147-154.
樽木靖夫（2005）．中学生の仲間集団どうしのつき合い方を援助する学校行事の活用　教育心理学年報,
　　44, 156-65.
樽木靖夫（2010）．協力的集団体験を通して中学生の自己評価を高める教師の援助的介入に関する研究
　　筑波大学博士（カウンセリング科学）　学位論文
樽木靖夫（2013）．学校行事の学校心理学　ナカニシヤ出版.
樽木靖夫・蘭　千壽・石隈利紀（2008）．文化祭での学級劇の活動における中学生の困難な場面でも頑
　　張る姿勢への教員の援助介入　日本教育工学会論文誌, *32*, 177-180.
樽木靖夫・石隈利紀（2005）．文化祭での学級劇活動における中学生の集団体験及び担任教師の援助介
　　入　学校心理学研究, *5*, 37-48.

第10章
特別なニーズのある子どもの支援と学級経営

1 はじめに

　本章では，最初に通常学級における特別支援教育と発達障害児に対する教師の困難感，次に個別対応と学級における対応，最後に発達障害児が在籍する学級における教師の専門性について，実践に活用できる内容を紹介する。

2 特別支援教育と通常学級

[1] 特別支援教育の概要

　わが国では「21世紀の特殊教育の在り方について（最終報告）」（文部科学省，2001）において，これまでの「特殊教育」から「特別支援教育」という用語が新たに用いられるようになった。以降，2004年に「小・中学校におけるLD（学習障害），ADHD（注意欠陥／多動性障害），高機能自閉症の児童生徒への教育支援体制の整備のためのガイドライン（試案）」から発達障害のある児童生徒に対する教育支援体制の検討につながった。その後，2005年の発達障害者支援法の施行に続き，学校教育法が改正され2007年に特別支援教育は特殊教育から転換された。すなわち，特別支援教育の対象は，特別支援学級に加え，通常の学級を含むすべての教育上特別の支援を必要とする児童等（学校教育法第81条第1項）となった。

　近年，教育現場の特別な教育的ニーズを有する子どものうち，発達障害傾向をもつ子ども（以下，発達障害児）の割合は2012年6.5％から2022年8.8％に増加している（文部科学省，2022）。発達障害児の多くは通常学級に在籍しており，特別支援教育に関する教育学部の授業はその必要性から，教育職員免許法および同法施行規則改正にともない2019年に必修化された。だが，実際の対応

136　第Ⅱ部　教師と学級

は難しく，発達障害の可能性の段階から特別な教育的ニーズのある子ども一人
ひとりに合わせたよい支援はわが国の重要な課題である（文部科学省, 2017）。

［2］発達障害児に対する教師の困難感

　学級のなかでの発達障害児に対する教師の困難感は大きく，その内容は個別
対応と集団における対応に分けられる。以下，各内容について説明する。

　1）個別対応の特性別困難感　特別支援教育を対象とする児童の指導に対し
て，経験の有無にかかわらずほとんどの教師が負担感を感じている状況が指摘
されている（秋山, 2004）。以下，具体的な内容を特性別に見ていく。

・注意欠如多動症（以下，ADHD）児に対する困難感として，立ち歩きや授業
　態度，衝動的な行動，他児との関係や学習指導が挙げられる。一方，ADHD
　児の自尊感情の低さも指摘されており（Hoza et al., 1993），行動上の問題や
　トラブルを起こしてしまう ADHD 児に対して教師がどう理解し，かかわれ
　ばよいかは重要な課題といえる。

・自閉スペクトラム症（以下，ASD）児には，パニック，言動や気持ちの理
　解の難しさ，学習指導への配慮等が挙げられる。その他，感情のコントロー
　ルの困難，集団場面における活動参加や友だち関係に適応困難を抱えやす
　いことも指摘されている（Chamberlain et al., 2007）。さらに，教師の側が
　ASD 児の理解とかかわりが難しい状況も課題となる（角南, 2022a）

・限局性学習症 [1]（以下，LD）児に対して，教師の約 79％が有効な支援方法を
　知りたいと考えており，学習支援に困難を抱えている（廣嶌, 2007）。一方，
　教育・医療現場で特性が見過ごされることも多いなか，LD 児は自身のでき
　なさを感じ，「心理的苦痛の度合いが高（APA, 2022 高橋他監訳 2023）」い
　ことから，教師による心理面の配慮が必要とされる。

　2）学級における困難感　教育効果を上げる教師の 3 つの特徴のうちの 1 つ
が学級経営と言われるが（Wong & Wong, 2009），発達障害を含めた多様な子

1）英語表記は Specific Learning Disorder。知能の遅れがないにもかかわらず，読み・書
　き・計算に著しい困難を示す状態。2013 年に発刊された DSM-5（American Psychiatric
　Association；以下，APA）以降「限局性学習症」が正式名称となったが，わが国では 2004
　年の発達障害者支援法による記載からこれまで教育現場で LD（Learning Disorder, 学習障
　害）が使用されており，本章でもわかりやすさから LD と表記する。

第 10 章　特別なニーズのある子どもの支援と学級経営　137

どもたちの在籍する学級経営は難しい。気になる子どもに対する教師の印象が学級の雰囲気に影響を及ぼすという知見があるが，教師が発達障害児の特性を肯定的にとらえている学級のほうが他児の学習における積極性が低いという研究もある（梶原他, 2012）。教師の意識が発達障害児に対する個別対応に向きすぎると，学級としてのバランスが偏る可能性が推察される。一方，他児が特別な支援に対して不満をもつことを学級経営上の苦労とする教師は約 9% であり，発達障害児の個別支援を重視するほど他児の潜在的な不公平感が増大する傾向が指摘されている（村田・松崎, 2008）。そのため，教師は学級において発達障害児と他児に対しそれぞれどのようなかかわりを行えばよいのかを検討することは重要だろう。

3 個別対応

　発達障害は生物学的マーカーの特定が未だなされておらず，投薬による治癒は難しい。現在，発達障害の主要な原因論の 1 つに多因子疾患（Neuman et al., 2007）がある。これは，遺伝と環境との相互作用により症状としての行動表現がなされるという考え方である。この理論にもとづくと，かかわりを含めた環境にアプローチする方法が大きく 2 つ考えられる。1 つは，現在の不適応や問題（と見える）行動に対する専門的対応，もう 1 つは学校生活全般における特性理解にもとづいたかかわりである。以下では，両者を個別対応と学級における対応に分けて解説する。

　ここで，二次障害について触れておく必要がある。なぜなら，特性としての一次障害がすでに行動様式として発現している場合，環境との相互作用により悪循環を維持し続けると二次障害が生じる可能性が高くなるからである。二次障害は二次的問題と二次的疾患に大別できる（角南, 2022b）。各特性における二次障害を **図 10-1** に整理する。重要な点は，一次障害の傾向があるだけで集団適応に困難を抱える可能性が高まるにもかかわらず，二次障害が生じるとより困難な状況に陥ってしまうことである。ただし，二次障害は予防できる。その 1 つの方法として，教師のかかわりが挙げられる。以下では個別対応における，専門的対応と理解にもとづいたかかわりについて研究論文にもとづき解説していく。

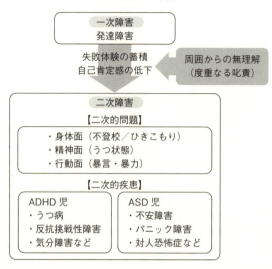

図 10-1 一次障害と二次障害との関係（角南，2022a を改変）

[1] 専門的対応：応用行動分析

　発達障害児，特に ADHD 児や ASD 児の問題行動の対応に有用とされている方法の1つが応用行動分析（Applied Behavior Analysis：以下，ABA）である。ABA は，人間の行動の分析と変容に関連し，行動に影響を及ぼしている環境事象を変えることを目的とした心理療法である。この療法では，行動は環境における特定の結果によって生じ維持されていると仮定し，主に問題行動の減少を目的とする（Kirby & Williams, 1991 田中他編訳 2011）。

　具体的には，問題行動を，事前事象 - 行動 - 事後事象に分割する機能分析（O'Neill et al., 2015）を行うことで，問題の前後にアプローチし問題行動の減少を目指す（**表 10-1**）。

表 10-1　応用行動分析の手続き

①行動観察
②行動分割
③事前／事後へのアプローチ
④行動評価

> Aくんは計算プリントになかなか取り掛からず，途中で離席し先生に注意を受けたが最後まで取り組まないまま授業が終わってしまった。

1) **行動観察** 行動観察とは行動をそのまま言語化することである。ここで，"やる気がない" "嫌なことから逃げる" "好きなことしかしない" などは主観や判断が入っており，行動そのものを表していない。行動観察では「課題提示後に離席し，最後まで課題に取り組まなかった」などで表される。

2) **行動分割** このときAくんの行動を，3分割すると図10-2のようになる。事前事象のきっかけとして計算プリントの提示があり，その後の行動で離席することにより，事後事象として課題をしないという結果になった。ここで留意したいのは，行動（離席）に対する周囲の対応である。応用行動分析では，マイナスの注目であっても強化子と位置づけ，行動を増やす影響要因とみなす。そのため，離席に対して指導するだけでなく，悪循環を維持させないような周囲の注目の仕方も重要となる。具体的には，ある程度の行動（離席など）に教師や他児が過度に反応しないことを含む。

3) **事前／事後へのアプローチ** ABAでは行動（離席）に直接アプローチ（指導）するのではなく，事前事象か事後事象に対する周囲のアプローチを変えていく。例えば，事前事象ではスモールステップによる課題の分割（50問の課題をまず3問提示する），事後事象では今までの対応と少し変えてみる（別の小さな課題をしてから休憩）など多様な工夫が考えられる。

図10-2　行動分割例

140　第Ⅱ部　教師と学級

　4）行動評価　事前/事後へのアプローチと並行して，それに伴う些細なことも評価として肯定的なフィードバックを行う（例えば，着席している，教科書を見ている，問題を1問解いているなど小さなよい状態を承認する）。この行動評価を継続して行うことが，良循環を生み出すポイントと考えられる。

　教師は子どもにとって日常の自然な環境（DuPaul & Eckert, 1997）の一部であり，その場で介入やかかわりを行うことが可能である。応用行動分析を含めた専門的知識を活用することで，子どものできることが少しずつ増えるきっかけをつくる重要な存在といえる。

[2] 理解にもとづくかかわり：子どもの多角的理解

　上述したように発達障害は遺伝と環境の相互作用であるとすれば，環境調整により状況は変化し得る。応用行動分析のほかに，日常的に実践できる教師の理解にもとづくかかわりも大切である。以下では，発達障害児に変化を促す教師の思考プロセスとかかわりについて，角南（2018）の研究を参考にADHD児を例に挙げ検討していく。

　個別対応でうまくいかず困難感を抱えたとき，教師はどのように考え，対応しているのだろうか。通常学級担任16名にADHD傾向をもつ子どもに対する困難感とかかわりについて面接調査し，文字データ化後にグラウンデッド・セオリー・アプローチを援用し分析した。その結果，8カテゴリーグループと仮説モデルが生成された。結果から見いだされたこととして，教師はADHD児に対し，学習場面，生活場面，トラブル場面において，個別対応を行ってもうまくいかないとき，個別指導の難しさ，度重なる指導をする辛さ，担任1人での対応の限界，相反する内容間に関する葛藤を抱えていた（**図10-3**）。

　その後，子ども理解（承認と内面理解）と特性理解（行動特性と認知特性）を行い，対応の再検討（状態分析，長期的視点，子どもの状態に応じた対応，子ども認知の再構成）がなされることで，子どもを新たな視点でとらえ直し，それによりかかわりに変化が生じ，結果として子どもが変容する様相が示された。すなわち，ADHD児に対し，特性以外の子ども理解として内面理解（例えば，気持ち，考え方，家庭環境など）や承認（例えば，行動，能力，努力，資質など）を行うことにより，子どもを全体としてとらえる多面的理解が促進されると考えられる。具体例を**表10-2**に示す。このような理解の仕方が子ど

第 10 章　特別なニーズのある子どもの支援と学級経営　　141

図 10-3　ADHD 児に対する教師の困難感プロセス（角南, 2018 より引用）

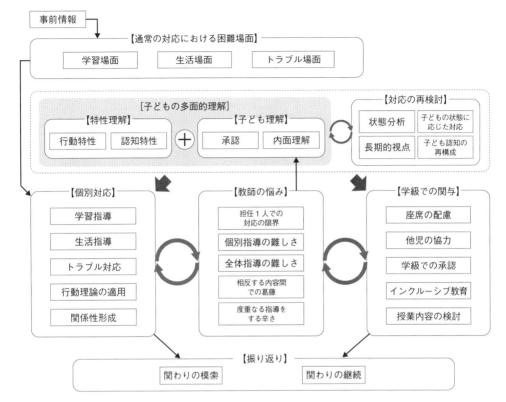

表 10-2　困難状況における教師の語りの内容（角南, 2018 をもとに作成）

発言例	カテゴリー
A先生は最初学習障害を疑うが, その後「知能も低くないし, 教えたことに関してすごい解析能力もある」という＜能力承認＞を行い, さらに「結構親から強く非難されたり怒られたり」する子どもの＜背景理解＞がなされていた.	子ども理解
そして, 子どもが学習に対して＜あきらめ＞が生じていることも把握し	特性理解
現状を「学習障害じゃなくて空白の大きさとADHDの集中が続かない部分」と「自尊感情が低められていることによる学習の不適応」. その分析をもとに数年後の自立と適応を見据えて対応することに.	対応の再検討
それに伴い現在の学習も「宿題が(他児と)同じことを望まない」という＜個別の基準設定＞に変更される. そして「(高学年の勉強が)できないからと言うのが僕のなかでは彼のなかでは△ではない. …成績上は△ですけど, 僕のなかでは彼にとっては◎」	対応の再検討

注）「　」は発言, ＜　＞は概念, それ以外は発言の要約を表す.

142　第Ⅱ部　教師と学級

もを見る視点を変え，結果として教師のかかわりが変わり，子どもとの関係性が深まる契機となることが示されている。教師の困難感は，そのときは心理的葛藤や負担の生じる極めて辛い状態であるとともに，後に振り返ると子どもの見方やかかわり方が変わる契機にもなり得ると考えられる。

4 学級における対応

　本節では，学級における対応を，専門的対応と学級でのかかわりとに分けて解説する。専門的対応として，ソーシャル・スキル・トレーニング（Social Skills Training：SST）[2]を扱う。ソーシャル・スキル・トレーニングとは，不適応な行動を修正し必要な社会的スキルを積極的に学習させながら対人行動の障害や躓きを改善しようとする治療技法である（佐藤，2008）。以下で，学級全体に対する SST を紹介する。

[1] 専門的対応：学級単位のソーシャル・スキル・トレーニング

　ADHD 傾向のある小学 2 年男児が在籍する学級におけるソーシャル・スキル・トレーニング（Classwide Social Skills Training：以下，CSST）（小泉・若杉，2006）を紹介する。立ち歩きや衝動的な行動，友だちへの妨害などが見られる対象児の在籍する学級に対し，5 回の CSST 授業を 1 週間に 1 回ずつ 5 週間にわたって実施した。その結果，問題行動が見られなくなり，教師，保護者，他児評定も上がっていた。5 回の実施内容は，挨拶の仕方，上手な聴き方，質問の仕方，仲間の入り方，あたたかい言葉かけである。事前に対象児に練習をさせてから，学級で説明，児童による見本，練習等を行った。その後，各自が 1 日の振り返りとしてトークン強化法を実施した。今回のトークン強化法は，トークン（シール）とトークンカード（シールを貼るカード）を用意し，CSST 終了後から帰りの会の時間に目標としたスキル到達を自己評価し達成できたらシールを貼るものである。

　このプログラムは，対象児が児童の見本として実演し他児からの承認を得た

2）応用行動分析を構成する一領域との見解があるが，応用行動分析と異なり問題行動に対するアプローチではなく予防的な意味合いを含む社会性に関するスキル獲得を目指している。

表10-3　CSSTにおける介入プログラム（中西・石川・神尾, 2016 より）

回	ターゲットスキル	ねらい	指導内容
第1回	聞くスキル	相手が気持ちよく話ができるような聞き方を身につける。	話し相手が気持ちの良い聞き方と不快な気持ちになる聞き方のモデリングを見せ両者の違いについて考える。その後ロールプレイを実施する。
第2回	主張スキル	相手と自分の気持ちを大切にした伝え方を知る。	アニメのキャラクターを用いて攻撃的・非主張的・主張的な伝え方のモデリングを見せ，自分と相手の両者にとって気持ちの良い伝え方について考える。その後ロールプレイを実施する。
第3回	感情コントロールスキル	怒り喚起場面で感情をコントロールし，自分の思いを上手に伝える。	アニメのキャラクターを用いて怒り喚起場面における適切な感情のコントロール方法と伝え方のモデリングを見せ，全員でコントロール方法の練習をする。その後ロールプレイを実施する。

こと，学級全体にも必要なスキルであること，対象児の問題行動が見られなくなったことから有用だといえる。課題は，手続きと実施を対象児の補助者（大学院生）が行っているため，通常は教師の負担が増えることである。対策として，自己評定を各児童が行うなど教師は上記5つの内容を学級に合った形で応用することで（例えば，各回で必要な声かけを子どもに提案させた後に練習したり，目標とした行動を教師が承認したりするなど），有用なスキルを意識し実践することは学級経営にとっても意味があると考えられる。

　次に，中学1年を対象にしたASD特性をもつ生徒の在籍する学級におけるCSST（中西他, 2016）を紹介する。介入群（ASD特性高群9名と低群54名）に対する全3回のCSSTを実施した。介入プログラムは，聴くスキル，主張スキル，感情コントロールスキルの3つが選定された。いくつかのパターンのモデリングを示して生徒に考えさせた後，実際に練習を含むロールプレイを実施した（**表10-3**）。実施前後に参加生徒に対し対人応答性尺度や学校適応感尺度などの自己評定を依頼し，変化を測定した。その結果，統制群（介入のないASD特性高群5名と低群51名）と比較して，ASD特性高群では有意な社会的スキルの向上と身体的ストレス反応の低下が，低群では学校適応感の向上が見られた。

　プログラムの実施によりASD特性高群だけでなく低群にも学校適応感に関する効果がみられたことから，インクルーシブ教育の観点からも発達障害児が

144　第Ⅱ部　教師と学級

在籍する学級で CSST を実施することは，有用な介入の 1 つだと考えられる。

[2] 学級でのかかわり：発達障害児・他児・学級全体

　個別対応が必要な場面では，主に問題行動に対する解決的関与が中心であった。学級でのかかわりでは，日常場面のなかで予防的意味合いを含み居場所や自己肯定感を育んでいく視点が大切である。日常の小さなやりとりの積み重ねが，教師と発達障害児，教師と他児，子ども同士の関係をつなぐ架け橋を築いていくだろう。

　1) 発達障害児に対する学級でのかかわり　教師の発達障害児に関する前述の面接調査で，困難感や個別対応とともに学級でのかかわりも語られた（角南，2018）。分析の結果，座席の配慮，授業内容の検討，他児の協力，学級での承認，インクルーシブ教育，の 5 カテゴリーが導出された。以下では，このうち 3 つを詳説する。

　他児の協力は，発達障害児の苦手な活動を他児が助ける内容である。教師が直接関与せずその役割の一部を他児が行うことにより，子ども同士の相互関係のなかでできることが増えていく支援方略の 1 つといえる。マッチングとともにうまく作用すれば，友だち関係を深める契機にもなり得る。ただし，支援され続ける状態が続く場合に留意すべき点として，支援関係が固定されると，被支援者（発達障害児）の自己肯定感と他児と対等な立場としての居場所感が低下する可能性があることも考慮しながら進める必要があるだろう。

　学級での承認は，発達障害児の良さを学級のなかで伝えることが含まれる。教師は教育の性質上，行動に注目しがちな職業ともいわれる。教育的観点から問題行動を改善することは重要である一方，できていない行動に目を向け過ぎると指導が増えるため，学級のなかの居場所感と自己肯定感という観点からは別の視点も意識する必要があると思われる。その 1 つが，この学級での承認である。教師と 1 対 1 のときに承認するだけでなく，学級活動のなかでその一員として承認することが重要になる。このことを A 先生は以下のように語った。「この先生，俺のいいところわかってくれるわっていうのはやっぱり伝えないといけないなと思ったので。声で，言葉で，クラスのみんなにも」。先生がわかってくれること，さらに周囲の友だちにもその内容が伝わること，この 2 つが両立して居場所感と自己肯定感につながると考えられる。

第 10 章　特別なニーズのある子どもの支援と学級経営　145

インクルーシブ教育は，ルールの明確化と視覚的支援が含まれる。具体的に，ルールの明確化は「学習規律を整えながら授業を進め」ることを指している。発達障害児の多くは，実行機能[3]の弱さに関連し見通しがもちにくい（Barkley, 1997；Gerland, 2005 萩原監修 2010）。見通しがもちにくいことで，ADHD 児は多動／衝動的な行動が表出されやすく，ASD 児は不安が生じやすい（APA, 2022）。したがって，学級の枠組みとしてルールの明確化を積み重ねることで，発達障害児だけでなく他児，そして教師も授業や活動が進めやすくなると考えられる。また，見通しに関する視覚的支援は，ADHD 児には不注意により指示を聞けていなかったときの再確認手段として，ASD 児には安心材料として機能するだろう。これらは他児にも有用であり，インクルーシブ教育として実施することで学級経営にも肯定的影響が及ぼされると考えられる。

2）他児に対する学級でのかかわり　上述したように他児の協力は，支援関係が固定し続ける場合，被支援者の自己肯定感への配慮だけでなく他児の立場も考慮する必要があるだろう。すなわち，他児は問題行動が見られなくても，支援する側の立場だけではなく，学級の大切な一員であり発達障害児と同様に教師とのかかわりを望んでいる存在であるということを意識することも大切である。

ここで，2 学期後半になっても授業が成立しない状態が続いていた小学校高学年の学級における実践事例を紹介する（角南，2023）。4 月以降次第に授業が成立しないという教育困難な状況となり，問題行動が見られる発達障害児を含む複数の対象児だけでなく，学級全体としてこれまでと違うかかわりが必要だと考えられた。学校全体として教育困難な状況であったため，教育委員会から筆者が依頼を受け，全教員を対象に 3 回の教育相談研修を行った。第 1 回に現状と今後の枠組みを全体で共有後，第 2 回で教師がそれぞれ自身の学級での目標を実験計画として設定した（**表 10-4**）。学年末に学級が少しずつ落ち着いてきた第 3 回の振り返り時に，B 先生により実施内容として書かれたのが**表 10-5** である。

大変な状況であっても，日々意識して少しずつ実践する子どもたちとの小さ

3）高次の認知能力のこと。例えば，長期的な結果を見据えて計画する，目標指向行動を選択してそれを開始する，注意を持続したり分割したりするなど（Gerland, 2005）。

表 10-4　教師による「実験設定」 （角南, 2023 より）	表 10-5　B 先生の振り返り （角南, 2023 をもとに作成）
・ノートの振り返りに反応するコメントを残す ・子どもとのコミュニケーションの工夫 ・少しでも良い変化があればほめる ・優しく接する ・日常生活について尋ねる ・受容する言葉を増やす ・思いを受け止めてそれを言葉と態度で示す ・子どもを信じる ・必ず一日一回は全員と関わりをもつ	実施内容：必ず一日 1 回は全員と関わり 　　　　をもつ 小さな変化： ・毎日クラス全員の子と話すようになり教 　師への信頼感が増した ・いざという時の指示や指導が入りやすく 　なった ・困ったことや悩みなど伝えてくれるよう 　になった。

なかかわりの連続が，結果的に学級全体の変化を促すことにつながっていく。

　3）**学級全体に対するかかわり**　問題行動が見られ，発達障害児を中心に対応せざるを得ない状況のなか，該当児に対する教師の見方が変わるとともに，他児にも目を向け始めると，教師とそれぞれの子どもとの関係性が少しずつ形成されていくのを感じるはずである。教師との相互作用が良好になるにつれて，発達障害児と他児との関係にも変化が生じる可能性がある。教師の声かけや振る舞いを見て，子どもたちは発達障害児へのかかわり方を見本として学んでいくからである。

　学級に対するかかわりを考えるとき，そのとらえ方についても検討する必要がある。学級を全体としてとらえることは，1 つの流動的なまとまり（集団力動性）として状態を把握することになるとともに，時間経過や発達という観点をも伴うことになるだろう。Ahnert et al.（2006）の個と集団への愛着形成に関する研究は，集団における関係形成の参考となる。そこでは，1 対 1 の関係性では「二者関係の敏感性」が，集団に対しては「集団的敏感性」が必要だとしている。「集団的敏感性」とは「集団全体に目を配りながら子どもの個別性に敏感に応答し，ニーズに注意を払いつつ子どもの行動を適切に制限し環境を構造化する（野澤他, 2016）」ことである。すなわち，効果的な集団に対するかかわりとして，集団性を意識しながら同時に子ども一人ひとりと丁寧にかかわり，先述したようにルールを含めて環境をわかりやすく構造化することといえるだろう。この内容は，見通しをもちにくい発達障害児と他児がともに学ぶ場においてより有用だと考えられる。

5 発達障害児が在籍する学級における教師の専門性

　特性によって他者および集団でのかかわりが難しい発達障害児は，教師の介入が必要である（角南，2022a）。これまで述べてきたように，指導が難しい発達障害児への個別対応では，問題行動の減少を目指した応用行動分析の使用も有用である。また，かかわりについては，特性以外の部分に関する承認や気持ちを含む子どもの多面的理解とともに，教師自身にも目を向けることにより子どものとらえ方に変容が生じ，結果的に子どもの肯定的な変化が促されていた。ただし，問題が生じてからのかかわりは事後対応となってしまう。学級のなかで注意されることの多い発達障害児の居場所感と自己肯定感を考えたとき，CSST やインクルーシブ教育等に加え，日常場面におけるかかわりが学級経営にも関連すると考えられる。具体的には，教師と発達障害児，教師と他児，同時に子ども同士をつなぎながら学級全体としての視点をもつことなどである。これらは相互に影響し合っており，予防的であるとともに悪循環の維持から異なる方向に向かう契機にもなり得るだろう。学期の途中で困難感が大きい状況では，このような学級でのかかわりを積み重ねていく過程の意味に気づくのは少し先になるだろう。学年末に改めて振り返ったときに，継続してきた小さな努力が実は子どもたちのためだけでなく自身の経験と学びにもつながっており，教師としてのやりがいが生じているかもしれない。少し長期的な視点をもちながら小さなかかわりを日々続けることが，発達障害における教師の専門性の１つだと考えられる。

　子どもが平日最も長く過ごすのは学校であり，必然的に多くかかわる大人は担任となる。発達障害児および周囲の困難感は一人で自由に過ごしているときでなく，社会的場である学級のなかで生じることを改めて意識することは大切である。そこで，教師と関係を形成しながら，教師の介入のもとで他児とつながり，学級に安心できる居場所ができるなら，発達障害傾向をもつ子どもが生涯にわたりわずかでも他者への信頼感と小さな自己肯定感を心のどこかにもち続けることができると思われる。

148　第Ⅱ部　教師と学級

本章のキーワード

発達障害児，個別対応，学級でのかかわり，学級経営，居場所感と自己肯定感

【引用文献】

Ahnert, L., Pinquart, M., & Lamb, M. E. (2006). Security of children's relationships with nonparental care providers: A meta-analysis. *Child Development, 77*(3), 664-679.

秋山邦久（2004）．特別支援教育に対する小中学校教員の意識に関する調査研究．人間科学研究, *26*, 55-66.

American Psychiatric Association. (2022). *Diagnostic and Statistical Manual of Mental Disorders. DSM-5-TR* (5th ed Text Revision)（高橋三郎・大野　裕（監訳）染矢俊幸・神庭重信・尾崎紀夫・三村　將・村井俊哉・中尾智博（訳）(2023). DSM-5-TR 精神疾患の診断・統計マニュアル 医学書院)

Barkley, R. A. (1997). *ADHD and the Nature of Self-control*. Guilford press.

Chamberlain, B., Kasari, C., & Rotheram-Fuller, E. (2007). Involvement or isolation? The social networks of children with autism in regular classrooms. *Journal of Autism and Developmental disorders, 37*(2), 230-242.

DuPaul, G. J., & Eckert, T. L. (1997). The effects of school-based interventions for attention deficit hyperactivity disorder: A meta-analysis. *School Psychology Review, 26*(1), 5-27.

Gerland J. (2005). Neisworth, J. T., & Wolf, P. S. (Ed.) *The Autism Encyclopedia*. Paul H. Brookes Publishing.（荻原　拓（監修）(2010). 自閉症百科事典（p. 62) 明石書店)

廣嶌　忍（2007）．ディスレクシアについての理解の現状: 公開講座受講者を対象にしたアンケート調査より　岐阜大学教育学部研究報告 人文科学, *56*(1), 205-214.

Hoza, B., Pelham, W. E., Milich, R., Pillow, D., & McBride, K. (1993). The self-perceptions and attributions of attention deficit hyperactivity disordered and nonreferred boys. *Journal of Abnormal Child Psychology, 21*(3), 271-286.

梶原由貴・浅川潔司・田中　健・福井紫帆（2012）．発達障害児に対する担任教師の態度と児童の学級適応感の関係に関する学校心理学的研究　学校教育学研究, *24*, 39-46.

Kirby, J, R., & Williams, N. H. (1991). *Learning Problems*. 2nd ed. Kagan & Woo Limited.（田中道治・前川久男・前田　豊（編訳）. (2011). 学習の問題への認知的アプローチ——PASS理論による学習のメカニズムの理解　北大路書房).

小泉令三・若杉大輔（2006）．多動傾向のある児童の社会的スキル教育——個別指導と学級集団指導の組み合わせを用いて　教育心理学研究, *54*(4), 546-557.

文部科学省（2001）．21世紀の特殊教育の在り方について（最終報告）　https://www.mext.go.jp/b_menu/shingi/chousa/shotou/006/gaiyou/010101.htm（2024年11月25日）

文部科学省（2017）．発達障害を含む障害のある幼児児童生徒に対する教育支援体制整備ガイドライン——発達障害等の可能性の段階から，教育的ニーズに気付き，支え，つなぐために.　http://www.mext.go.jp/a_menu/shotou/tokubetu/1383809.htm（2024年2月28日）

文部科学省（2022）．通常の学級に在籍する特別な教育的支援を必要とする児童生徒に関する調査結果について　https://www.mext.go.jp/content/20230524-mext-tokubetu01-000026255_01.pdf（2024年2月27日）

村田朱音・松崎博文（2008）．特別支援児が在籍する通常学級における包括的な学級支援（1）通常学級における現状と課題　福島大学総合教育研究センター紀要, *5*, 55-61.

中西　陽・石川信一・神尾陽子（2016）．自閉スペクトラム症的特性の高い中学生に対する通常学級での社会的スキル訓練の効果　教育心理学研究, *64*(4), 544-554.

Neuman, R. J., Lobos, E., Reich, W., Henderson, C. A., Sun, L. W., & Todd, R. D. (2007). Prenatal smoking exposure and dopaminergic genotypes interact to cause a severe ADHD subtype. *Biological Psychiatry, 61*, 1320-1328.

野澤祥子・淀川裕美・高橋　翠・遠藤利彦・秋田喜代美（2016）．乳児保育の質に関する研究の動向と展望　東京大学大学院教育学研究科紀要, *56*, 399-419.

O'Neill, R. E., Albin, R. W., Storey, K., Horner, R. H., & Sprague, J. R. (2015). *Functional Assessment and Program Development for Problem Behavior: A Practical Handbook* (3rd ed.). Stanford, CT: Cengage Learning.

佐藤正二（2008）．社会的スキル訓練　中島義明（編）　心理学辞典（第14刷）(p. 371)　有斐閣

角南なおみ（2018）．ADHD 傾向がみられる子どもとの関わりにおいて生じる教師の困難感のプロセスとその特徴――教師の語りによる質的研究　発達心理学研究, *29*(4), 228-242.

角南なおみ（2022a）．発達障害傾向のある子どもの居場所感自己肯定感を育む関わり　今井出版

角南なおみ（2022b）．発達障害における教師の専門性　学文社

角南なおみ（2023）．子どもとのより良いかかわりを育むための一人で学べる体験型ワークショップ　今井出版

Wong, H. K., & Wong, R. T. (2009). *The First Days of School: How to be an Effective Teacher*. Harry K. Wong Publication.（稲垣みどり（訳）（2017）世界最高の学級経営――成果を上げる教師になるために　東洋館出版）

第Ⅲ部

学級経営支援

第11章
学校組織における「教員の学びと省察」への心理学的接近

1 教員の学びを支える理論的基盤

[1] 教室実践と教員の学び

　教室では日々，授業と学級経営を中心に多彩な取り組みが実践されている。こうした教室実践はどのような特徴を有しているのだろうか。第1に，唯一の正解を想定することが難しい。だからこそ教員には，裁量としての個別性や自律的な意思決定が許容されている。第2に，実践と連動する学術的基盤が必ずしも整っていない。現在に至るまで「学級経営学」という研究領域が確立されていると言いがたいのは，その現れであろう。こうした特徴のために教員の学びは，多元的で多層的な視点からの考察が可能になるのである。

[2] 教員の学びの核心に位置づく「省察」

　プロフェッショナルとは何か。まずはこの問いからスタートしなければならない。Schön（1983 柳沢・三輪監訳 2007）は「省察的実践」論のなかで，それまでとは異なるプロフェッショナルの姿を提起した。古典的なプロフェッショナルである医師の場合，患者への処置は，科学的で標準化された理論や技術に即して実行される。そのため，医師が誰であれ患者が誰であれ，病態の診断が同じなら処置もほぼ同じようなものになる。Schön（1983）はこれを「技術的合理性（technical rationality）」のモデルと呼んだ。ところが教員の場合，こうはいかない。ある子どもに有効だった対応も別の子どもには有効でないかもしれない。ある教員で効果的とされた対応を別の教員が実践しても，必ずしも効果を及ぼさないかもしれない。教員がたえず向き合っているのは，学術的な理論や技術の適用では如何ともしがたい，複雑で不確かで価値観の衝突さえも起こりうる事態だからである。そうした事態のなかで教員は，行為しながらつ

ねに考え，考えながら行為している。Schön（1983）が焦点を当てたのは，技術的合理性のモデルでは説明しえない教員のようなプロフェッショナルの姿であり，それを「省察的実践者（reflective practitioner）」と表現した。

　かくして法則定立科学の成果の適用・実行でまかないきれないことが，教員の学びを難しくすることになる。教員の学びを難しくする要素はほかにもある。それは教員の実践行為が，「過剰学習（overlearning）」と「暗黙知（tacit knowing）」に特徴づけられている点である。

　教室において1つとして同じ状況は存在しないが，教員はなじみのない状況もなじみのある状況とみなすことで，過去の経験にもとづいて獲得した行為のパターンを別の状況に適用して実践することができる。ところが，これを続けていると，かつてどこかで経験したことのある状況ばかりが多くなり，そこでの行為も反復されることになる。その結果，「過剰学習」（Schön, 1983）と呼ばれる状態を引き起こす。このような状態に陥った教員は，決まり切った応答しかしなくなり，状況の細部への注意が疎かになる。こうしてルーチン化した実践は，個々人や状況のもつ個別具体性を看過しうる点において，望ましい問題解決をもたらさない（e.g., 三品, 2011）。

　また，自転車に乗れるものがその乗り方を言葉でうまく説明できないように，教員も行為のすべてを表現する言葉をもちえない。行為が「暗黙知」（Polanyi, 1966 高橋訳 2003）に支えられているからである。身体に埋め込まれ，状況のなかで自動的に作動する暗黙知のおかげで実践は円滑になるが，自らの授業や学級経営を根本から問い直すことを難しくする。もっと望ましい実践ができたかもしれないのに，問い直さなくなることで，その可能性を自ら減じてしまうのである。

　こうした事態に対応すべく取り入れられたのが，「省察（reflection）」という心的概念である。パターン化しルーチン化した実践を問い直し，状況に対してより敏感で，創造的な実践を遂行するための心的な営みとして省察は位置づけられている（e.g., 三品, 2011）。

　ならば，省察とはどのような心的営みなのか。津守（1980）は，「反省に考察を加えること」（p. 9）と簡潔に定義しながら，「体験として，ほとんど無意識の中にとらえられている体感の認識に何度も立ち返り，そのことの意味を問うのである。意味を見出すことによって，過去は現在になり，そして未来を生

第11章　学校組織における「教員の学びと省察」への心理学的接近　　155

み出す力になる」（p. 9）と書き添える。Mezirow（1991 金澤・三輪監訳 2012）
は，「自分たちがこれからおこなうことやすでにおこなったことについて「立
ち止まって考える」こと」（p. 146）と概述するとともに，「過去の学習につい
て意図的な再評価をおこない，その内容，プロセス，想定のゆがみを見極め正
すことを通して，これまでの学習の妥当性を再検討する作業」（p. 22）と，「内
容」「プロセス」「想定」という省察の対象を含めた定義をする。省察とは英語
の"reflection"を訳出した言葉の1つだが，概念定義の多様さに訳語のゆら
ぎも加わって，この概念はつねに曖昧さを伴ってきた。ただ遠藤（2014）が
強調するように，「自分の良くなかった点を改めようとするだけの「反省」や，
過ぎ去った事柄を思い出すだけの「振り返り」や，自分の意識や感情に気づく
だけの「内省」とは全く異なる概念である」（p. 165）。本章で"reflection"に
「省察」という訳語を当てているのは，このためである。そして結論的にいえ
るのは，省察が思考の内容とプロセスを意味する概念にほかならないというこ
とである。

2 「省察」概念の心理学的理解

[1]「省察」に近接する心理学的概念

　省察は教師教育の基幹概念であるにもかかわらず，その内容とプロセスが具
体的にわかりやすく説明されているわけではない。こうした現状の解決に，心
理学が寄与する可能性が期待される。なぜなら心理学のなかに，次に示すよう
な省察に近接する概念を見つけることができるからである。なお，省察として
求められる思考の内容とプロセスをいかに措定するかという問題は，省察が教
員の学びの核心に位置づく概念であることを考え合わせるなら，何をどのよう
に思考する教員をよい教員とみなすかという問題とほぼ同義になる。

　1）批判的思考　「批判的思考（critical thinking）」には，それが広範な思
考を含む概念であるがゆえに，複数の定義が存在している（楠見, 2011）。た
だし，いずれの定義もその中核部分には，「目標にもとづいて行われる論理
的思考」と「意識的な内省を伴う思考」があると楠見（2011）はいう。また
Zechmeister & Johnson（1992a 宮元他訳 1996）は，①問題に対して注意深く
観察してじっくり考えようとする態度，②論理的な探究法や推論の方法に関す

156 第Ⅲ部　学級経営支援

る知識，③それらの方法を適用する技術，の3つを批判的思考の主要な構成要素として挙げている。

　私たちは，この仕事をいかに片付けるか，次の休日は何をして過ごそうか，などと考える。しかしそれは多くの場合，それまでの経験や自分なりの常識にもとづいて直感的に考えて答えを出すものでしかない。批判的思考とは，こうした日常的でありふれた思考とは別のものだと指摘されている（道田，2008；Zechmeister & Johnson, 1992a）。批判的思考が省察とつながりの深い概念だとすれば，省察は日常的で習慣的な思考とは別種類のものといえそうである。

　2）原因帰属　私たちはふだん，自分や自分の周囲で出来事が起こると，「原因は何だろう？」と考える。このような因果関係を探る思考を「原因帰属（causal attribution）」という。原因をどこかに帰属したとしても，それが原因かどうかは実のところわからない。しかし私たちは，理由（らしきもの）が見つかると安心するし，「わかった」という感覚を抱くのもこうしたときである。原因帰属は，誰もが日常的に経験する一般的な心理である。省察には，日常生活から問題を抽出して，そこに潜在する課題や根源的な原因を分析するという一連の思考プロセスがある（久我，2011）とされるが，原因帰属が省察と不可離に結びついていることは明らかであろう。

　3）メタ認知　三輪・齋藤（2004）によれば，「メタ認知（metacognition）」とは「自分自身の認知過程に関する認知のこと」（p. 146）であり，メタ認知に関する知識である「メタ認知的知識」と認知プロセスや状態に対する監視や調整を意味する「メタ認知的活動」に大別できるという。さらに「メタ認知的活動」は，「モニタリング」と「コントロール」に分けることができるという。以上をふまえて三輪・齋藤（2004）は，省察をメタ認知的プロセスの1つと定位したうえで，省察はモニタリングとコントロールといった活動を行うことで達成されると論じている。

[2] 心理学的概念の複合としての省察の再定義

　批判的思考，原因帰属，メタ認知の3つは，省察と近似した概念であることから，省察をこれらの心理学的概念を主要素とする複合的な概念として定義し直すことができるように思われる。

　まず，省察の中核には批判的思考が位置づく。Zechmeister & Johnson

第11章　学校組織における「教員の学びと省察」への心理学的接近　　157

(1992b 宮元他訳 1997) が「省察的思考 [1] という概念は，本書でわれわれがクリティカルな思考と呼ぶものとほとんど同じものと考えてよい」(p. 242) と断言することからも妥当であろう。そして，その批判的思考の中心にあるのが，クオリティの高い原因帰属であろう。Zechmeister & Johnson (1992a) も「クリティカル思考の基本として，何よりもまず，われわれの原因帰属のあり方に関連する原則を知っておく必要がある」(p. 17) と言及している。もっとも，原因を帰属するだけなら，それは日常的な思考にすぎない。「クオリティの高い」というのが必要条件となる。吉田 (2004) は，批判的思考を「自他の思考に対して，"なぜそう思ったのか"，"何か不適切な面はないか"，"他には考えられないか" などと，合理的・理性的・多面的・柔軟に考えること」(p. 363) と定義した。この合理的・理性的・多面的・柔軟に考えることがクオリティの高さを担保することになるように思われる。さらに，吉田の定義にある「"なぜそう思ったのか"，"何か不適切な面はないか"，"他には考えられないか"」という部分は，自らの思考への意識的なモニタリング，コントロールに相当するとも考えられ，これをメタ認知的活動と表現することに大きな異論はないであろう。すなわちメタ認知は，クオリティの高い原因帰属を助け批判的思考を精緻にする働きを担うといって差し支えないだろう。なおメタ認知は，Mezirow (1991) が区分した「問題の想定の省察」のような，最も高次で重要とされる省察とも分かちがたく結びつく。ある対象に対して批判的に思考しても，誰もが同じ結論に至るわけではない。私たちは何らかの枠組みや価値に照らしてしか対象をとらえることができず (e.g., 山中, 2023)，このような認識の前提が人によって異なっているからだ。それでいて私たちは，自らがどのような認識の前提を保持しているか，ほとんど意識することがない。メタ認知的活動を繰り返すことで，一人ひとりに隠された認識の前提を浮き立たせる効果が見込めるのである (道田, 2008)。

　約言すれば，省察とは，批判的思考を基軸に原因帰属とメタ認知を相乗的に働かせる心的営みとして心理学的に理解することができるのである。

---

1) 省察の原点とされる Dewey (1933 植田訳 1951) の概念を指す。

158 第Ⅲ部 学級経営支援

３ 「省察」プロセスの精緻化：課題と手掛かり

省察のプロセスにはいかなる難しさがあるのか。まずはこの点を素描しよう。そして，前記した暗黙裡で自明的な認識の前提を懐疑し揺り動かすには，メタ認知的活動を重ねることのほかに，認識論的パラダイムの転換に関する学術論議について学ぶことが大きく貢献するように思われる。

[1] 実践の言語化という難題

原因帰属プロセスの初期段階に位置するであろう「実践の言語化[2]」という課題を取り上げる。ここには，教員ならではの難しさが加わることになる。

山中（2014）は，教員の専門性が静態的で脱文脈的な側面と動態的で文脈依存的な側面の２つから構成されると論じる。教員が学習指導や生徒指導等に関する知識を獲得しているかどうかにかかわる専門性が前者である。また，授業や学級経営は教員と子どもが相互作用を重ねながらダイナミックに展開していくものであり，しかもその実践は，それぞれに異なる具体のなかで生起する。したがって教員の専門性は，動態的で文脈依存的なものと表現しうることになる。これが後者である。山中（2014）の主張は，Schön（1983）と近似する。Schön（1983）では，"knowing" と "knowledge" が明確に区別される。前者は，実際の行為のなかで自動的に暗黙的に作動する場面固有の動態的なものとして措定され，この点において静態的な後者との区別が図られる（山中, 2018）。授業や学級経営の実際を考え合わせれば，教員の専門性の中心にあるのは文脈に依存した動態ということになろう。

ここに，教師教育にとって看過できない課題が現れる。動態のままでは，私たちは思考することもそれをもとに他者と議論することも，ままならないという現実である。そこで，行動という動態も，言葉にした瞬間に静態へと転換される（e.g., Schön, 1987 柳沢・村田監訳 2017；山中, 2014）という特質が利用されることになる。そうすることで私たちは，自らの行動を思考の対象にする

2）山中（2021）は，省察を２つの概念で置換することを提案したが，そのうちの１つが「実践の言語化」であった。ちなみにもう１つは「批判的思考」である。

とともに，他者と議論することができるようになる。

　それでもなお，さらなる困難が潜む。それは，原理的に動態のすべてを静態に転化できないという事実である。そこにおいては，捨象もしくは抽象という操作が必然となる（中村, 1992）。これが実践の言語化に伴う難点となる。私たちは，言葉にしたもの（あるいは，できたもの）しか思考（省察）の対象にすることができない。別言すれば，言葉にしなかった（あるいは，できなかった）何かをつねに後に残してしまうことになる。そして，何を言葉として残すのかは，実践者の選択に任される。ところが，この一連のプロセスを実践者が意識することはほとんどない。言葉にならなかったもの，つまり思考（省察）の対象にならなかったもののなかに，大切な何かがあったかもしれないのにである。こうして実践の言語化が省察のプロセスの課題として現前し，教員には，実践を言語化するプロセスへの可能な限りの意識的配慮が要請されることになるのである（e.g., 山中, 2021）。

[2] 原因帰属の陥穽 3)

　社会心理学や認知心理学の分野を中心に，認知の特徴的傾向が明らかにされてきた。「ステレオタイプ的認知」「仮説確証バイアス」「気分一致効果」等がそれにあたるが，このような認知の歪みともいうべき特徴については，詳解した他書（e.g., 道田・宮元, 1999）を参照されたい。ここでは，原因帰属の一部に焦点を絞って論じよう。

　1）語彙による制約　Mills（1940）の「動機の語彙（vocabularies of motive）」論は，社会学の主要な古典理論の1つだが，「心理学的な帰属理論などとも部分的に重なり」（井上, 2008, p. 20）合う。井上（2008）の解説を手掛かりに考察してみよう。

　動機の語彙論とは，人々の動機を「語彙（ボキャブラリー）」としてみなす理論である。どんな社会にも，動機に関する類型的なボキャブラリー（常識的な意味連関を示す既成の語彙）が存在している。例えば，あの行為は「嫉妬」のせいだとか，この行為は「保身」のためだろうといった具合にである。人々

3）ここでの考察の多くが，個体主義パラダイムが孕む問題に関する石黒（1998）の論考からヒントを得たものであることを明記しておきたい。

は，行為者あるいは観察者として，こうした類型的なボキャブラリーを用いて他者と自分の行為を解釈して説明し，その行為の意味を理解しようとしている。したがってこのプロセスは，行為者の内部に存在する動機を「発見」するというよりもむしろ，既成のボキャブラリーを用いて行為に適切な動機を「付与」する試みということになる。

　教員が自らの，あるいは子どもの行動を解釈する場合を仮想してみよう。このとき行動の解釈には，学校という社会に類型的なボキャブラリーが不可避的に関与し，そこにおいて教員個々がどのような語彙のバリエーションを有しているかに依存することになる。ある事象に関する教員の語彙がとても少なかったり偏っていたりしていたとしても，解釈はその語彙の範疇でしか行われない。事例の解釈にあたって，ある教員がAとBという2つの語彙しかもっていなかったとしたら，そのどちらかを使ってしかその事例を解釈することはできない。結果的に，いつも同じような解釈になってしまうこともあるだろう。しかし，A，B，C，Dという4つの語彙をもっていたなら，その4つの選択肢を用いて解釈することができる。選択肢としての語彙は，多くあったほうが，幅広い角度からの解釈を可能にするであろう。

　2）単一的で簡便な要因への帰属　学校現場の問題は，様々な要因が絡み合って生じている。解決に向けた選択肢も複数あるはずである。ところが現実には，時間的逼迫も加わって，もっともらしい原因に何か1つ思い当たると，思考を止めてしまう場合が少なくない。また，原因のすべてを挙げることはできないため，原因のなかでも特に重要と思えるもので代表させる傾向も知られている（松岡，1992）。問題への対処にしても，おそらく最も簡便なのが，子ども個人の問題として処置することであろう（石黒，1998）。いじめや不登校は，学級というシステムに埋め込まれた問題であるかもしれないのにである（e.g., 柳，2005）。

　3）心理学的概念が覆い隠す個別具体性　他の子どもと一緒に活動できていないように見えるAがいたとしよう。このとき教員は，なぜAは他の子どもと一緒に活動できないのかと問うかもしれない。そして，その原因をAの「協調性」のなさに帰属し，Aをそういう子どもとして理解するかもしれない。協調性は，具体を抽象した構成概念であるため，時や場所に依存することなく誰に対しても適用することができる。ところがそれゆえに，そのときAは他の

子どもとどのようなやりとりをしていたのか，これまでＡは教員や他の子どもとどのような相互作用の歴史を積み重ねてきたのか，といったＡと周囲の相互作用の文脈性や歴史性を覆い隠してしまう。Ａの行動を心理学的概念で置換した教員は，Ａの個別具体的な行動や事態の丹念な分析を放棄してしまうかもしれないし，結果として，Ａの個別具体的な行動や事態が有していた意味を知ることもできなくなってしまうかもしれない（石黒, 1998）。

［3］ 自明的前提への懐疑を誘う認識論的パラダイムの転換

あらゆる学術領野において，認識論的パラダイムの転換を確認することができる。心理学も例外ではない。「個体主義パラダイム」「個体能力主義」等と呼称されるものから，「関係論的パラダイム」「社会構成主義」「状況論」等と表現されるものへの転換が認められる。本章では，それぞれのパラダイムを「個体主義パラダイム」「関係論的パラダイム」という概念で総称して論じていく。ただし，各パラダイムの詳細は別書（e.g., 野村, 2017）に譲り，ここでは両者の違いを簡潔に説明するに留めたい。端的にいうと，両者を基底する認識論がまるで異なっている。個体主義パラダイムを支えているのは，人々の行動や心理を「個人の心のなかのプロセス」として観察したり記述したりすることができるとする立場の認識論である（e.g., 有元, 2019）。一方の関係論的パラダイムは，個人と環境の二項図式を前提せず，両者を一体不可分なものとして定位し，人々の行動や心理は，他者や状況との「関係のプロセス」として現れ，とらえられるとする立場の認識論に，その礎石を置いている[4]（e.g., 石黒, 1998；香川, 2008）。

個体主義パラダイムは，現在の私たちの社会に流通する素朴な考え方であり，今なお心理学の主流をなす認識論でもある。私たちの社会は，「○○力」という言葉であふれている。学校現場にあっても，「授業実践力」「学級経営力」「コミュニケーション能力」といった具合にである。ここで留意すべきは，鈴木（2022）が説くように，「力」という言葉を使うことで，それは個人の内部

---

4) 誤解すべきでないのは，関係論的パラダイムの認識論が，環境から独立した実在として定位された個人が因果論的に社会的環境の影響を受けたり周囲に影響を及ぼしたりするといった従前の社会心理学のそれではないことである。

に存在するものというとらえ方を暗に指示してしまう点にある。「○○力」と表現されると，それが「個人に内在する潜在的なパワー」として自明視されてしまうのだ。問題が個人化され，問題を成立させている関係への視座を閉ざしてしまう（石黒，1998）ことにもなりかねない。コミュニケーション能力を例にとると，先人たちが，おそらくは自他の行動の相違を説明するために，コミュニケーション能力という構成概念を考案したにすぎない。すなわちコミュニケーション能力とは，私たちが日々の生活のなかで使う考え方の1つであり，世界の理解の仕方の1つなのである（e.g., Burr, 1995 田中訳 1997）。他方で関係論的パラダイムに立脚すれば，コミュニケーション能力とは，そのときどきの状況にあって，他者や道具あるいは目的等との関係のなかで，人々が行う社会文化的な実践を通してそのつど立ち現れる（可視化される）現象ということになる（e.g., 佐伯，2001）。

　学級における他者理解という問題に対しても，関係論的パラダイムは，そこで自明視される前提に問い直しを迫ることになる。山中（2012, 2023）は，次のように解説する。「気になる子」「できない子」などの言葉を私たちが想起するとき，往々にしてその原因は当該の子どもにあると考えている。「気になる」のはその子に原因があるのであって，「できない」のはその子に何らかの問題があるからだと。しかしこれは，個体主義パラダイムという私たちの世界の理解の仕方の1つを反映したものにすぎない。山中（2012）は，授業中に誤答するAが「できない子」と定義されていくしくみについて考察している。授業中，教員からの発問にAが誤答したとする。もちろん，A以外の子どもも間違える。ところが，Aが誤答したときに限って，他の子どもがそれを囃し立てるような反応をしたとすればどうだろうか。しかもそうしたやりとりを繰り返したとしたら。教員がこのやりとりに加わることもあるだろう。ここに描かれているのは，子ども同士あるいは教員と子どもの関係のなかで，成員による日々の相互作用を通して，Aが「できない子」と定義されるプロセスである。誤解してならないのは，Aが「できない」ことは，Aが誤答したこと自体によってもたらされているのではないということである。他の子どもだって間違えるからだ。でも彼らが「できない子」と定義されることはない。すなわち，Aが「できない」ことは，Aが間違えたときの他の子どもや教員の行為によって可視化され，定義されているにすぎない。関係論的パラダイムの視座に立つ

ことで，ここでの視線は，Ａ個人にでなく，そのような定義を成立・維持させている関係（相互作用）に向けられることになる。石黒（1998）の「個体能力主義の心理学は，問題の個体への帰属を促進する因果論的物語を正当化する道具となり，事態をさらに硬直化させることを後方支援してしまう」（pp. 135-136）という指摘は瞠目に値しよう。

Shotter（1993）は，「共同行為（joint action）[5]」という概念を提示する。「われわれが相互作用するとき，その談話や行動は，内的な力の所産ではなく，共同の作業なのだ」（Burr, 1995 田中訳 1997, p. 43）というのが，そのエッセンスである。山中（2021）は，「Shotter（1993）の共同行為の概念は，授業を教員と児童・生徒の共同作業としてとらえるよう指示し，両者の関係の所産として了解するよう促す。したがって，授業がうまくいったとしても，あるいはうまくいかなかったとしても，それを教員の行為のみの結果とは必ずしもみなしえない」（p. 5）と論述している。そもそも「他者とは私の意思で動かない身体のこと」（有元, 2019, p. 143）であり，授業にしても学級経営にしても，それを他者同士による共同の作業ととらえるほうが自然なのではないかと思われる。「右手と左手，どちらが拍手の音に貢献しているか？」（有元, 2017, p. 14）と問うことがナンセンスなのは明らかであろう。

学術領域で展開される個体主義パラダイムから関係論的パラダイムへの認識論的転換にかかる議論は，省察のプロセスのなかで最も高次とされる暗黙裡で自明的な認識の前提への懐疑を促す手掛かりの１つになるものであり，学級のなかでの自他の行動や出来事の意味を多視的かつ根本的に問い直す有効な視座となるに違いない。

4 学校組織における「教員の学びと省察」の展開可能性

近年，省察を個人でなく組織単位で行う取り組みが提起されている（e.g., 山中, 2024）。そこでは省察が，複数の人々によって担われるものとして位置づけられている（中原, 2021）。また教員は，医師等と異なり，学校等の組織への所

---

5)「共同行為」に相似して，Gergen（2009 鮫島・東村訳 2020）や Gergen（2021 東村他訳 2023）では，「協応行為（co-action）」という概念のもとに，興味深い論考が展開されている。

属が必須となる。したがってここに，学校組織による省察をいかに展開していくのかという新たな問いが現れることになる。

1）相互理解と省察の機会　山中（2014, 2018）は，教員同士の関係性の変化が「専門職業人としての能力開発（professional development）」に及ぼす影響について考察している。教員同士がコミュニケーションを重ね，相互理解が進むと，活動当初にはそのつど説明が求められていたかもしれない曖昧な言葉の意味も，もはや確認の必要がなくなってしまう。教員同士であるがゆえに，直面する実践上の困難やそれに付随する感情等を理解してしまうからである。すなわち，教員間の相互作用が円滑になることが，かえって省察の機会を縮減し，省察のクオリティを低下させてしまう危険性が懸念されるというのである。こうした課題に学校組織はどのように対応していけばよいのか。

2）課題レベルとメタレベルの分業　Miyake（1986）は，なぜミシンで縫うことが可能なのかをペアで話し合いながら理解するという問題解決場面を設定し，そこでの相互作用を詳細に分析している。その結果，課題そのものに主体的に関与する「課題遂行者」とその課題遂行者の行っている作業プロセスをメタ的な視点から見直す「モニター」という2つの役割分業が自然に生じたことを析出している。加えて，相対的に詳しく理解していないモニターから出された質問に答えることで，より詳しくわかっているはずの課題遂行者の理解も深化していくことが示されたのである。同様に清河（2002）も，こうしたいわば「課題レベルとメタレベルの分業」が認知活動に効果的であることを実験によって解き明かしている。これからの認知科学的研究から導出されるのは，すべての者が課題解決に主体的に関与する場としてでなく，課題解決に主体的に関与する者とその活動をサポートする者が併存する場としての組織の形態である。ややもすると課題解決レベルに偏りがちな教員同士の相互作用にあって，教員間で課題レベルとメタレベルの分業のような役割分化を図ることで，相互作用の円滑化に伴う省察のクオリティ低下という懸念を克服しつつ，教員個々の理解レベルの深化も期待できるのである（e.g., 山中, 2024）。今後，教員の学びとそれを支える省察を組織レベルで展開していくとき，この論点は議論の重心の1つになりえよう。

本章のキーワード

省察，批判的思考，原因帰属，メタ認知，関係論的パラダイム

【引用文献】

有元典文 (2017). 教育において殻を破り自分を広げるべきは誰か？――いっしょに生きる技術としての発達の最近接領域　女子体育，*59*(6・7)，12-15.

有元典文 (2019). 教育におけるパフォーマンスの意味　香川秀太・有元典文・茂呂雄二（編）　パフォーマンス心理学入門　共生と発達のアート (pp. 141-159)　新曜社

Burr, V.(1995). *An Introduction to Social Constructionism.* Routledge.（バー，V. 田中一彦（訳）(1997). 社会的構築主義への招待　川島書店）

Dewey, J. (1933). *How We Think.* Heath and Company.（デューイ，J. 植田清次（訳）(1951). 思考の方法　春秋社）

遠藤貴広 (2014). 教員養成カリキュラム改革実践の批判的省察――省察の深さとその評価をめぐって　教師教育研究，*7*，163-183.

Gergen, K. J. (2009). *Relational Being: Beyond Self and Community.* Oxford University Press.（ガーゲン，K. J. 鮫島輝美・東村知子（訳）(2020). 関係からはじまる――社会構成主義がひらく人間観　ナカニシヤ出版）

Gergen, K. J. (2021). *The Relational Imperative: Resources for a World on Edge.* Taos Institute Publications.（ガーゲン，K. J. 東村知子・鮫島輝美・久保田賢一（訳）(2023). 関係の世界へ――危機に瀕する私たちが生きのびる方法　ナカニシヤ出版）

井上　俊 (2008). 動機のボキャブラリー――C. W. ミルズ「状況化された行為と動機の語彙」　井上俊・伊藤公雄（編）　自己・他者・関係 (pp. 13-22)　世界思想社

石黒広昭 (1998). 心理学を実践から遠ざけるもの――個体能力主義の興隆と破綻　佐伯 胖・宮崎清孝・佐藤 学・石黒広昭（著）心理学と教育実践の間で (pp. 103-156)　東京大学出版会

香川秀太 (2008). 状況論とは何か――実践の解明と変革のアプローチ　インターナショナルナーシングレビュー，*31*(5)，19-26.

清河幸子 (2002). 表象変化を促進する相互依存構造――課題レベル‐メタレベルの分業による協同の有効性の検討　認知科学，*9*(3)，450-458.

久我直人 (2011). 教師の組織的省察に基づく教育改善プログラムの開発的研究――「教師の主体的統合モデル」の基本理論　教育実践学論集，*12*，15-26.

楠見　孝 (2011). 批判的思考とは　楠見 孝・子安増生・道田泰司（編）批判的思考力を育む――学士力と社会人基礎力の基盤形成 (pp. 2-24)　有斐閣

松岡悦子 (1992). 病因論を考える　旭川医科大学紀要，*13*，33-50.

Mezirow, J. (1991). *Transformative Dimensions of Adult Learning.* Jossey-Bass.（メジロー，J. 金澤睦・三輪健二（監訳）(2012). おとなの学びと変容――変容的学習とは何か　鳳書房）

道田泰司 (2008). メタ認知の働きで批判的思考が深まる　丸野俊一（編）現代のエスプリ No.497【内なる目】としてのメタ認知――自分を自分で振り返る (pp. 59-67)　至文堂

道田泰司・宮元博章（著）秋月りす（漫画）(1999). クリティカル進化論――『OL進化論』で学ぶ思考の技法　北大路書房

Mills, C. W. (1940). Situated actions and vocabularies of motive. *American Sociological Review, 5*(6), 904-913.

三品陽平 (2011). 省察的実践論における「行為の中の省察」と「行為についての省察」の関連性　日本デューイ学会紀要，*52*，117-126.

三輪和久・齋藤ひとみ (2004). 学習科学に基づく学習/教育支援システムの設計と実現――リフレク

ションに基づく学習支援を題材として　教育システム情報学会誌, *21*(3), 145-156.

Miyake, N. (1986). Constructive interaction and the iterative process of understanding. *Cognitive Science, 10*(2), 151-177.

中原　淳（2021）．経営学習論　増補改訂版——人材育成を科学する　東京大学出版会

中村雄二郎（1992）．臨床の知とは何か　岩波書店

野村　康（2017）．社会科学の考え方　名古屋大学出版会

岡村美由規（2017）．D. A. ショーンのreflection-in-action概念の再検討——実践についての認識論に注目して　日本教師教育学会年報, *26*, 64-74.

Polanyi, M. (1966). *The Tacit Dimension.* Routledge & Kegan Paul.（ポランニー, M. 高橋勇夫（訳）（2003）．暗黙知の次元　筑摩書房）

佐伯　胖（2001）．幼児教育へのいざない——円熟した保育者になるために　東京大学出版会

Schön, D. A. (1983). *The Reflective Practitioner: How Professionals Think in Action.* Basic Books.（ショーン, D. A.　柳沢昌一・三輪健二（監訳）（2007）．省察的実践とは何か——プロフェッショナルの行為と思考　鳳書房）

Schön, D. A. (1987). *Educating the Reflective Practitioner: Toward a New Design for Teaching and Learning in the Professions.* Jossey-Bass.（ショーン, D. A.　柳沢昌一・村田晶子（監訳）（2017）．省察的実践者の教育——プロフェッショナル・スクールの実践と理論　鳳書房）

Shotter, J. (1993). *Conversational Realities: Constructing Life through Language.* Sage.

鈴木宏昭（2022）．私たちはどう学んでいるのか——創発から見る認知の変化　筑摩書房

津守　真（1980）．保育の体験と思索——子どもの世界の探究　大日本図書

山中一英（2012）．学級の中で友人関係や他者はどのように捉えられうるか？　吉田俊和・橋本　剛・小川一美（編）対人関係の社会心理学（pp. 27-44）　ナカニシヤ出版

山中一英（2014）．新人教員教育における論点と展開の可能性——イングランドの'Masters in Teaching and Learning'に関する複眼的考察　日本教師教育学会年報, *23*, 114-122.

山中一英（2018）．学校教育の社会心理学論点とその展開可能性——「対話的な学び」と「教師教育」に焦点をあてた考察の試み　教育心理学年報, *57*, 61-78.

山中一英（2021）．教職大学院の営みに現前する問いとその試論的考察　吉水裕也・片山紀子・山中一英・遠藤貴広・新井肇・山口圭介・田原俊司・筒井茂喜　教職大学院の学びとその成果——この10年の課題と今後の展開可能性　兵庫教育大学研究紀要, *58*, 5-8.

山中一英（2023）．学級の子ども理解と実践行為を支える教員の認知的枠組みの問い直し　兵庫教育（兵庫県立教育研修所）, *75*(1), 4-7.

山中一英（2024）．教育組織に現在するメンタリングの課題と今後の展開可能性——対話のプロセスに焦点をあてた考察の試み　松本　剛・隈元みちる（編）教師の総合的力量形成——学習指導と生徒指導の統合に向けて（pp.60-79）　ジアース教育新社

柳　治男（2005）．〈学級〉の歴史学——自明視された空間を疑う　講談社

吉田寿夫（2004）．児童・生徒を対象とした「心のしくみについての教育」　心理学評論, *47*(3), 362-382.

Zechmeister, E. B. & Johnson, J. E. (1992a). *Critical Thinking: A Functional Approach.* Brooks Cole.（ゼックミスタ, E. B.・ジョンソン, J. E. 宮元博章・道田泰司・谷口高士・菊池　聡（訳）（1996）．クリティカルシンキング《入門篇》　北大路書房）

Zechmeister, E. B. & Johnson, J. E. (1992b). *Critical thinking: A Functional Approach.* Brooks Cole.（ゼックミスタ, E. B.・ジョンソン, J. E. 宮元博章・道田泰司・谷口高士・菊池　聡（訳）（1997）．クリティカルシンキング《実践篇》　北大路書房）

第12章 スクールリーダーのリーダーシップ

1 はじめに

　本章では学校組織におけるスクールリーダーによるリーダーシップの役割について，社会心理学や産業・組織心理学の視点から論述する。はじめに，混同されることの多いリーダーシップとマネジメントの違いについて示した後，産業組織等の他の組織形態と比較した際の学校組織の特徴を示し，スクールリーダーの役割と教員集団の自律性を尊重する組織文化の重要性について述べる。最後に，アメリカのフィラデルフィア学区において実施された，教員の専門性が生かされる組織文化づくりの取り組み例を紹介する。

2 リーダーシップとマネジメント

[1] リーダーシップとマネジメントの違い

　リーダーシップとマネジメントはよく混同される。しかしこれらは本質的に異なる。リーダーシップを発揮できない管理職であってもマネジメント業務にたずさわるし，優れたリーダーシップを発揮することのできる人材でも組織的な権限がなければマネジメントは行えない。

　学校においてマネージャー（Manager）という表現は誤解されやすい。組織科学におけるマネージャーとは公式的な地位・権限を与えられた管理者を意味する。マネジメント（Management）は，原則的に組織構造にもとづき公式的なマネージャーが行うもので，組織の活動を目標達成に向けて安定化させる機能をもつ。具体的には，組織目標を据え，計画を立て，必要な資源を投入して実行し，進捗をモニタリングし，将来的な改善を図ることを意味し，目標達成に向けた業務設計は公式化（formulation）と呼ばれる。例えば，校長の役割

とされる2監督4管理（所属職員に対する職務上の監督，身分上の監督，人的管理，物的管理，教育課程の管理，金銭的管理・総務）は，学校組織における校長の役割として定められたマネジメント業務である。日本の学校に広く浸透しているPDCA（計画（Plan），実施（Do），評価（Check），改善（Action））サイクルも，組織を有効にマネジメントするために開発された品質管理手法の1つである。

　一方，リーダーシップとは，組織・集団を導く影響力を派生させるプロセスおよびそこからもたらされる影響力そのものを意味する（Yukl, 2013）。例えば，成員のやる気を引き出したり，成長を促したり，不安や葛藤を軽減させたり，団結力を高めたり，組織目標に向けた自発的態度を育んだりといったプロセスの多くはリーダーシップによるものである。リーダーシップを発揮するのは，必ずしも公式的に定められたマネージャーとは限らない。

　さらに，組織・集団をとりまく「変化に対処すること」も重要なリーダーシップ機能の1つである（Kotter, 1990）。優れたリーダーシップの事例として，自動車産業の立役者であるフォードの例を挙げる。彼は「もし顧客に，彼らの望むものを聞いていたら「もっと速い馬が欲しい」と答えていただろう」という言葉を残している。既存の活動を安定的に効率よく実施する（馬車をつくる）ことを目指すマネジメントの視点からは，馬車づくりを止めて自動車製造に乗り出す発想は生まれない。もし彼が馬車製造に縛られていたら，いち早く自動車産業に参入することはできなかっただろう。柔軟な視点で「より便利に，快適に移動する手段が欲しい」という社会のニーズを汲み取り，リスクをとって組織変革を試みるリーダーシップが発揮された好例といえる。

[2] リーダーシップとマネジメントの補完性

　スクールリーダーは日常的に，マネジメントとリーダーシップの機能を一体的に実践している（露口, 2008）。特定の行動を，あるものはリーダーシップ，別のものはマネジメントといったように弁別することはできず，マネジメント業務のなかにリーダーシップの要素が内包されているといえる（Yukl, 2013）。リーダーシップとマネジメントは本来補完的である（Kotter, 1990）。組織が適切に機能するための両翼ともいえる。どちらかに偏ると様々な弊害が懸念される。本稿で，あえてマネジメントとリーダーシップが異なることを確認したの

は，後述するように「行き過ぎたマネジメントとリーダーシップの機能不全」（Kotter, 1990）が，現代の日本の学校組織において危惧されるからである。

3 組織としての学校

[1] 組織論の2系譜：「合理的組織」と「適応を指向する組織」

組織研究は，合理的組織（Rational System）と適応を志向する組織（Natural System）という異なる2つの価値系統のもとで発展してきた（Scott & Davis, 2007）。合理的組織は効率性と安定を，適応を志向する組織は柔軟性と革新を目指す側面をもち，お互いの短所を補い合う関係にある。

1）合理的組織　合理的組織とは，組織全体を特定の使命を果たすための機械装置に比喩するもので，マネジメントと強く関係する。計画的な業務の分業と管理・監督による秩序の維持が強調される。具体的には複雑な社会のなかで，安定的に目標達成することに向けシステムを最適化することを目指す組織特徴をもつ。組織活動を明確化し，効率的に目標達成するための戦略が練られ，ヒト・モノなど必要な資本を確保し，不測の事態に対処するように管理統制することを目指し合理的に構築される。組織図に沿ってトップダウン式に意思決定がなされ，秩序を維持しながら運営される体制は官僚的組織と呼ばれる。官僚的組織は柔軟性を保つことが難しい。特に，活動途中での目標・計画の修正は，不測の事態を生みだし活動全体を不安定にすることが懸念されるために困難となる。官僚的組織特徴により組織の柔軟性が阻害され融通が利かなくなる現象は，硬直化と呼ばれる（佐古, 2006）。

2）適応を志向する組織　一方で，組織を合理的な機械装置ではなく一種の有機的な共同体としてとらえるのが，適応を志向する組織である。学校を，よりよい教育を行うことを目指す人の集まりと仮定する。教員一人ではできないことでも，多くの教員が協働すれば可能性は広がっていく。しかし円滑に協働するためには，全体をうまくまとめ導く役割が必要となる。このようなニーズからリーダーが出現する。リーダーが担う役割は様々であるが，組織の団結力を高め離散を防ぐこと（集団の機能維持），目標達成に向けて全体を導くこと（生産性の向上），集団の適応力を高めること（社会的文脈のモニタリングと変革）などが挙げられる（Yukl, 2013）。

170　第Ⅲ部　学級経営支援

図12-1　マネジメントとリーダーシップの違いと相補性

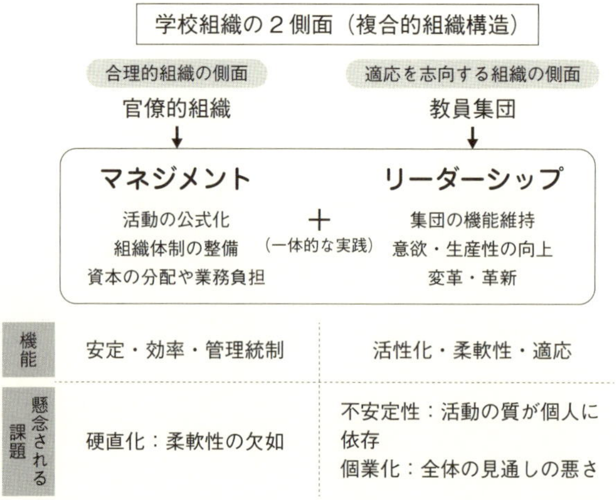

学校組織の2側面（複合的組織構造）

合理的組織の側面　　　　　　適応を志向する組織の側面
官僚的組織　　　　　　　　　教員集団
↓　　　　　　　　　　　　　↓

マネジメント　　　＋　　　リーダーシップ

活動の公式化　（一体的な実践）　集団の機能維持
組織体制の整備　　　　　　　意欲・生産性の向上
資本の分配や業務負担　　　　変革・革新

機能	安定・効率・管理統制	活性化・柔軟性・適応
懸念される課題	硬直化：柔軟性の欠如	不安定性：活動の質が個人に依存 個業化：全体の見通しの悪さ

　適応を志向する組織の視点からは，リーダーは実績・能力等の信頼にもとづいて選出され，成員を導く責任とともに集団を取りまとめるための権限や役割が託される。リーダーの地位は必ずしも保証されず，信頼を失えば影響力を失う可能性がある。また組織から公式に任命を受ける必要はない。適応を指向する組織の観点からは，組織目標はトップダウン式に設定されるものではなく，成員間の対話によってボトムアップ式に生み出されるものである。このように成員の主体性や結びつきに着目して組織をとらえた場合に，組織目標の達成に向けて発揮される影響力はリーダーシップと呼ばれる。適応を志向する組織は成員間の対話を重視するため，社会の変化に敏感で局所的な対応力に優れており柔軟性を有するが，長期的な安定性に欠ける側面がある。例えば優秀なリーダーが代替わりすれば混乱が起こる可能性がある。

　これまでの議論にもとづき，組織論からとらえたマネジメントとリーダーシップの関係性について図12-1に記す。

［2］組織論の2系譜からみた日本の学校組織

　日本の学校は，2つの組織論的特徴の双方をもつ複合構造をもつ（淵上，2005）。教育活動の安定的な実践は学校教育の至上命題であり適正なマネジメントが必要である。学校教育は日本国憲法や教育基本法等の教育法規によって

そのあり方が定められ，組織的に管理統制されている。教員になることができるのは免許状保有者であり，計画的な採用，研修，人事評価がなされ，カリキュラムは学習指導要領に準じることが求められる。個々の教員の組織運営に関する裁量は少なく，計画に含まれない活動を行うには校長をはじめとしたマネージャーによる許可が必要である。活動は時間割にそって分刻みで統制され，子どもたちが無駄なく円滑に学習できるようにスケジュールは最適化されている。これらは安定的な学校運営を指向した合理的組織としての特徴である。要するに，学校は教育活動を最適化するための多くの制限や管理統制の下にある。

　一方で，学校の中核的活動といえる学習指導や教育相談の実践は，むしろ適応を指向する組織の特徴が強い。指導に必要な裁量は個々の教員へ委ねられ，子どもたちのニーズにもとづき柔軟に実施される。つまり教育の質は各教員の実践に委ねられる。他の教員のやり方に過度な口出しをすることは一般にタブーとされる。たとえ経験の浅い教員であろうと子どもたちとのかかわりにおいて裁量が尊重される。つまり，具体的な教育実践において官僚制は鳴りを潜め，個々の教員の局所的な判断や専門性にもとづく意思決定が尊重される。教員集団はこのような専門的職業人としての共同体を意味する。教員は教員集団という比較的フラットな関係性のなかで互いにかかわり合いながらリーダーシップを発揮している。

[3] 日本の学校組織におけるスクールリーダーの役割

　日本の学校組織のもつ官僚的な特徴からはマネジメントの重要性が導かれる。特に，教育行政機関や校長には組織活動に関する裁量のほとんどが委ねられている。例えば教員の働き方改革など，学校現場は個々の創意工夫だけでは解決が難しい多くの課題に直面している。ルーティン，業務改善，予算配分や人事などといった公式的なシステムの抜本的な見直しが求められるため，マネジメントのあり方が問われる。

　一方で，適応を指向する組織としての教員集団の視点からは，個々の教員の専門性や裁量を尊重し下支えするスクールリーダーの役割が期待される。中核業務である教育実践が個々の教員に委ねられる組織構造上，スクールリーダーが直接的に影響できる範囲は限られる（DeFlaminis, 2016；露口, 2008）。

172　第Ⅲ部　学級経営支援

学校の複合的な構造は疎結合構造（Loose-Coupling）または卵パック型（Egg-Carton）と表現されることがある（**図12-2**）。厳格に設計された全体の構造のなかで，個々の教員による教育実践は個別に区切られ閉ざされたなかで営まれ，緩やかに連結することで全体を成している。個々の卵の中で何が起こっているのかは殻の外からは見えにくく，場合によって教育実践は自己完結するリスクを伴う。全体の見通しが悪くなると，教員が過度の負担を一人で背負い込んでしまうケースや，恣意的な教育を行ってしまうリスクが指摘されてており，個業化と呼ばれる。個業化を避けるためには，スクールリーダーは学校の教育活動全体をモニタリングし，教員間の風通しのよい関係性を構築することや教員集団内のコミュニケーションを円滑にする文化を醸成する役割が求められる。

図12-2　卵パック（Egg-Carton）型組織構造のイメージ図

組織的に定められた構造

個々の教員の裁量が保証された領域
他の教員と緩やかに連結（Loose-Coupling）

4　教員の自律性とリーダーシップ

［1］行き過ぎたマネジメントの弊害

本章の冒頭で「行き過ぎたマネジメントとリーダーシップの機能不全」が危惧されると述べた。「行き過ぎたマネジメント」の弊害とは組織の硬直化を意味する。合理的組織は一種の機械装置に比喩され，成員はある意味で部品として扱われる。情報はトップダウン式に統制され，極論をいえば余計なことをせず，指示・命令を確実に遂行する者が評価される。従業者には活動を見直す権

限は与えられず，マネージャーが耳を澄まさない限りにおいてその声は拾い上げられない。マネージャーの意に沿わない情報はノイズとして扱われ，時には懲戒や監督の対象となることでモノ言えぬ風土が醸成され，硬直化は進行する。硬直化を回避するためには，校長は教員集団の声に耳を傾け，ときに意思決定プロセスに招きいれたり権限を委譲したりしながら教員集団の自発性を下支えするかかわり（エンパワーメント）が求められる。近年，産業界において「謙虚なリーダーシップ（Schein, 2018）」や「心理的安全（Edmondson, 2019）」といった，成員が安心して自己表現できる組織風土に関心が注がれているが，不正を含む慣習や時代遅れの悪習であっても変えることが難しい組織の硬直化に対する処方箋や予防としての意味合いが含まれている。

[2] リーダーシップによる組織の活性化

　過度なマネジメントによる弊害は，成員が組織の活動に価値や意義を見出す場合や，組織が成員の価値に寄り添う場合には軽減される。マネジメントによって設計された厳格な組織構造に潤滑油を差し入れ，活力を注入する機能をリーダーシップが担っている。学校組織においても，実際にマネジメント業務が行われる際になされる人間的な交流のなかにリーダーシップが存在する。校長が個々の教員の相談に乗ったり，説得したり，励ましたり，支援したり，意見に耳を傾けながら調整をしたりすることで，マネジメントと一体的にリーダーシップは発揮される。組織における管理監督業務上の公式的役割以上の人間的交流が，マネジメントを円滑にしているといえる。

[3] 教員の自律性とマネジメントおよびリーダーシップ

　上述したように，学校の中核的な活動である教育活動の質は個々の教員に委ねられる。よって学校の組織力を高めるためには，個々の教員の専門性の向上が不可欠である。マネジメントによって自律性を促すということは概念的に矛盾する。公式的な権限にもとづいて「自律的」であることを求めることは，指示・監督へ他律的に従うことを求めることにほかならないからである。よって教員の自律性を促すのはリーダーシップの役割である。

　どのようなときに教員の自律性は促されるのだろうか？　哲学者である A. Honneth による承認論を援用した一連の研究報告（Renger et al., 2016）に

よれば，私たちが自律的に行動しようとするのは，他者から愛情深く配慮され（Care），人格が平等に扱われ（Respect），有能性や価値が認められていると感じる時（Respect）であることが示されている。同様の見解は，組織市民行動に関する研究にも認められる。組織市民行動とは，組織が義務的な服務要件を超えて，任意かつ自律的に組織貢献を行う行動を意味する。オーガン（Organ et al., 2006）は，成員の組織市民行動を促す要因として機会・能力・動機づけの3点を挙げている。つまり組織における自由な言行が保証され（機会），自分の力を信じることができ（能力），組織貢献することに意義や必要性を感じられる状況下（動機づけ）において，成員の自律的行動は促されるとされる。したがって，教員の自律性を促すのは，個々の教員に対し誠実に向き合うリーダーシップであるといえる。

［4］教員の自律性と学校組織の活性化

　古くから「幸福な従業者は生産的か？」という命題は繰り返し研究されてきた。先行研究からはその関係性は絶対的といえるほど強くはないようである（Organ et al., 2006）。教員によって「自律性」の方向性は様々であり，学校改善や指導方針を巡っては各々が自律的であるがゆえの対立さえ起こり得る。学校組織において，スクールリーダーと教員集団は目指すべき方向性を共有する必要があるといえる。実際に学校改善に関するリーダーシップ先行研究では，スクールリーダーのヴィジョン（Vision）が教員集団と共有される必要性について繰り返し確認されてきた（Leithwood & Jantzi, 1990）。

　スクールリーダーのヴィジョンと教員集団の自律性が一致する場合，次のような効果が期待される（Podsakoff et al., 2014）。第1に，スクールリーダーのマネジメントに関する負担が軽減される。学校組織にとって望ましい態度を成員が自律的にもつ状況ではスクールリーダーは逐一監視する必要がなく，時間や労力，認知的なリソースを，学校改善に関するより建設的な目的に使用できる。第2に，目標の共有による教員集団内の助け合いや協働，円滑な人間関係が活性化し，対人トラブルの未然予防や早期解決が期待される。同僚間で互いのニーズや役割関係を汲み取りやすいからである。第3に，教員の専門性が育つ風土や文化が醸成される可能性がある。組織的にコミュニティとしての教員集団の価値が承認されることで，教員個々の自尊心が満たされたり，他の教員

第 12 章　スクールリーダーのリーダーシップ　　175

から刺激を受けて教職に向かう価値が内面化されたりするなど，スクールリーダーのヴィジョンと一致する教員たちの相互的学習が期待されるからである。

5　文化醸成と分散型リーダーシップ

[1] 個人主義的なリーダーシップの限界と組織文化の重要性

　先行研究において，「傑出した校長が達成した学校改善は，容易には持続不可能」という興味深い指摘がある（DeFlaminis, 2016）。実際に，優れた校長が辞めると有望なプログラムは勢いを失い衰退してしまう例は多い。教育相談活動に関しても同様の問題が指摘されている（西山, 2012）。公立学校の場合，定期的な教員の異動があるために，この問題は深刻である。優れた活動を長期的に組織に安定化させるためには，組織マネジメントの視点から，学校文化の創造と継承という集団的なテーマに着目する必要がある。

[2] 英雄的リーダー言説

　学校研究に限らず 1980 年代のリーダーシップ研究は，リーダーシップは傑出した個人によって発揮されるものであるという前提にもとづいていた。しかし近年，このような個人主義的な英雄的リーダー言説が見直されつつある。スクールリーダーは学校におけるキーパーソンではあるが，万能である必要はない。むしろ組織的視点からは，教育実践に携わる様々な関係者が発揮するリーダーシップの重要性をとらえるべきと考えられるようになってきた。このような背景にもとづき，分散型リーダーシップ（Distributed Leadership: DL）は，欧米の教育改革において中核的概念として注目されるようになってきた（OECD, 2013）。

[3] 分散型リーダーシップ理論

　本章では欧米の教育改革に中核的な役割を果たしてきたスピレーンのリーダーシップ理論（Spillane, 2006）を紹介する。

　まず，誤解されやすい点であるが，分散型リーダーシップ理論は，「誰もがリーダーシップを発揮するべきである」というスローガンとは明確に異なる。多くの場合，リーダーシップの中核には公式的リーダー（マネージャー）が含

176 第Ⅲ部 学級経営支援

まれる。アメリカの小学校を対象にした調査研究によれば，典型的なリーダーシップ機能の中核を担う人員数は各校3～7名であり，そのなかには校長や副校長，プログラムコーディネーター，主任，基幹教員，コンサルタントなどが含まれると報告されている（Camburn et al., 2003）。

次に，分散型リーダーシップは特定の個人ではなくプラクティスにおいて派生する影響力を意味する。プラクティスとは具体的なリーダーシップの実践を意味し，状況・リーダー・フォロワーという構成要素の相互作用によって説明される。

例えば，教育相談に関するプラクティスのなかで発揮されるリーダーシップを考える。教育相談の内容や場面に応じてリーダーは流動的であり，校長がリーダーとなる場面もあるし，担任や教育相談コーディネーター，スクールカウンセラーなどがリーダーとなる場面もある。フォロワーとはその実践活動に貢献するリーダー以外の人員を意味するが，誰がどのように実践にかかわるかは集団活動の有効性を決める重要な要因である。リーダーシップが発揮されるためには状況についても考慮する必要がある。例えば教育相談に関するルーティン（例えば定例会議の場や，関係者を緊急招致する組織体制）が整っているならば円滑にリーダーシップは発揮されるが，そうでなければ状況を整える必要性がある。同様にどのような状況分析にもとづき意思決定がなされるかも重要である。例えば，知能テストのような専門的なツールによる分析が中心になる場合と，児童・生徒の日常的な観察記録などにもとづく所見が用いられる場合で，誰がどの程度教育相談の方針決定に影響を及ぼすかは異なってくる。分散型リーダーシップ理論における「状況」はルーティンやツールを含み，必要に応じて導入・修正・廃止される。分散型リーダーシップは，このようなリーダー・フォロワー・状況の相互作用のなかで生みだされた教育相談活動を導く包括的な影響力を意味し，特定のリーダー個人に起因するものとしては扱われない点に留意が必要である。

プラクティスにおいて，リーダー・フォロワー・状況の3要素は時事刻々と変化し，複雑に絡み合いながら活動を方向づける影響力（リーダーシップ）を生み出す。分散型リーダーシップ理論においては，特にエビデンスにもとづくツールの使用とメンバー間の互いを尊重する対話的コミュニケーションの重要性が指摘されており，個々の教員の専門的力量にもとづく自律的参加が求めら

れる。

[4] 専門的学習コミュニティとマネジメント

　学校組織において分散型リーダーシップが円滑に発揮されるためには，個々の教員の裁量を保証する組織マネジメントと，組織文化としての専門的学習コミュニティ（Professional Learning Communities: PLC）の基盤が必要である。専門的学習コミュニティとは教員たちが集合的に目標を共有して活動しながら，児童・生徒のみならず教員自身も持続的に学習する組織文化を意味する（Hipp & Huffman, 2010）。目標を共有する教員集団が，互いに刺激を受け合う関係性のなかで切磋琢磨し，誇りをもち，専門性を発達させ，価値を創造していく組織文化といえる。学校は官僚的組織特性を有するため，専門的学習コミュニティが維持されるためには，スクールリーダーによる承認と組織的支援が不可欠である。以上の議論から，校長をはじめとするスクールリーダーは，そのマネジメント権限を生かしながら，ときに専門的学習コミュニティの一員としてプラクティスに関与することが求められている。

6 組織文化の醸成に関する先駆的実践研究

[1] アンネンバーグ分散型リーダーシッププロジェクト

　本章の最後に，世界に先駆けて，分散型リーダーシップチームの開発と専門的学習コミュニティの活性化を目指して，ペンシルバニア教育リーダーシップセンターが実施した大規模な実証研究である「アンネンバーグ分散型リーダーシッププロジェクト」を紹介する（DeFlamins, 2016）。

　本プロジェクトは 2006 年から 2010 年にかけて実施された大規模な実践研究であり，アメリカのフィラデルフィア学区から公募により選出された 16 の学校（小学校 9 校，中学校 1 校，高校 6 校）が参加した。プロジェクトの目的は，分散型リーダーシップに関する教員の専門能力を開発するための方法論を確立することであり，教員を指導できる教員リーダーを 80 人以上育成することであった。教員リーダーには，所属校の専門的学習コミュニティを活性化させたり，コーチングなど様々な手法を用いて所属校のチームを支援したりしながら学校の潜在力を高める努力をすることが求められた。本プロジェクトはアンネ

178 第Ⅲ部 学級経営支援

ンバーグ財団により 490 万ドルという巨額の助成を受け実現したものである。

　公募は学校単位で行われ，学校の 2/3 以上の人員の同意が参加要件であった。参加校からは，校長を含む 5 名程度の中核的メンバーが選出された。研修に注力できるよう参加者の業務軽減がなされ，必要に応じ一部業務の代替要員が補償されるなど，手厚い支援体制のもとで実施された。

　参加者には年間 1 週間ほどの日程で夏季研修（70 時間の専門能力開発プログラム）に参加することや，継続的に週 10 時間ほどのコーチングを受けることが求められた。研修は分散型リーダーシップ理論の提唱者であるスピレーンを含む第一線の研究者が担当し，コーチは退職した経験豊富な元校長が務めた。プロジェクト参加者には参加校のニーズに応じて，各校に 40 時間までの追加的な研修を提供するなど手厚いサポートが行われた。

[2] プロジェクトの結果

　本プロジェクトの報告書（Supovitz & Riggan, 2012）には以下のような結果が示されている。

①有効なリーダーシップチームを特定・育成することに成功した。
②校長とチームメンバーは新たな協力関係を築き参加校の指導力を拡大した。
③教員は指導力を高め，チームや同僚に対し指導的役割を担うようになった。
④参加者は各校が設定した課題に戦略的に取り組んだ。
⑤ケーススタディでは，チームメンバーが他の教員に影響力を行使することで指導によい影響を与えている例がいくつか見られた。
⑥チームメンバーが支援した教員の指導が改善された。
⑦生徒については広範に及ぶような直接的な改善は見られなかった。

　結果の①～⑥は十分に配慮された組織的・計画的取り組み（マネジメント）により学校組織の教員集団によるリーダーシップを活性化することができること，専門的学習コミュニティの機能を促進できることを示している。研究プロジェクトに参加した教員はもともと同僚から一目置かれている中核的な教員た

第 12 章　スクールリーダーのリーダーシップ　　179

ちであった。校長を含む中核的教員が，分散型リーダーシップについて学び，専門的学習コミュニティの開発やコーチングなど様々な技法を学び，継続的に支援を受けながら所属校において実践を行った結果，チームメンバーの結束が高まり，教員を育て支援する教員集団が形成されたと結論づけられた。チームミーティングの録音分析では校長の発話量は回を増すごとに減少し，一般教員による忌憚ない議論は逆に増加したことが示されている。インタビュー分析においても校長が組織の中心的な意思決定者から，分散型リーダーシップにおける主導的な貢献者へとシフトする傾向が確認された。

　一方，児童・生徒への直接的な影響が確認できなかったという結果⑦は解釈が難しい。報告書では各校が個別の目標を設定したことによって全体的傾向を示すのが困難であった点や，研究期間中に学区の指導者の交代があり学区の指導体制が混乱したことが複合的に影響したと考察されている。

7　総　括

　マネジメントは公的な権限にもとづき秩序と安定を組織に与える一方，リーダーシップは人間的な関係性にもとづき教員の自律性を促し組織を活性化させる。学校は合理的組織と適応を志向する組織としての特徴の双方を有するため，マネジメントとリーダーシップそれぞれの重要性が認められる。スクールリーダー個人が万能である必要はなく，分散型リーダーシップの視点が求められる。学校の組織力を高め長期的に定着させるためには，傑出したリーダーである必要はなく，教員とのヴィジョンの共有や自律的に高め合うことができる専門的学習コミュニティを下支えする役割が求められる。そのためスクールリーダーには，公式的な権限を活かしながら教員集団の一員としてともにかかわり合うことが期待される。

本章のキーワード

リーダーシップ，マネジメント，教員の自律性，分散型リーダーシップ，専門的学習コミュニティ

【引用文献】

Camburn, E., Rowan, B., & Taylor, J. E.（2003）. Distributed leadership in schools: The case of elementary schools adopting comprehensive school reform models. *Educational Evaluation and Policy Analysis, 25*(4), 347-373.

DeFlaminis, J., Abdul-Jabar, M., & Yoak, E.（2016）. *Distributed leadership in schools: A practical guide for learning and improvement.* Routledge.

Edmondson, A. C.（2019）. *The Fearless Organization: Creating Psychological Safety in the Workplace for Learning, Innovation, and Growth.* John Wiley & Sons.（野津智子（訳）（2021）. 恐れのない組織——「心理的安全性」が学習・イノベーション・成長をもたらす　英治出版）

淵上克義（2005）. 学校組織の心理学　日本文化科学社

Hipp & Huffman（2010）. *Demystifying Professional Learning Communities: School Leadership at Its Best.* Rowman & littlefield education.

Kotter, P. J.（1990）. *John P. Kotter on What Leaders Really Do.* Harvard Business Review Press.（DIAMONDO ハーバード・ビジネス・レビュー編集部，黒田由貴子，有賀裕子（訳）（2012）. 第2版 リーダーシップ論——人と組織を動かす能力　ダイヤモンド社）

Leithwood, K. & Jantzi, D.（1990）. Transformational leadership: How principals can help reform school cultures. *School Effectiveness and School Improvement, 1*, 249-280.

西山久子（2012）. 学校における教育相談の定着を目指して　ナカニシヤ出版

OECD（2013）. *Leadership for 21st Century Learning.*（OECD教育研究革新センター（編）木下江美・布川あゆみ（監訳）斎藤里美・本田伊克・大西公恵・三浦綾希子・藤浪　海（訳）21世紀型学習のリーダーシップ——イノベーティブな学習環境をつくる　明石書店）

Organ, D., Podsakoff, P., & MacKenzie, S.（2006）. *Organizational Citizenship Behavior: Its Nature, Antecedents, and Consequences.* SAGE.（上田　泰（訳）（2007）. 組織市民行動　白桃書房）

Podsakoff, N. P., Podsakoff, P. M., MacKenzie, S. B., Maynes, T. D., & Spoelma, T. M.（2014）. Consequences of unit-level organizational citizenship behaviors: A review and recommendations for future research. *Journal of Organizational Behavior, 35*, 87-119.

Renger, D., Renger, S., Miché, M., & Simon, B.（2017）. A social recognition approach to autonomy: The role of equality-based respect. *Personality and Social Psychology Bulletin, 43*(4), 479-492.

佐古秀一（2006）. 学校組織の個業化が教育活動に及ぼす影響とその変革方略に関する実証的研究 ——個業化，協働化，統制化の比較を通して　鳴門教育大学研究紀要, *21*, 41-54.

Schein, E., & Shein, P.（2018）. *Humble leadership: The power of relationships, openness, and trust.* Berrett-Koehler（野津智子（訳）（2020）. 謙虚なリーダーシップ——一人のリーダーに依存しない組織を作る　英治出版）

Scott, W., & Davis, G.（2007）. *Organizations: Rational, Natural, and Open Systems*（Internal Student Edition）. Peason Education.

Spillane, J.（2006）. *Distributed Leadershp.* Jossey-Bass.

Supovitz, J. A., & Riggan, M.（2012）. Building a foundation for school leadership: An evaluation of the Annenberg Distributed Leadership Project, 2006-2010.

露口健司（2008）. 学校組織のリーダーシップ　大学教育出版

Yukl, G.,（2013）. *Leadership in Organization*（8th edition）. Pearson.

第13章
学級アセスメントとコンサルテーション

1 学級アセスメントはなぜ必要か

[1]「生き物」としての学級の性格「学級風土」

　学級は「生き物」と言われるが，なぜだろう。同じ学級であっても，日によって雰囲気が違ったり，月日が経つと，いつのまにか雰囲気が変化していたりする。例えば，定期試験の前には，生徒たちの多くが緊張気味になって，静かな雰囲気になったり，運動会などの大きな行事では準備期間も含めて，学級全体が興奮していたり。学級全体に共通する何かを経験しながら，子どもたち一人ひとりが，日により，あるいは時を経て変化成長し，それに伴って学級全体も自然に変化する。まさに学級は「生き物」である。

　加えて，生徒各人には，日によって変化しながらも，その子らしい個性や性格があるように，各学級にも学級全体としての個性的な性質がある。いつも明るい学級，おとなしい学級，まとまりなく騒がしい学級など，同じ学校や学年でも，学級それぞれに異なる固有の雰囲気がある。こうした学級の心理社会的な性質，いわば学級の性格を学級風土（Classroom Climate）という。

[2] 学級アセスメントの歴史

　学級風土の存在は古くから知られ，観察や質問紙による研究がなされてきた。

　例えば初期の著名な研究に，Walbergの一連の研究がある。これは，Getzels & Thelen（1960）の次のような理論を実証する目的で，学級風土のアセスメントを行い，その構造を明らかにしようとしたものである。

　Getzels & Thelenは学級集団について，①既存のカリキュラムの学習という目的がある，②構成員が居住地など偶然によって集められている，③教師

図 13-1　Walberg の考えた学級風土の成り立ち（Walberg, 1968 より）

というリーダーがいる，という3点から，他の集団とは異なる独自の社会体系であると考えた。さらにその社会体系は，学校・地域などより広範な社会体系に含まれ，そのために，社会制度から要請された役割を期待されることによる制度的な目標行動と，個人のパーソナリティが個人的欲求として求める目標行動の両者が拮抗する場であるととらえた（Getzels & Thelen, 1960）。そして，Walberg（1968）は，図 13-1 のように，これらが風土をもたらし，生徒の学習における認知や感情，態度など，生徒の行動に影響すると考えた。

　このモデルをもとに Walberg は，米国とソビエトの冷戦時代に理科教育改革を目指したハーバード物理教育プロジェクトの一環として，より効果的な学習環境づくりを目指して，学習環境を多次元的な質問紙でとらえようとした（Walberg, 1968；Walberg & Anderson, 1968）。全米から抽出された76学級を対象として調査した結果，制度からの要請を反映する構造的次元と，個人の欲求を反映する情緒的次元に，計18の下位尺度が得られた。例えば，制度にかかわる構造の次元には，従属や厳格なコントロール，民主性，目標の多様性などが得られ，個人的欲求にかかわる情緒的な次元では，親しさや疎外感，満足感，興味の多様性，などが得られた。また，構造的次元では，従属や厳格なコントロールよりも，民主性や目標志向性が，情緒的次元では，学級の親密さなどの統合性よりも，学級への満足感が，生徒の学習への肯定的な感情と関連していた。

　こうした Walberg らの研究は古典的なものであり，統計手法としても現在とは異なるシンプルな方法で得られた素朴なものであるが，外部からの統制や情緒的な統一感などの斉一性よりも，目標に向かって民主的に満足できる活動が行われることが，生徒の学習意欲など肯定的な要素につながることを示唆するものとして興味深い。また，制度や教師の要請と，子どもたちの個人的な性格や欲求という対比的な構造も，学級理解の基本モデルと考えられる。その後の研究では，こうした初期の多次元的な学級風土把握を1つの基礎として，

様々な風土調査のツールが日本を含む諸国で開発されている。

「空気を読む」という言葉に象徴されるように，周囲の子どもや教師が浮かべる表情や醸し出す雰囲気などといった情緒的な「空気」のレベルでも，子どもたちの気持ちや行動に影響する。そのことを考えれば，学級風土が，子どもたちの学習や行動に影響することは想像に難くない。一方で，こうした「空気」のレベルも含む学級の動きや個性は，アセスメントするのが難しい。「物」ならば重さや大きさなどを実測できるが，パーソナリティと同じく学級風土は，そのようにはいかない。これまで日本では，測定の難しさからも，学級風土についての学術的な検討が多く行われにくい面があった。しかし，マルチレベル分析などの計量的手法の進歩や，安全安心な風土の重要性の認識，「エビデンスベースド」な教育活動などを背景に，近年では，学級風土をアセスメントしてより良い学習環境や学校生活を促進しようという動きが，諸外国でも日本でも高まってきている（文部科学省, 2023；Schweig et al., 2019）。

[3] 学級風土をつくる教師の役割と工夫

学級風土が，個人的欲求など生徒側の要因だけでなく，社会的な要請を背景として，制度的な要請を求める教師の要因によって左右されることは，前項の**図 13-1** からも理解できる。冒頭で述べた個々の生徒の変化成長だけでなく，そうした変化を促す教師の行動によっても学級風土は形成される。

教師の役割は，授業をすることだけではない。「学級経営」の語が示すように，学級をつくり，維持発展させる立案や計画実行，評価が欠かせない。前項で Getzels & Thelen が指摘したように，学級集団は，生徒にとって偶然に集められた「寄せ集め集団」である。それにもかかわらず教師は，既存のカリキュラムの学習に向けて，集団全体をリードする必要がある。「寄せ集め」のままでは，共通の行動規範も，学級への帰属感や学級全体としての親しい相互関係もない。それらをどうつくりあげていくのか。すべてを生徒に任せて何の介入もしなければ，月日が経っても，一向に学級集団はまとまりをもたないかもしれない。

学級風土は教師と生徒の両者によって醸成されるが，少なくとも教師には，リーダーとして学級づくりを進める見通しや手立てが必要になる。あえて極端な例をあげれば，「人づき合いはせずに試験で高得点を取るよう学習内容の暗

記をせよ」と日々教師が投げかければ，生徒集団はそのような方向へと動き，人間関係の希薄な，記憶作業に象徴されるような個人作業が重視される学級風土が形成されるだろう。反対に，「しっかりと他者とかかわり，他者を理解し，集団内での自分の役割を理解しながら，行動面でも学習面でも自ら思考せよ」と投げかけて，実際にグループ学習や，生徒たちが企画しての行事など，相互のかかわりと思考を深める機会を教師が設定するならば，生徒たちは否応なくかかわり合い，そのなかで，様々なことを感じ考え，お互いを仲間として相互に成長し合う関係が形成されていくだろう。

　生徒の能力やどのような性質の子が多いかなど，生徒側にも多様な要因があり，図13-1のように，教師の要請だけでなく，教師の要請と生徒の欲求との拮抗関係の上に学級風土は醸成される。教師の意図がそのまま教師の理想とする学級づくりに直結するわけではない。しかし，「人とかかわらずに記憶を」と投げかけられた学級と，他者とかかわり他者理解のなかで学ぶことが強く推奨される学級とでは，生徒に異なる行動や情緒を促し，結果的に色合いの異なる学級風土が形成され，生徒の成長やその後の姿も異なってくる。

　だからこそ教師は，しっかりと学級経営の方針や手段をもつ必要があり，寄せ集めとしての生徒たちを，お互いを高め合う学習集団に成長させる必要がある。

　しかし一方で，学級経営はひと筋縄ではいかない。図13-1に示される生徒たちのパーソナリティなど個人要因から発せられる欲求は多様であり，教師にとって思いがけない方向に学級全体が動き，「学級崩壊」や「荒れ」に陥ることもある。「学級崩壊」や「荒れ」も，生徒たちの1つの表現であり，それらを乗り越えて成長していければよいが，そうでなければ，不登校の増加や，個々の生徒たちの学習や成長の機会が奪われてしまいかねない。

　こうした学級経営の行き詰まりに対して，1つの打開策となるのが，次節に述べる学級経営についてのコンサルテーションである。

2 学級経営についてのコンサルテーション

[1] コンサルテーションとは

　コンサルテーションとは，異なる専門性をもつ専門家同士の相互作用であり，一方の専門家（コンサルティ）が担当するクライエントについて，コンサ

ルタントとコンサルティが話し合い，コンサルティの仕事の範囲のなかで，コンサルティがどのようにしたら，クライエントによりよくかかわれるかを見出していく（Caplan,1970；山本，2000）。つまり，学校であれば，担当する生徒や学級の問題を，コンサルティである教師が，教師とは異なる専門家であるスクールカウンセラーなどと話し合い，教師がどのように当該の生徒あるいは学級にかかわればよいかを見いだすことになる。

スーパーバイズは，専門家が，同じ領域のより高度な専門性をもつ者に，指導助言を受けることであるが，コンサルテーションは，対等な立場にあって専門性を異にする専門家同士が，対等に一緒に，解決策を考える。コンサルタントの指導にコンサルティが従うものではない。コンサルテーションで得られた知見を，コンサルティが実施するかどうかや，クライエントのその後についての責任は，コンサルティにゆだねられる。また，コンサルテーションは，コンサルティの担当するクライエントについての問題解決であるため，コンサルティ自身の個人的な悩みごとの相談やカウンセリングとも異なっている。

つまり，教師をコンサルティとするコンサルテーションは，心理職による教師への指導でもなければ，教師へのカウンセリングでもない。また，コンサルテーションは，コンサルティのクライエント支援を，コンサルタントが支援する間接的な支援でもある。スクールカウンセラーが，心理教育やカウンセリングで直接に生徒を支援する場合は直接的支援であるが，教師へのコンサルテーションを通して支援する場合には，間接的な支援となる。

このように，コンサルテーションは，スーパーバイズともカウンセリングとも異なる独自の専門家同士の相互作用である。スーパーバイズやカウンセリングが，概説を読んだだけで，一朝一夕にできるものではないように，コンサルテーションも，3者関係にもとづく独特の倫理的問題なども含めて，高度な専門知識や訓練が必要とされる。コンサルテーションにはいくつかの理論があり，Caplanの前掲書も含めて，理論や方法論を詳述した専門書（Brigman et al., 2005 谷島訳 2012；Erchul & Martens, 2006 大石監訳 2008 など）も多い。それらから多くを学ぶことが必要であるが，ここでは，コンサルテーションの概要を示して，そのしくみと，学級アセスメントの必要性を示す。

[2] コンサルテーションのステップ

　コンサルテーションには，すべてのコンサルテーションのもとと言われる Caplan（1970）のメンタルヘルス・コンサルテーションのほか，行動理論によるもの（Bergan & Kratochwill,1990）など，理論や方法が異なるいくつかの種類がある。しかし共通するのは，そのステップに，大きく分けて「関係づくり」「問題の分析と計画立案」「計画実行」「評価」という4つがあることである（Bergan & Kratochwill, 1990；Erchul & Martens, 2006）。

　第1の「関係づくり」のステップでは，コンサルティとなる教師個人との信頼関係づくりはもちろん，学校組織の見立てや，管理職との関係づくりなど，組織との良好な信頼関係が課題となる。カウンセリングでクライエントとのラポール形成が重要なように，教師との関係づくりはコンサルテーションの成否を左右する。しかも，学校組織では，教師だけでなく組織全体との関係づくりが欠かせない。

　コンサルテーションは間接的な支援であり，第2ステップで述べるクライエントへの見立てが重要になるが，その際にも，クライエントだけでなく，学校組織やコンサルティについても理解し，どのような支援方法が許容され実施可能なのかを見立てる必要がある。クライエントとコンサルティの両者を見立てるコンサルテーションは，カウンセリング以上に応用的である。

　第2の，「問題の分析と計画立案」のステップでは，どのような文脈のなかで，何が問題となっているのか。その問題の背後に何があるのかを同定し，理解し，分析することになる。「学級が荒れている」という訴えであれば，実際に何が生じているのか。その背後には，どのような背景をもつ生徒たちが学級におり，そのなかの誰がどのように「荒れ」ているのか，周囲はそれをどう見ているのか，教師集団はそれらをどうとらえて，これまでどのような指導をしてきたのか。そのなかで，変えられそうなことは何か。こうした点を教師とよく話し合うなかで，新たな視点から理解し，意味づけ，具体的に何ができるかを考えていく。例えば，「荒れ」の「中心」となっている生徒に，発達障害など何らかの困難があれば，どのような支援が生徒個人に必要なのかについても考える必要が生じる。同時に，生徒個人だけでなく，学級全体と中心的な個人，また周囲やその他の生徒集団について，それぞれどうかかわるか，見立てと方策が必要になる。

メンタルヘルス・コンサルテーションでは特に，コンサルティの問題理解を重視する。コンサルタントから新たな視点が提供されることで，コンサルティはこれまでとは違った角度から問題理解ができるようになり，そのことでコンサルティ自身の指導のレパートリーから，適切な指導案を自ら発想できる。これに対して，行動コンサルテーションでは，コンサルタントとコンサルティが，行動療法的な具体的計画を立てていく。例えば，不登校であれば，まず玄関まで，次に庭先まで，など段階を踏んで外に出られるように計画するなど，好ましい行動を行動療法的に形成していく計画を作成していく。コンサルタントは，新たな視点や，計画作成のリードなど，高い専門性が要求される。

第3の「計画の実行」ステップでは，行動コンサルテーションであれば，作成した計画を順次実行していくことになる。メンタルヘルス・コンサルテーションであれば，コンサルティ自身が考案したコンサルティの仕事の範囲で行える指導を，コンサルティが工夫することになる。視点の変化だけで新たな指導が行えるか不思議に思われるかもしれないが，視点の変化による新たな理解があれば，意識的・無意識的に，自然と生徒へのかかわりも変化し，そのことで学級や生徒と教師の関係が変化し，問題が収束に向かうのである（例えば伊藤，2003）。

第4の「評価」のステップでは，行動コンサルテーションであれば，結果を吟味し，必要に応じて追加の計画を立てる。メンタルヘルス・コンサルテーションであれば，評価はフォローアップの意味合いが強く，さらに計画を立てることは少ないかもしれない。教師自身の視点が変化していれば，教師が必要な支援を自らのレパートリーのなかから工夫し，自ずと継続的に必要な支援を行うことができるからである。つまり，教師自身が新たな視点や理解の枠組みを得ることで，教師の変化成長が生じ，当該事例だけでなく，後続の類似事例についても，自ら対処できるようになる。メンタルヘルス・コンサルテーションでは，こうした後続の類似事例にもコンサルテーションの効果が波及することを重視しており，コンサルテーションが校内で多くの教師との間で展開することによって，学校組織全体の力量形成にもつながることが期待される。

[3] 学級経営コンサルテーションの実際

コンサルテーションは，地域のなかで，家族や友人，地域住民などの非専門

家が，クライエントをより効果的に支えるために，非専門家の支援を支える方法として出発した（Caplan, 1970）。まさに，学校というコミュニティのなかで，教師というメンタルヘルスの非専門家が，教育の専門家として効果的に生徒を支援することを支えるモデルと合致している。

さらに Caplan（1970）は，クライエント個人だけでなく，組織のマネジメントを支援対象としたコンサルテーションを提唱し，マネジメント中心のコンサルテーションを理論化した。生徒個人だけでなく，学級経営や学校経営を対象としたコンサルテーションモデルである。また，行動理論的な方法としても，SWPBIS（School Wide Positive Behavioral Interventions and Supports）のように，学校規模・学級規模で行動理論や行動分析の発想を用い，賞賛などの介入で生徒の肯定的行動を増やして「荒れ」などの問題を改善予防する方法があり，日本でも実践例が増えている（庭山, 2020；吉村, 2018）。

前項で述べたように，コンサルテーションでは，各ステップそれぞれに高い専門性が要求される。学級レベルの介入となれば，担任だけでなく，管理職や学年の教師からの理解と協力が欠かせない。ある学級だけを介入対象とすることは実際上難しく，学校全体と学年の教師がコンサルタントを受け入れ，コンサルタントとともに実践を計画し実行できるかが，コンサルテーションの要となる。例えば関（1993）は PM 理論（三隅他, 1977）などの社会心理学の理論を応用して，学校の「荒れ」を改善している。同様に伊藤（2003）は，メンタルヘルス・コンサルテーションの理論にもとづいて，学級風土アセスメントを用いた外在化による教師の視点の変化による学級の問題解決を行った。さらに鈴木（2010）は，精神分析的な視点により，学級の「荒れ」を解消するコンサルテーションを，大平（2019）はシステムズアプローチによる学級の「荒れ」の解消事例を報告している。

このように，行動主義であれ社会心理学であれ，他の心理臨床理論であれ，何らかの心理学的な知識理論に依拠した問題の分析と具体的解決方法への橋渡しが，コンサルテーションには必須である。問題分析の力を養い，組織で信頼関係を構築する対人能力を養うことが，学級コンサルテーションの基盤である。

3 学級アセスメントの方法

　次に，コンサルテーションにも必要な，学級アセスメントの一方法として，質問紙による代表的なものを概説する。

[1] Q-U

　「Q-U（Questionnaire-Utilities）楽しい学校生活を送るためのアンケート」は，データ分析やプロフィールの作成までパッケージ化されている。ソーシャルサポートの尺度を加えた「hyper-QU（hyper-Questionnaire Utilities）よりよい学校生活と友だちづくりのためのアンケート」が幅広く使用されている。

　Q-U は，個人の適応感に着目し，その布置から学級全体をアセスメントする。生徒が自身の学級生活への満足感と意欲を回答し，「承認得点」と「被侵害得点」を縦軸と横軸にプロットした散布図を描く。それにより，学校生活満足群，非承認群，侵害行為認知群，学校生活不満足群の 4 象限から成る散布図に生徒が位置づき，どの象限に位置づく生徒が多いかなどで学級状況を知るしくみである。

　冒頭に述べたように，学級は時期を経て変化していく。そこには，生徒各人のその時々の思いや対人関係が反映していく。Q-U の生徒の散布図も，非承認群の生徒が学校生活満足群に移行したり，その反対の移行があったりと，複数回の実施により，個々の変化をとらえられる。さらには，学級全体としてある方向へ生徒が移行していれば，学級全体の風土が，その方向に変化したことがわかる。そうした変化についての解釈や，より好ましい変化へと促す要となる教師の指導の工夫などについての具体的な手引書（河村・武蔵, 2015 など）も多数あり，学級の変化や学級経営について学ぶことができる。

[2] アセス

　アセス（ASSESS：Adaptation Scale for School Environment on Six Spheres）も，「学級全体と児童生徒個人のアセスメントとソフト」いう副題が示すように，個人の適応感に着目した，学級アセスメントのツールである。「生活満足感」「教師サポート」「友人サポート」「非侵害的関係」「向社会的スキル」「学

190　第Ⅲ部　学級経営支援

習的適応」の6因子から成り，それらの得点プロフィールから，生徒個人がどのような状態にあるのかを知ることができる。そして，それらの学級平均値から，学級の状況を把握できる。アセスは，「本人の主観的な適応感」，とりわけ「SOSのサインを出している子」の発見に特徴がある（栗原・井上，2010）。その意味では，学級アセスメントというよりも，個人を多面的に理解し，支援のニーズに気づくためのテストバッテリーと考えると理解しやすい。その上で，学級平均値から学級全体の傾向を知るしくみである。例えば，学級平均で友人サポート得点が低ければ，特にサポートが乏しいと感じている生徒や，逆に，全体に得点が低いなかでサポートを感じて高得点である生徒を確認し，どのような指導の工夫がありそうかを検討できる。そうした個人への支援のしやすさが特徴といえる。

［3］学級風土尺度

　学級風土尺度（CCI: Classroom Climate Inventory）は，Q-Uやアセスと同様に標準化された尺度であるが，Q-Uやアセスと違い，生徒個人が自分自身の適応感ではなく，学級についての認識を回答するタイプ，つまり前述のWalbergらの研究にルーツをもつ海外の風土尺度と同じタイプである。学級アセスメントでは歴史的に，環境を物理的側面も含め客観的にとらえる立場と，環境内の人の認知を中心に主観的な側面からとらえる立場があるが，学級風土尺度は，両者を意識して，比較的客観的な行動面での事柄と，より主観的な認識に関する事柄の双方を内容に組みこんでいる。例えば前者であれば，「このクラスでは掃除当番をきちんとする人が多い」など学級成員間で意見が一致しやすい比較的客観的な項目，後者であれば「クラス全体が嫌な雰囲気になることがある」など学級成員間でも意見に差が生じやすい比較的主観的な項目を配置し，各項目の級内相関と級間相関の比である相関比から，それらの機能を統計的に確認している。新版学級風土尺度では，227学級によるマルチレベル因子分析により「学級活動への関与」「生徒間の親しさ」「学級内の不和」「学級への満足感」「自然な自己開示」「学習への志向性」「規律正しさ」「リーダー」の8つの下位尺度が得られており（伊藤・宇佐美，2017），さらに実践的活用のために，「生徒間の親しさ」を「仲の良さ」「男女の仲の良さ」「協力」に，「学級内の不和」を「トラブル」「グループ化」に分けるなど，**図13-2**のよう

第13章　学級アセスメントとコンサルテーション　　191

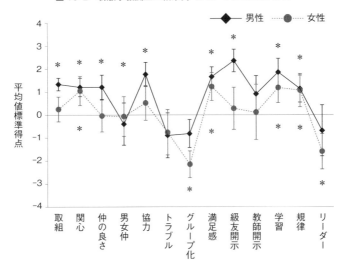

図 13-2　新版学級風土の結果例（伊藤・宇佐美, 2017 より）

に，生徒から見た学級像を図示できる。なお図中縦の点棒線は男女それぞれの分布（標準偏差），＊は効果量0.5以上の差が全国平均に比してあることを示している。

　Q-Uやアセスが，生徒個人のアセスメントの集積から学級をとらえるのに対して，学級風土尺度は，生徒から見た学級像が描かれる点で，学級についての生徒の声を聴く尺度といえる。思春期の子どもにとっては，自分自身について回答するよりも，学級について回答するほうが，心理的な負担が少なかったり，学級について考える機会になったりすることもある。反面，学級集団について自分なりの意見をもつのは小学校低学年の子どもには難しい。

　また，学級風土尺度は，学級の生徒の総意として風土を描く。教師が勉強しない学級と思っていても，生徒たちの多くがよく勉強する学級と思っていることもあれば，反対に，教師はよく勉強する学級と思っていても，生徒たちはまだまだ勉強できていないと思っていることもある。こうしたズレを含めて，結果に表れた学級像について，生徒たちはなぜそう感じているのかを考えれば，学級経営の手がかりが得られる。生徒たちのとらえ方によって，教師に求められる働きかけも異なってくる。また男女の平等など，学級経営の上で教師が重視している点が生徒たちに定着していれば，結果に表れる。それにより，教師

192　第Ⅲ部　学級経営支援

の指導の浸透具合を推測できる。このように学級風土尺度は,「世論調査」のように,生徒たちが主観的に感じている学級像を見える化し,教師に伝えるツールである。

　以上,質問紙による学級アセスメントツールを概説したが,質問紙を用いたアセスメントは,量的に結果を可視化できる利点の一方で,実施の手間や費用がかかる。こうした質問紙を用いなくても,丁寧な観察によって学級をアセスメントすることは可能である。Salzberger-Wittenberg et al.（1983 平井他監訳 2008）は,教室内の人間関係の「性質」を理解することの重要性を精神分析の立場から指摘し,非言語や語られないということも含めて,何が表現され受け取られているかを観察し続けることの重要性を指摘した。最初は気づけなくても,意識して観察することで,教室全体の人間関係の性質や心理状態をとらえることができるという。何かに注目し,継続的に観察することで,これまで見えていなかったことが見えることは日常的にも経験される。生徒同士,また生徒と教師のコミュニケーションのなかで,どのようなことが,意識的・無意識的に,また,言語的・非言語的に語られているのかに注意を向けることは学級アセスメントの基本である。コンサルテーションにおいて,学級とその場の状況をとらえ,クライエントとコンサルティの思いや立場を適切に理解することにも,観察は欠かせない。その場でのコミュニケーションや状況を敏感に感じ取る訓練が,学級への介入の基本になる。

　学級風土というべき学級の心理社会的・情緒的側面があることを認識して,それに意識を向けること,行事や定期試験など,生徒を成長させる様々な学校のシステムのなかで,個人のみならず学級集団全体がどう変化成長しているかをとらえることが重要である。必要なフォローや声掛け,席替えや学級活動の内容や方法など,学級経営の個と集団双方への多様な支援指導を統合的に考え,スクールカウンセラーなどの心理職も含めて学習の場・成長の場としての学級づくりを行うことが学校には求められている。

本章のキーワード

コンサルテーション,アセスメント,学級風土,アセスメントツール

第13章 学級アセスメントとコンサルテーション　　193

【引用文献】

Bergan, J. R., & Kratochwill, T. R.（1990）. *Behavioral Consultation and Therapy*. Plenum Press.

Brigman, G., E., Mullis, F., Webb, L. D., & White, J. F.（2005）. *School Counselor Consultation: Skills for Working Effectively with Parents, Teachers, and Other School Personnel*. John Wiley & Sons.（谷島弘仁（訳）（2012）. 学校コンサルテーション入門——よりよい協働のための知識とスキル　金子書房）

Caplan, G.（1970）. *The Theory and Practice of Mental Health Consultation*. Basic Books.

Erchul, W. P., Martens, B. K.（2006）. *School Consultation: Conceptual and Empirical Bases of Practice*（2nd edition）. Springer.（大石幸二（監訳）（2008）. 学校コンサルテーション——統合モデルによる特別支援教育の推進　学苑社）

Getzels, J. W., & Thelen, H. A.（1960）. The classroom group as a unique social system. *Teachers College Record, 61*(10), 53-82.

伊藤亜矢子（2003）. スクールカウンセリングにおける学級風土アセスメントの利用——学級風土質問紙を用いたコンサルテーションの試み　心理臨床学研究, *21*(2), 179-190.

伊藤亜矢子・宇佐美慧（2017）. 新版中学生用学級風土尺度（Classroom Climate Inventory; CCI）の作成　教育心理学研究, *61*(1), 91-105.

河村茂雄・武蔵由佳（2015）. 「みんながリーダー」の学級集団づくり中学校編　図書文化社

栗原慎二・井上　弥（2010）. アセスの使い方・活かし方——学級全体と児童生徒個人のアセスメント　ソフト　ほんの森出版

文部科学省（2023）. 誰一人取り残されない学びの保障に向けた不登校対策「COCOLOプラン」（概要）https://www.mext.go.jp/content/20230418-mxt_jidou02-000028870-bb.pdf

庭山和貴（2020）. 中学校における教師の言語賞賛の増加が生徒指導上の問題発生率に及ぼす効果——学年規模のポジティブ行動支援による問題行動予防　教育心理学研究, *68*(1), 79-93.

大平　厚（2019）. 学級崩壊への介入　吉川　悟・赤津玲子・伊東秀章（編著）システムズアプローチによるスクールカウンセリング——システム論からみた学校臨床第2版（pp.173-179）　金剛出版

Salzberger-Wittenberg, I., Henry, G., & Osborne, E.（1983）. *The Emotional Experience of Learning and Teaching*. H Karnac Books.（平井正三・鈴木　誠・鵜飼奈津子（訳）（2008）. 学校現場に生かす精神分析——学ぶことと教えることの情緒的体験　岩崎学術出版社）

Schweig, J., Hamilton, L. S., & Baker, G.（2019）. *School and Classroom Climate Measures*. Rand Corporation.

関　文恭（1993）. 荒れた中学校における学校改善の実証的研究　実験社会心理学研究, *33*(2), 122-130.

鈴木　誠（2010）. 危機状態の教職員集団へのコンサルテーション——学校への支援に生かす精神分析　臨床心理学, *10*(4), 512-518

Walberg, H. J.（1968）. Structural and affective aspects of classroom climate. *Psychology in the Schools, 5*(3), 247-253.

Walberg, H. J., & Anderson, G. J.（1968）. Classroom climate and individual learning. *Journal of Educational Psychology, 59*(6, Pt.1), 414-419.

山本和郎（2000）. 危機介入とコンサルテーション　ミネルヴァ書房

吉川　悟・阪幸　江（1999）. 学級崩壊など集団の問題へのシステムズ・コンサルテーション　吉川　悟（編）システム論から見た学校臨床（pp. 267-277）　金剛出版

吉村隆之（2018）. チーム学校におけるスクールカウンセリングと小学校の学級の荒れの回復　心理臨床学研究, *36*(4), 441-451.

第14章
保護者と教師の連携

1 はじめに

　読者の皆さんは，「保護者との連携」という言葉を聞くと，どのようなイメージが心に浮かぶだろうか。教員になる多くの人の主要な動機は，「子ども」への関心だと考えられるので（例えば，HATOプロジェクト・愛知教育大学特別プロジェクト　教員の魅力プロジェクト, 2016)，保護者との連携といわれても明確なイメージが湧かない人も少なくないかもしれない。

　しかし，保護者との連携は，教員の仕事のなかでは，等閑にできるものではない。例えば，「小学校学習指導要領（平成29年告示)」には以下のような記述がある。

> 2　家庭や地域社会との連携及び協働と学校間の連携
> 教育課程の編成及び実施に当たっては，次の事項に配慮するものとする。
> ア　学校がその目的を達成するため，学校や地域の実態等に応じ，教育活動の実施に必要な人的又は物的な体制を家庭や地域の人々の協力を得ながら整えるなど，家庭や地域社会との連携及び協働を深めること。また，高齢者や異年齢の子供など，地域における世代を越えた交流の機会を設けること。　　　　　　（第1章　総則　第5　学校運営上の留意事項　より）

　このように保護者，あるいは家庭との連携は，学校においては，欠かすことのできない仕事の一部となっている。

　では，教師は実際，仕事として「保護者との連携」にどのように向き合っているのであろうか。文部科学省による現職教員を対象とした「教員勤務実態調査（令和4年度)」において，「保護者・PTA対応」は「地域対応」と同様

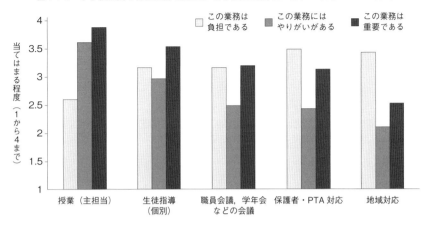

図 14-1　小学校教員の各種業務の捉え方（教員勤務実態調査（令和4年度）をもとに作成）

に，授業や生徒指導などの他の業務と比較すると，負担感は高く，やりがいは低く感じられていることが明らかにされている（図 14-1，文部科学省初等中等教育局，2023）。また，全国600人の小・中学校と高等学校の教員を対象としたアンケート調査に基づく記事（東洋経済ONLINE，2021）では，「保護者・PTA・地域」対応にストレスや悩みを感じている教員が多いことが報告されている。学校そして教員にとって，保護者とのかかわりは，前向きな仕事になっていない様子が窺われる。

　親と教師との関係には，基本的な困難さがあることを指摘する人もいる。例えば，アメリカの教育社会学者Wallerは，親と教師は「元来敵同士」であると論じている（Waller, 1932, 1957）。そうなる背景として，親と教師とでは，例えば，望む子どもの成長イメージには違いが生じうること（例：学業優先と全人的な発達優先），そして，親にとっての子どもは家族の一員で，自己と密接にかかわる集団に属している一方で，教師にとっての子どもは学校という職場での対象であり，公的な集団に属しているといった違いがあることが指摘されている。

　もちろん，現実に目を向ければ，保護者とのポジティブな連携事例も少なくない。例えば，ある幼稚園では，食育の一環として，家庭に対して，ほうれん草などの特定の食材を使った弁当の準備を依頼する日を設けている（吉永，2017）。保護者からの協力が得られれば，子どもたちは同じ食材が様々な形で

196 第Ⅲ部 学級経営支援

調理できることを学べ，さらにそれについてコミュニケーションする機会を得ることができる。家庭と連携することで，園単独ではできない教育を実現しているといえよう。こうした事例に留まらず，様々な場面で，日常的・潜在的な連携による教育効果は生じていると考えられる。すなわち，保護者との連携は，ただの負担要素ではなく，教育・指導の効果を促進する要素とすることもできる。

以下ではまず保護者との連携についての概念を確認し，連携によって生じるメリットについて検討する。そして，それを実現するための課題について考える。最後に，そうした課題にどのように対処し前向きな連携につなげていくことができるかを考察する。

2 「保護者と教師との連携」という概念について

最初に，用語を確認しておく。保護者と教師との連携（parent-teacher partnership）という概念は，子どもの学習や成長のための保護者と教師との協力関係であり，責任を共有したものととらえることができる（Epstein, 1996)。類似した用語は数多く，例えば，"family-school connectedness"（Serpell & Mashburn, 2011)，"family-school cooperation"（Deng et al., 2017）といった用語も存在している。あまり厳密には区別されておらず，具体的な内容としては，前述の研究では，保護者と教師との客観的な接触頻度と信頼感を含む主観的な関係性の2つでとらえられていた（Serpell & Mashburn, 2011; Deng et al., 2017, **表14-1**)。

それらと密接に関連した概念に，保護者の参画（parent involvement）とい

表14-1　Deng et al.（2017）における保護者と教師とのパートナーシップ概念

接触頻度	個人的な会話（保護者と教師が学校で会い生徒の発達上の問題について話す)，保護者と教師との電話，保護者会と任意の雑談，保護者と教師がお互いに連絡を取り合い情報を共有するインターネットのプラットフォーム，家庭 - 学校記録簿，PTA，家庭訪問など
親 - 教師の関係性：Vickers and Minke（1995）によるParent-Teacher Relationships Scale	(1)「結合 (joining)」：互いに信頼し合っている，協力し合っていること (2)「コミュニケーション」：互いに情報を共有していること

う概念がある。Epstein（1996）が指摘するように，保護者の参画という概念は幅が広く，とらえどころがないものであるが，様々な側面が提案されてきている。例えば，Grolnick & Slowiaczek（1994）では，教師と会う，保護者会に出席するなどの「行動的な側面」，本を読む，ニュースについて語る，博物館に行くといった「認知的・知的側面」，そして，保護者が学校での活動に関心をもつといった「個人的側面」が提案されている。Wang & Sheikh-Khalil（2014）は，1）保護者会に出席する，基金に援助するなど学校を基盤としたもの，2）宿題のための時間をセッティングする，博物館や図書館に一緒に行くなどの家を基盤としたもの，3）先へ進むためにはいい成績を取ることが大切であることを子どもに語る，大学入試のための計画について話し合うなどの学業的社会化（academic socialization）を含むとしている。

　信頼関係を含む「保護者と教師との連携（partnership）」と「保護者の参画（involvement）」とには，前者が2つの主体間に焦点があるのに対して，後者は保護者の態度に焦点があるという概念上の違いがある。しかし，前述のように参画には例えば，教師に会いに行く，保護者会に出席するといった「連携」に関する具体的行動が含まれており，現実的にはこの2つの概念を明確に分けることは困難なように考えられる。Deng et al.（2017）は，家族と学校との協同は様々な用語で研究されているが，家族と学校との協同が子どもの育ちに有益であるという実質的な知見があるとしている。本章では，実質的な立場に立ち，様々な異なる用語で研究されていたとしても，保護者と教師との協力関係，連携にかかわっていると考えられる研究については同じように検討することにした。

３　保護者と教師との連携のメリット

　保護者が教育にかかわること，あるいは教師と連携することは，生徒の諸側面に好影響を与えることが，数多くの調査から明らかにされている。

　学業達成については，例えば，Jeynes（2005）は，41の研究をメタ分析し，全体としての保護者の関与と学業達成とは有意に関連することを見出している。そのかかわりは，白人でも少数派でも，男性でも女性でも確認されている。Sheldon & Epstein（2005）は，小学校と中学校の縦断データを用いて，保護

図14-2 Deng et al.（2017）による保護者と教師の接触頻度，保護者と教師の関係性，生徒の発達のパス解析結果の簡略図

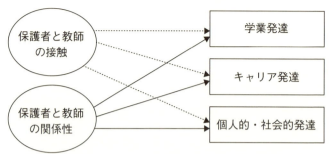

破線は，有意ではあるものの標準化係数が.10以下であることを示す。

者の学習へのかかわりと生徒の数学の成績との関連を学校レベルで調べた。その結果，家庭で子どもの数学学習を支援するような実践（例：子どもと保護者とが一緒に取り組むことが求められる数学の宿題の提示）を効果的に行うことが，標準化された数学の学力テストで好成績を収める生徒の割合の増加と関連していることが示された。

また，中国本土の10省にまたがる61高校の全国代表サンプル4,606人の高校教師を対象としたDeng et al.（2017）では，親と教師の個人的会話や家庭訪問などの「接触頻度」と，情報共有や信頼感などの「関係性」は，学業発達，キャリア発達，個人的・社会的発達の3つの領域すべてと関連していた。特に親と教師の「関係性」は，親と教師の「接触」よりも生徒の発達により強く関連していた（**図14-2**）。こうした結果はSanders（1998）などでも得られている。

日本においては，国立大学法人お茶の水女子大学（2018）による文部科学省委託研究「平成29年度全国学力・学習状況調査を活用した専門的な課題分析に関する調査研究」で，子どもの学力の高さと関連したいくつかの保護者の関わりが明らかにされている（**表14-2**）。

この調査研究では，学業に不利な環境（社会経済的背景（SES）が相対的に低い）を克服している児童生徒の保護者には，同じSESで学力が低い場合と比較して，1）規則的な生活習慣の整備，2）文字に親しむように促す姿勢，3）知的な好奇心を高めるような働きかけ，そして4）行事やPTA活動への参加

表 14-2　子どもの学力とポジティブに関連した保護者のかかわり

	具体的な内容
保護者の働きかけ	・学校の出来事，友達のこと，勉強や成績のこと，将来や進路，地域や社会の出来事やニュース等，会話が多い。 ・テレビ・ビデオ・DVDを見たり，聞いたりする時間などのルールを決めている。 ・子供に努力することの大切さを伝えている。 ・子供に最後までやり抜くことの大切さを伝えている。
保護者の教育意識や諸活動への参加	・将来，子供に留学をしてほしいと思っている。 ・自分の考えをしっかりと伝えられるようになることを重視している ・地域や社会に貢献するなど人の役に立つ人間になることを重視している。 ・保護者自身がPTA活動や保護者会などに参加している。

国立大学法人お茶の水女子大学（2018）による文部科学省委託研究「平成 29 年度全国学力・学習状況調査を活用した専門的な課題分析に関する調査研究」より作成

といった特徴が見られており，保護者の教育への参加的な行動が子どもの学力を促進すると解釈できる。また，そうした行動の一部は，いわゆる「非認知スキル」の高さともかかわることが確認され，保護者の教育への関与が，子どもの発達に広範な影響を及ぼすことが示されている。

　保護者の教育へのかかわり，そして保護者と教師および学校との連携が，子どもの学業達成やいわゆる「非認知スキル」等の成長にポジティブに関連することは数多くの研究によって確かめられているといえよう。

4　保護者のかかわりを難しくするもの

　保護者の教育へのかかわり，そして保護者と教師および学校との連携を難しくする要因は数多く想定されうる。

　例えば，先にあげた Waller（1932, 1957）は，その両者が敵対的な関係に陥る要因として前述のように，1）教師と保護者とで子どもに望む成長のあり方に相違がありうること，2）両者は所属集団の文脈が異なることを挙げていた。こうした違いは，保護者と教師の協力を困難にすると考えられる。

　保護者の教育への関与，保護者と教師との連携にとって壁となる要因について直接的に検討している研究として，日本の岩永・佐藤（1992），仲田（2009）そしてイギリスの Hornby & Blackwell（2018）を挙げることができる。社会経済的，政策的，そして人口構成的な違いがあり，さらに歴史的違いがあるの

200　第Ⅲ部　学級経営支援

表14-3　保護者の参画に対する阻害要因の分類

	仲田（2009）	Hornby & Blackwell（2018）
保護者側の要因	保護者側の諸問題： 自分の子どものことだけしか考えていない人が多い，保護者は学校に協力する時間的余裕がないなど	親と家族の要因： 親の学校へのネガティブな思いなど
保護者と学校との関係的な要因	対学校の遠慮： 保護者・地域住民は学校教育への口出しは控えるべきであるなど 学校の閉鎖性： 学校はお知らせはするが，保護者の意見を聞くことは少ないなど 協力場面の欠如： 保護者が学校に協力できるような場面が少ないなど	保護者と教師の要因： 教師は保護者と家族を理解することが難しいこと，保護者は教師及び学校についての思い込みと懸念を持っていることなど
社会経済的な背景要因		社会的要因： 親の就労や，経済的，宗教的な問題など 実践的な障壁： 仕事をしていて時間がないこと，インターネットにアクセスできないことなど

で，同じ要因が出てくるわけではないが，大きな目で見れば，「保護者側の要因」「保護者と学校との関係的な要因」「社会経済的な背景要因」というように見ることができるかもしれない（**表14-3**）。これらの要因は相互にかかわり合っているところがあり，独立したものと見ることは難しい。ここでは最も中心的な課題と考えられる「保護者と学校との関係的な要因」に焦点を当てて検討してみることにする。

[1] 保護者と教師との考えのズレ

　保護者の教育への参画，そして学校および教師とのパートナーシップについて，保護者と教師とが異なる考えを有していて，それが両者のすれ違いを生じさせることがある。高口（1987）は，教師主導の学校・家庭連携は，保護者に学校教育の価値のより強い承認と協力を求めるためのもので，結果として保護者から評価されていないとしている。

　Lawson（2003）は，低所得でマイノリティが多いコミュニティにおける小学校の教師12人と保護者13人に，親の関与の意味と機能について面接調査を行なった。その結果，教員は学校中心的な考えをもっていて，保護者に対して学校の教育に協力することを求めていることがわかった。一方，保護者は，学

校が自分たちの声にもっと耳を傾けて理解しようとすること，そして，保護者や地域に対する支援の役割を果たすことを求めていた。危険な地域のなかで，学校こそが安全で公正な場所であり，地域再生に寄与してほしいという期待が寄せられていた。しかし，多くの教師は，自身の役割として，福祉活動ではなく，教育活動を志向しており，そこには根深いズレがあることが明らかにされている。

こうした学校と保護者とのズレは，日本の研究でも見出されている。仲田（2009）では，保護者と学校の連携阻害要因として，学校が自らの都合を優先し保護者の意見を聞くことが少ないという認識を意味する「学校の閉鎖性」，学校に対する遠慮を意味する「対学校の遠慮」などが見出された（**表14-3**参照）。また，高口（1987）では，「父母や住民の意見をよく取り入れている」といった項目に，教師は保護者に比して肯定している人が多いといった認識のギャップがあらわになっているデータもある。

保護者と教師とは，異なる景色を見ており，相互の理解が難しいものなのかもしれない。そして，それは保護者の参画や保護者と教師との連携を難しくしていると考えられる。

[2] コミュニケーション

コミュニケーションは，保護者の参画や保護者と教師との連携を構成する要素ととらえることができるので，同語反復な観もあるが，ここではあえて，両者のコミュニケーションをあげておく。

保護者と教師を対象とした調査で，相互に対する信頼を向上させるためにどんなことができるかという質問に対して，保護者の5割以上，教師の3割以上が「コミュニケーション」と回答していた（Adams & Christenson, 2000）。コミュニケーションをとることで相互に対する理解が進み，信頼感も向上すると考えられる。先に挙げた保護者と教師との考えのズレなどはコミュニケーションによって調整可能なはずであるが，相互の立場や前提知識などに大きな隔たりがあり，互いがそれに向き合わないと効果的なコミュニケーションをとることが難しい。前出の高口（1987）は，保護者と教師とのコミュニケーションは，量としては少なくない場合でも，その内容は教師から保護者への一方向的な伝達が中心で，保護者から教師に意思を伝えたり相談したりといった機能を果た

すことは少ないと考察した。増田（2009）においては，保護者に比して教員は，必要なコミュニケーションがとれているかについて，より楽観的な回答をしたことが明らかにされている。一方的な伝達にとどまらない，相互理解や共感を伴うコミュニケーションが難しいという現状が様々な研究から明らかにされているといえる。

先に挙げたLawson（2003）においても，次のようなコミュニケーションについての保護者の不満が報告されていた。

> 学校はそこにいて，聴いてくれないと。確かに，あまりにたくさんの話があってよくわからないこともあると思うけど，ここの親には話したいこと，わかってほしい経験がいっぱいあるのよ。それらのなかには気持ちのよくない内容もあるかもしれない。でも，それらは聴かれるべきだし，学校はそれに耳を傾けないと。私たちが何を言おうと，まずは聴く必要があるわ。
>
> (Lawson, 2003, p. 97, 筆者訳)

実際のところ，保育者および保育者志望学生が，保護者とのコミュニケーションに苦手意識をもっていることが明らかにされている（中平・馬場・高橋，2014；善本，2003）。三田村（2011）では，教師と保護者の双方の多くが，相互のコミュニケーションに困難を感じた経験を有していることが明らかにされている。保護者の参画や，保護者と教師との連携を考える上では，コミュニケーションをどのように図っていくか，そのスキルをどのようにして高めていくかは重要な課題である。

5 連携を実質的なものにするための改善策

保護者の背景は多様であり，コミュニケーションをとりながら相互理解をすすめ，互いの教育についての考えを近づけていくことが，おそらく最も困難なことなのではないだろうか。前出のWaller（1932,1957）は，もしそうした困難を乗り越えて，保護者と教師が「たびたび気持ちよく会い，互いに第一次集団的な態度をとることができれば——親も教師も遠慮なしにいいたいことがいえるようになれば，きっと子どもの生活に革命をまき起こすほどの改善が」

（Waller, 1932 石山・橋爪訳 1957, p. 98）生じるだろうと述べていた。

　ここでは保護者と教師の考え方のズレ，そしてコミュニケーションの改善にかかわりそうな研究例を紹介する。

[1] 教員養成プログラムの充実

　Denessen et al.（2009）は，オランダの3つの教員養成機関のカリキュラム内容と，そのカリキュラムが学生の保護者と教師とのパートナーシップに関する態度や能力に与える影響を調査した。1）学生のコンピテンスレベルは，教員養成課程がこの問題に関する科目を多く提供しているにもかかわらず，かなり低調だったこと，そして，2）学生は保護者とコミュニケーションをとる準備が十分にできているとは感じていないことが報告された。

　Hedges & Lee（2010）は，保護者あるいは家庭と学校のパートナーシップのためには教師の保護者理解が重要であるが，教師の既成概念がそれを困難にしているとしている。そこで，教員養成課程の学生に，多様な家族や地域社会とつながりをもって自身の既成概念を見直すことができるような，通常の教育実習とは異なる地域社会での実習を体験させ，その効果を検討した。教員養成課程の3年生の学生が実際に実習したのは，地域における児童養護施設，家庭教育，10代の子育て支援サービス，5歳児を対象とした小学校クラスなどであった。

　10代の母親にかかわる実習を行ったある学生は次のように報告した。

　　　多様性ってことがわかったかもしれない・・・若い母親たちは同じような
　　　年齢で，同じような境遇にいるけども，やっぱり違う。背景も性格も違う
　　　し，子どもたちも違う。同じだと思っちゃいけない。一人の個人として，
　　　彼らを知る必要がある。　　　　　　（Hedges & Lee, 2010, p. 266, 筆者訳）

　地域の多様な実態に直面することで，保護者および家庭と教師とのパートナーシップのあり方，そして信頼関係の構築について，学生たちの既成概念は少なからず動揺したと考えられる。こうした経験は，保護者や連携に対する考え方の変化を通して，コミュニケーションの改善にもつながることが期待できよう。

204　第Ⅲ部　学級経営支援

　なお，日本の教員養成課程には，上記と関連したカリキュラムとして，介護を体験する「介護等体験」という科目が設定されている。上記のような観点から非常に意義のあるものと評価できるが，現在の多様化した家族との連携を考慮すると，より幅を広げた地域での実習プログラムとしていくことも，今後の1つの方向性かもしれない。

[2] パートナーシップ・プログラムの導入

　Sheldon & Van Voorhis（2004）は，学校，家庭，地域社会のパートナーシップについての質の高いプログラムの開発取り組みについて，アメリカの300以上の学校を調査した。学校から保護者や家庭へのパートナーシップを促進するための取り組みとしては，次の6種類のかかわり（Epstein, 1995）が基本のものとして想定されていた。

- (1) 養育（parenting）：すべての家庭が子どものために協力的な家庭環境を築けるために支援する
- (2) コミュニケーション：学校の活動や子どもの成長について双方向のやりとりを確立する
- (3) ボランティア活動：学校，家庭等で保護者の協力を募り，組織する
- (4) 家庭での学習：宿題やその他の課題で子どもを助ける方法についての情報やアイデアを提供する
- (5) 意思決定：あらゆる背景をもつ保護者が学校の委員会の代表やリーダーとして参加するようにする
- (6) 地域社会との協力：学校の教育プログラムを強化するために，地域社会からの資源やサービスを特定し統合する

　こうした取り組みを進めるプログラムの実現には，小学校，保護者，教師，地域社会からの支援があること，そしてプログラムの進捗状況を評価していることがかかわっていることが明らかになった。こうした条件が揃った学校では，質の高いプログラムを実施でき，より多くの保護者がボランティアとして学校を手伝ったり，学校の委員会により多くの保護者代表がいたりする傾向が報告されている。保護者との連携を進めるには，1）教師が個人で取り組むだけでなく，組織的で効果的なプログラムが必要であり，さらに2）そのプログラムを運営していくためには学校を含めた地域全体の支援が重要ということで

あろう。

6 今後の展望

　今後の保護者と教師との連携に関しては，「地域のつながりの創出」，「ICT機器の活用」，「教員の働き方改革」など，様々な観点からの検討が可能であるが，ここでは紙幅の都合もあり，教師に求められる2つの力について取り上げることにする。

　第1は，多様な保護者をより深く「理解する力」である。家族構成，家計状況など，子どもおよび保護者の生活環境は様々であり，そうした多様性が今後減少していく可能性は低いだろう。第5節で述べたような，地域の様々な施設・サービスにおける実習は，多様な保護者やその家族を理解し，円滑にコミュニケートしていく力を養う有望な方法の1つと考えられる。

　第2には，他の専門家や機関と「つながる力」である。近年，家庭や地域の多様なニーズに対応できるように福祉や心理の専門家を学校に配置し，教師がそうした専門家と連携して課題に対応できるようにする「チーム学校」といった考え方が定着しつつある（第15章参照）。そうした体制を有効に機能させるために，教師には一人で抱え込まずに「つながる力」が求められる。

　本章のはじめに，保護者との連携が多くの教師にとって苦手な領域となっていることを述べた。上記の「理解する力」と「つながる力」を高めることによって，保護者との連携を教師の負担要因から，教育を促進する要因へ近づけていくことが期待できる。

　教員養成段階では，こうした「理解する力」と「つながる力」に関する教育内容の具体化が求められよう。また，これらの力は，現職の教員にも必要なもので，現職教員を対象とした研修についても検討が望まれる。

> **本章のキーワード**
>
> 保護者と教師との連携，コミュニケーション，教員養成課程，パートナーシップ・プログラム，地域

【引用文献】

Adams, K. S., & Christenson, S. L. (2000). Trust and the family-school relationship examination of parent-teacher differences in elementary and secondary grades. *Journal of School Psychology*, *38*(5), 477-497.

Denessen, E. J. P. G., Bakker, J. T. A., Kloppenburg, H. L., & Kerkhof, M. (2009). Teacher-parent partnerships: Preservice teacher competences and attitudes during teacher training in the Netherlands. *International Journal about Parents in Education*, *3*(1), 29-36.

Deng, L., Zhou, N., Nie, R., Jin, P., Yang, M., & Fang, X. (2018). Parent-teacher partnership and high school students' development in mainland China: The mediating role of teacher-student relationship. *Asia Pacific Journal of Education*, *38*, 15-31. https://doi.org/10.1080/02188791.2017.1361904.

Epstein, J. L. (1995). School/family/community partnerships: Caring for the children we share. *Phi Delta Kappan*, *76*, 701-712.

Epstein, J. L. (1996). Perspectives and previews on research and policy for school, family, and community partnerships. In A. Booth & J. F. Dunn (Eds.), *Family-School Links: How Do They Affect Educational Outcomes?* (pp. 209-246). Lawrence Erlbaum Associates.

Grolnick, W. S., & Slowiaczek, M. L. (1994). Parents' involvement in children's schooling: A multidimensional conceptualization and motivational model. *Child Development*, *65*(1), 237-252.

HATOプロジェクト・愛知教育大学　特別プロジェクト　教員の魅力プロジェクト（2016）．教員の仕事と意識に関する調査　国立大学法人　愛知教育大学・㈱ベネッセホールディングス　ベネッセ教育総合研究所　Retrieved March 30, 2024 from https://berd.benesse.jp/up_images/research/HATO_Kyoin_tyosa_all.pdf

Hedges, H., & Lee, D. (2010). 'I understood the complexity within diversity': Preparation for partnership with families in early childhood settings. *Asia-Pacific Journal of Teacher Education*, *38*(4), 257-272.

Hornby, G., & Blackwell, I. (2018). Barriers to parental involvement in education: An update. *Educational Review*, *70*, 109-119.

岩永　定・佐藤義彦（1992）．親の学校教育参加に関する調査研究　鳴門教育大学研究紀要 教育科学編, 13434403, 鳴門教育大学, 199-215.

Jeynes, W. H. (2005). A meta-analysis of the relation of parental involvement to urban elementary school student academic achievement. *Urban Education*, *40*(3), 237-269.

国立大学法人お茶の水女子大学（2018）．文部科学省委託研究「平成29年度全国学力・学習状況調査を活用した専門的な課題分析に関する調査研究」Retrieved March 30, 2024 from https://www.mext. go.jp/b_menu/shingi/chousa/shotou/130/shiryo/__icsFiles/afieldfile/2018/06/27/1405482_9_2.pdf

Lawson, M. A. (2003). School-family relations in context: Parent and teacher perceptions of parent involvement. *Urban Education*, *38*(1), 77-133.

増田博俊（2009）．保護者の学校参加に関する一考察　東京大学大学院教育学研究科教育行政学論叢, *28*, 55-77.

三田村仰（2011）．発達障害児の保護者・教師間コミュニケーションの実態調査——効果的な支援のための保護者による依頼と相談　心理臨床科学, *1*, 35-43..

文部科学省初等中等教育局（2023）．教員勤務実態調査（令和4年度）の集計（速報値）について　文部科学省初等中等教育局　Retrieved March 30, 2024 from https://www.mext.go.jp/content/20230428-mxt_zaimu01-000029160_2.pdf

中平絢子・馬場訓子・高橋敏之（2013）．保育所保育における保育士の資質の問題点と課題　岡山大学教師教育開発センター紀要, *3*, 52-60.

仲田康一（2009）．保護者-学校間連携阻害要因認識の所在——教職員-保護者の認識のズレに着目して　東京大学大学院教育学研究科教育行政学論叢, *28*, 29-40.

Sanders, M. G. (1998). The effects of school, family, and community support on the academic achievement of African American adolescents. *Urban Education*, *33*(3), 385-409.

Serpell, Z. N., & Mashburn, A. J. (2012). Family-school connectedness and children's early social development. *Social Development, 21*(1), 21-46.

Sheldon, S. B., & Epstein, J. L. (2005). Involvement counts: Family and community partnerships and mathematics achievement. *The Journal of Educational Research, 98*(4), 196-207.

Sheldon, S. B., & Van Voorhis, F. L. (2004). Partnership programs in US schools: Their development and relationship to family involvement outcomes. *School Effectiveness and School Improvement, 15*(2), 125-148.

高口明久（1987）．地域社会における学校と父母「父母の教育意識」論の今日的課題　教育学研究, *54*(2), 178-187.

東洋経済ONLINE（2021）．教員600人調査，約2割が「退職・転職」希望の過酷　「保護者・PTA・地域」対応に大きなストレスRetrieved March 30, 2024 from https://toyokeizai.net/articles/-/444534

Waller, W. (1932). *The Sociology of Teaching*. Wiley.（石山脩平，橋爪貞雄（訳）（1957）．学校集団——その構造と指導の生態　明治図書出版）

Wang, M. T., & Sheikh-Khalil, S. (2014). Does parental involvement matter for student achievement and mental health in high school?. *Child Development, 85*(2), 610-625.

善本　孝（2003）．保育におけるコミュニケーション——「保育士に求められるコミュニケーション能力に関する調査」から　横浜女子短期大学研究紀要, *18*, 47-67.

吉永直美（2017）．基本的生活習慣を身につけるための援助を考える——家庭との連携を意識して　平成28年度幼児教育研究部報告書　福岡教育大学・幼児教育研究部, *11*, 27-30.

第15章

地域と学級・学校の連携

1 チームとしての学校が求められる背景と体制整備の必要性

[1] 専門職の配置と多職種連携の課題

　チームとしての学校が議論されるようになった背景について，文部科学省中央教育審議会（2015）「チームとしての学校の在り方と今後の改善策について（答申）」では，3つの課題を示している。1つ目は，グローバル化や急速な情報化，技術革新など社会の変化に応じた，新しい時代に求められる資質・能力を育む教育課程の実現が求められること。2つ目は，子どもや家庭，地域社会が変容し，生徒指導や特別支援教育等にかかわる課題が複雑化・困難化・多様化していること。3つ目は，教員が多忙であり，子どもと向き合う時間を確保できないことである。これらの課題をふまえ，チームとしての学校を実現するための体制整備が必要であるとされている。

　チームとしての学校のメンバーは多様であるが，心理や福祉の専門職として，スクールカウンセラー（以下 SC）とスクールソーシャルワーカー（以下 SSW）の配置が進められている。しかし，総務省（2020）「学校における専門スタッフ等の活用に関する調査」において SC および SSW の活用状況を調査したところ，SC および SSW の効果的な活用に取り組んでいる事例が見られる一方で，SC および SSW の専門的職務や具体的な役割に関する教委および学校の理解不足が原因となって活用に課題がある事例等も見られると報告されている。2022 年に改訂された「生徒指導提要」（文部科学省）では，「教職員と多職種の専門家や地域の人々が連携・協働して教育活動を展開することが求められる一方で知識や経験，価値観や仕事の文化の違う者同士が関係性を築いていくのはそれほど簡単ではなく，専門性に由来するそれぞれに特有の文化やものの見方をお互いに理解し，考え方や感じ方の溝を埋めることが必要にな

る。そうでないと，教職員と多職種の専門家等との連携・協働が，かえってメンバーにストレスを生じさせることにもなりかねない」と懸念を示している。このように，時代の変化とともにチームとしての学校が求められ，専門職の配置も進められてきたが，教員と専門職の相互理解には課題があることがわかる。

[2] 学級経営と多職種連携

生徒指導提要では，学校がチームとして機能するための視点として，「一人で抱え込まず，どんな問題でも職員会議やケース会議に報告し，常に問題を学校全体で把握すること」「管理職を中心に，ミドルリーダーが機能するネットワークをつくること」「同僚間での継続的な振り返りをすること」が大切であると示している。

学級のなかでは，子ども同士の些細なトラブルから，継続的ないじめの問題，学校への行き渋りがある子ども，長期的な不登校となっている子ども，家庭環境が気になる子ども，虐待が疑われる子ども，授業に集中できない子ども，発達障害が疑われる子どもなど，問題は多種多様であり，軽微なものから重篤なものまで，毎日，同時多発的に起こっている。このような状況のなかで，どのケースを職員会議やケース会議に報告するかの判断は難しい。教職員は多忙であり，心理や福祉等の専門職は勤務が限定的となっている現状から，より重篤なケースが対象とされていることが推察できる。長期不登校や虐待の問題など，学級のなかでは対処しきれない問題が多職種と連携するケースの中心となっており，日々の学級経営と多職種連携は結びつきにくいのかもしれない。

しかし，学級経営を社会心理学的視点でとらえて実践しようとするとき，SC や SSW 等の専門職との連携は有効だと考えられる。なかでも SSW は，個人と環境との相互作用に着目し，アプローチする理論を基盤の1つとする専門職である。こういった視点をもつ専門職との連携は，学級経営においても有効ではないだろうか。

以上から，本章では，教員と専門職の連携促進に寄与することを目指し，専門職との連携に有効なモデルや実践方法を紹介する。さらに，専門職のなかでも SSW に着目し，ソーシャルワークの理論や実践研究から学級経営にかかわるものを紹介し，学級経営における多職種連携の可能性について述べることとする。

2 チーム学校にかかわる専門職と多職種連携の実際

[1] スクールカウンセラーおよびスクールソーシャルワーカーの役割

　チーム学校にかかわる専門職は多種多様であるが，心理の専門職であるSCや福祉の専門職であるSSWは生徒指導部のメンバーとして位置づけることが重要であるとされ，教育相談において役割を担うことが期待されている（**図15-1**）。

　SCとSSWの職務については，「学校教育法施行規則の一部を改正する省令の施行等について（通知）」（平成29年3月31日付け28文科初第1747号）において，**表15-1**のように示されている。

図15-1　チーム学校による組織イメージ

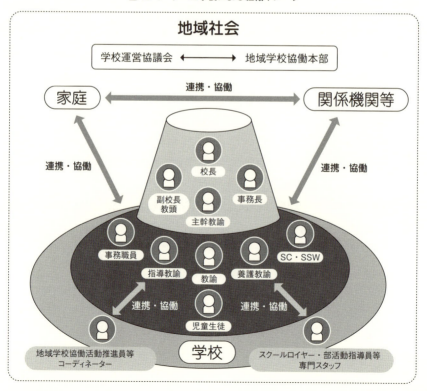

第 15 章　地域と学級・学校の連携　211

表 15-1　スクールカウンセラーおよびスクールソーシャルワーカーの職務内容
(文部科学省, 2017 をもとに作成)

専門性	対応する課題	職務	具体的な職務内容	
			未然防止，早期発見，支援・対応等	課題を認知した場合，またはその疑いが生じた場合の援助
SC	心理に関する高度な専門的知識	不登校・いじめや暴力行為等の問題行動・子供の貧困・児童虐待等	児童生徒，保護者，教職員に対して，カウンセリング，情報収集・見立て（アセスメント），助言・援助（コンサルテーション）等に従事すること	①児童生徒及び保護者からの相談対応 ②学級や学校集団に対する援助 ③教職員や組織に対する助言・援助（コンサルテーション） ④児童生徒の心の教育，児童生徒及び保護者に対する啓発	①児童生徒への援助 ②保護者への助言・援助（コンサルテーション） ③教職員や組織に対する助言・援助（コンサルテーション） ④事案に対する校内連携・支援チーム体制の構築・支援
SSW	ソーシャルワークの価値・知識・技術を基盤とする福祉の専門性	不登校・いじめや暴力行為等の問題行動・子供の貧困・児童虐待等	課題を抱える児童生徒の修学支援，健全育成，自己実現を図るため，児童生徒のニーズを把握し，関係機関との連携を通じた支援を展開するとともに，保護者への支援，学校への働き掛け及び自治体の体制整備への働き掛けに従事すること	①地方自治体アセスメントと教育委員会への働き掛け ②学校アセスメントと学校への働き掛け ③児童生徒及び保護者からの相談対応 ④地域アセスメントと関係機関・地域への働き掛け	①児童生徒及び保護者との面談及びアセスメント ②事案に対する学校内連携・支援チーム体制の構築・支援 ③自治体における体制づくりへの働き掛け

　職務内容から，両専門職が対象とする児童生徒の課題は共通しているが，基盤とする専門性は異なり，アプローチする対象や方法が異なっていることがわかる。そのなかで，共通している点は，児童生徒の理解を深めるためのアセスメントを実施すること，児童生徒および保護者の相談対応，チーム支援体制の構築・支援を行うことである。

[2] 多職種連携によるアセスメント

　生徒指導においても学級経営においてもアセスメントは重要である。しかし個人が把握できる情報には限界があり，ここに SC や SSW がかかわることで，

多様な視点からアセスメントを深めることが可能となる。アセスメント方法は多様であるが，教育現場において有効なアセスメント方法の1つとして，バイオサイコソーシャルモデル Biopsychosocial Model（生物心理社会モデル／以下 BPS モデル）の活用が挙げられている（東京都教育委員会，2018）。BPS モデルとは，「その事」が起きているという事態を，生物学的次元，心理学的次元，社会学的次元の相互作用として認識するものである（渡辺・小森，2014）。例えば BPS モデルでは心筋梗塞が起きたとき，その要因は心臓の機能という生物学的次元のみであるとはしない。職場や家庭環境などの人間関係である社会学的次元，職場や家庭環境に影響を受けた疲労やストレスなどの心理学的次元が相互に影響し合った結果として心筋梗塞が起きたととらえるのである。このようにとらえることで，心臓の手術のみが解決策ではないことがわかる。もちろん手術は必要であるが，合わせて働き方の見直しや職場や家庭の環境から受けるストレスの緩和，生活習慣の見直し等も必要であろう。BPS モデルを活用することで介入の選択肢が広がり，有効な介入ポイントを明確にすることができるのである。

　教育現場での出来事に当てはめて考えてみると，例えば，いじめが起きている事態を当事者間の問題だけでなく，加害者・被害者双方の生物学的次元，心理学的次元，社会学的次元の要因が相互に影響し合った結果として，いじめが起きているととらえる。このようにとらえると，介入ポイントは加害者を指導するということに限定されない。加害者が学級や家庭の環境からストレスを受けていれば緩和が必要であるし，被害者の家庭での生活習慣や経済状況，文化的背景から影響を受けた行動が，いじめにつながっているのであれば，被害者の家庭環境への働き掛けや，文化の違いを理解し受け入れられる学級づくりが介入ポイントになることもある。

　東京都教育委員会（2018）は，児童生徒の理解では生物学的次元の着眼点として「睡眠」「食事」「運動」「疾患」「体調不良」「特別な教育的ニーズ」など，心理学的次元の着眼点として「学力」「学習」「情緒」「社交性」「集団行動」「自己有用感」「自己肯定感」「関心」「意欲」「過去の経験」など，社会学的次元の着眼点として「児童生徒間の関係」「教職員との関係」「家庭背景」「地域での人間関係」などを挙げ，このような着眼点から課題の要因や本人の良さを把握し，支援につなげることが大切であるとしている（**図15-2**）。このように多

図 15-2　BPS モデルを活用した児童生徒理解（東京都教育委員会, 2018 より）

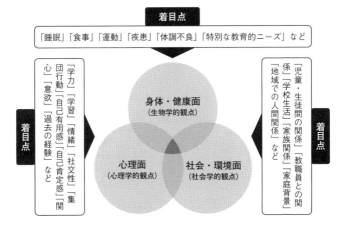

様な側面から理解しようとするとき，SC や SSW との連携は有効だろう。

アセスメントを多角的な視点で実施し，その結果を教育活動に取り入れようとするとき，ケース会議の活用が有効である。

[3] 多職種連携によるケース会議

文部科学省（2010）によると，ケース会議とは，「「事例検討会」や「ケースカンファレンス」ともいわれ，解決すべき問題や課題のある事例（事象）を個別に深く検討することによって，その状況の理解を深め対応策を考える方法。ケース会議の場では，対象となる児童生徒のアセスメント（見立て）やプランニング（手立て，ケースに応じた目標と計画を立てること）が行われる。事例の状況報告だけでは効果のあるものにはならないことに留意が必要である」と説明されている。ケース会議に SC や SSW が参加し，教員とともにアセスメントを実施することで多角的な視点でのアセスメントが可能となり，その対応策も共同で検討することができる。しかし，ケース会議の必要性が示される一方で，学校現場には浸透していない現状がある。教員は多忙であり，会議の時間を確保することや，資料の準備や日程調整の難しさが考えられるが，佐藤（2012）はケース会議が進まない理由について，①時間がない，②「ようすをみましょう」に終わり成果を感じない，③原因探し・犯人探しに終わる，④他への要求に終わる，という 4 点を挙げている。多忙さや時間のなさに加え，有

意義な会議ができていないことが要因として挙げられている。教員が，子どもの支援に有意義であると実感できるケース会議の実施が目指されると言える。

有効なケース会議の実施方法については，岩瀬・ちょん（2012）の「ホワイトボードケース会議」，馬場（2013）の「問題解決型ケース会議」など，いくつか先行研究で示されている。例えば，ホワイトボードケース会議は，学校で「困ったこと」が起こったときに「子どもの最善の利益」を目的に，指導や支援の計画を決めるための会議である。ホワイトボードケース会議のポイントは，「話し合いのプロセス」をつくり情報を可視化することである（岩瀬・ちょん，2012）と説明されている。これらのケース会議の進め方やファシリテーション技術は，児童生徒が学級内でクラスメイトから受ける影響，家庭環境から受ける影響，児童生徒の心理状況，健康状態など様々な情報を効率的に整理し，支援方法を検討することに役立つものである。教員がこれらの技術を身につけることも有効だといえよう。また，SSW は「支援チーム体制の構築・支援」が職務として位置づけられており，ケース会議に関する様々な実践を担うことで効果的な支援につながっていることが示されている（山野，2015）。SSW をケース会議のファシリテーターとして，多職種が連携したケース会議を実施する方法もあるだろう。

3 チーム学校による学級経営・子ども支援

[1] ソーシャルワークの理論と学級経営・子ども支援

SSW については，その専門性が周知されていないことが課題となっているため，先に簡単に説明をしておくこととする。ソーシャルワーカーは，高齢，障害，児童，生活困窮など多様な領域で活躍する専門職であり，SSW は，学校という領域で活躍するソーシャルワーカーの１つである。ソーシャルワーカーにはグローバル定義がある。国際ソーシャルワーカー連携（International Federation of Social Workers）と国際ソーシャルワーク学校連携（International Association of Schools of Social Work）は共同で，以下の定義を 2014 年に採択している（**表 15-2**）。

グローバル定義をふまえると，SSW は，子どもの権利が守られていない状況にある児童生徒を対象に，その状況を改善するために人々や社会の構造に働

第 15 章　地域と学級・学校の連携　215

表 15-2　ソーシャルワーク専門職のグローバル定義

ソーシャルワークは，社会変革と社会開発，社会的結束，および人々のエンパワメントと解放を促進する，実践に基づいた専門職であり学問である。社会正義，人権，集団的責任，および多様性尊重の諸原理は，ソーシャルワークの中核をなす。ソーシャルワークの理論，社会科学，人文学，および地域・民族固有の知を基盤として，ソーシャルワークは，生活課題に取り組みウェルビーイングを高めるよう，人々や様々な構造に働きかける。

きかける専門職であると言える。

[2] ライフモデル（エコロジカル・アプローチ）

　SSW が子どもや家庭への支援において活用するソーシャルワークの理論は多様であるが，「問題は人と環境との相互作用において生じる」という視点に立つライフモデル（エコロジカル・アプローチ）について紹介する。ライフモデルは，生態学にもとづいて C. B. Germain と A. Gitterman によって提唱されたものである。ライフモデルでは，人と環境の接触面に焦点を当て，生活システムにおける問題の原因について分析し，両者の適合を図ろうとする。Germain らは，適応のバランスとか良好な適合状態が崩れたときに生じるストレスに着目した。ストレスは，「生活の変化」「環境の圧力」「不適応な対人関係」の 3 つが互いに関連する領域のなかで起こるとされている（大塚，2016）。

　ライフモデルは，アセスメントとそれにもとづく介入の視点を提供してくれる。子どもと環境の接触面で生じているストレスに着目し，ストレスを緩和するために，誰に働きかける必要があるのか，介入方法としてどのような社会資源の活用が可能なのかを検討する。また，ライフモデルにもとづくアセスメントの結果を可視化するためにエコマップを活用することもある。エコマップとは，家族，関係者，社会資源との関係性を図式化して示すマッピング技法である。例えば，特別支援学級の小学校 1 年生の児童を例に示す（図 15-3）。担任は忘れ物の多さや，母の児童に対する接し方の厳しさについて気になっている。ライフモデルの視点でアセスメントをしたところ，父が仕事の忙しさから養育に協力的ではないこと，母は 4 人の子どもの子育てや祖母の介護を担っており，様々なストレスを抱えていることなどがわかった。このように母のストレスが高い状況で児童へのかかわり方について指導的な助言を行うことだけでは改善されないことは予測できる。SSW は，母のストレスを緩和するための方法として，社会資源の利用等を勧めることが可能である。ケース会議におい

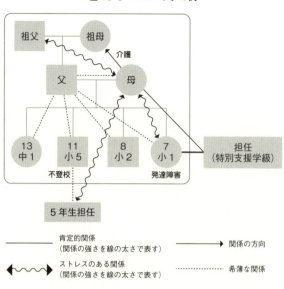

図15-3　エコマップの例

て，子どもや家庭の状況理解を深めるためにエコマップを活用することは参加者の理解を深める一助となるだろう。

[3] ソーシャルワークの理論にもとづく子ども支援の実践例

　高良・佐々木（2022）は，ジェネラリスト・ソーシャルワークにもとづくSSWの実践事例から学校でのソーシャルワーク実践の有効性を示している。その実践事例の1つに「孤立した「父子家庭の子」の子どもが，家庭，学校，地域の連鎖的変化により「地域の子」としての成長を実現した事例」が紹介されている。支援対象となる児童は，学級のなかでは「トラブルはないが気になる子ども」として担任が把握している児童であり，父の職場環境の変化から支援の必要性が生じ，学校に相談がもち込まれたケースである。この事例の児童と家庭への支援内容については「学校は，子どもの登下校支援に地域の民生委員・児童委員にかかわってもらえるように仲介し，家事支援ではNPO等を利用できることを父親に情報提供した。また，父親が学校からの連絡を受けやすい方策を考えたり，父ができそうな育児や家事を提案したりして支えた。同時に，父子家庭への支援制度がないために困っている家庭が他にもあるのではな

いかという話を学校長から地域住民である校区福祉活動協議会の委員にもちかけたことによって教育委員会調査等が行われることになった」と紹介されている。事例は，子どもへの支援だけではなく学校や地域への働きかけも含めた SSW の専門性について解説されているものであるが，事例の展開のなかで，学校では SSW を含めたケース会議が開かれたこと，担任は専門職と協働でアセスメントや支援内容の検討を行うなかで，育ちの環境から受ける影響として，経験不足も併せて生活スキルやコミュニケーション能力の不足があることを理解し，学習では具体的でわかりやすい指示を出したこと，得意な教科と不得意な教科を分析し児童が達成感をもてるような宿題の出し方を工夫したこと，父の状況をふまえて学習用具の準備などで児童が学校生活のなかで困らないように工夫をしたことが紹介されている。

　この実践事例から，「気になる子ども」への支援については，家庭環境の問題であるから学校にはできることがないとあきらめず，多職種が協働でアセスメントし支援策を検討することによって状況の改善につながる可能性があると理解できるだろう。事例では，BPS モデルに当てはめた解説はされていないが，生物学的次元，心理学的次元，社会学的次元の相互作用に学校と地域が連携し，働きかけることで好循環が生まれたと考えることができるのではないだろうか。学校が家庭環境に直接働きかけることが難しい場合でも，育ちの環境における課題を担任が理解し，日々のかかわりのなかで生活スキルやコミュニケーション能力を高める働きかけはできる。事例において SC のかかわりは示されていないが，育ちの環境から受ける心理的影響については SC がかかわることで，より理解が深まり，児童への介入方法の選択肢が広がる可能性もあるだろう。SSW がかかわることで，家庭を取り巻く環境から生じるストレスや課題の把握が可能となり，改善策としての社会資源の活用が提案され，家庭への介入方法の選択肢が広がる。このように，多職種連携が有機的に機能するためには，心理の問題は SC に，福祉の問題は SSW にと分業するのではなく，教員と専門職が協働でアセスメントし，課題を共通認識したうえで支援目標や支援策を検討することで，介入方法の選択肢が広がり，またそれぞれの介入の結果が相互に影響し，好循環を生み出すことにつながる。多職種と連携することで学級経営に役立つ情報を多く入手することができるのではないだろうか。しかし，「気になる子ども」の情報は担任や学校が発見し発信しない限り，SC

218 第Ⅲ部 学級経営支援

や SSW などの専門職にはつながりにくい。教員が，学級集団の子どもや教師の個の問題を学級や対人関係の問題としてみる社会心理学的視点でとらえることで，SC や SSW の活用可能性に気がつきやすくなり，早期に多職種との協働が実現するのではないだろうか。

4 多職種連携教育の必要性

　これまで述べてきたように，連携・協働を有機的に機能させるためには，多職種の相互理解が不可欠であり，自身の専門性の向上だけでなく，教員側と専門職側の相互理解やコミュニケーションが求められている。そのためには，双方の理解を高めるための学習機会が必要である。

　全国すべての大学の教職課程で共通的に修得すべき資質能力を示すことを目的に作成された教職課程コアカリキュラム（文部科学省，2017）においては，教育の基礎的理解に関する科目のなかで「教職の意義及び教員の役割・職務内容（チーム学校運営への対応を含む)」を取り扱うことが必要であると示されている。到達目標は「校内の教職員や多様な専門性をもつ人材と効果的に連携・分担し，チームとして組織的に諸課題に対応することの重要性を理解している」とされている。しかし，榊原（2021）はコアカリキュラムの内容については，「多職種連携による支援体制を構築することの「必要性の理解」にとどまっており，多職種連携支援を実践するために必要な知識やスキル，態度等の具体的な学習課題までは示されていない点が課題である」と指摘している。また，チーム学校に関する教育内容について，大島（2021）は，現行教職課程の教職概論のテキスト 21 冊の内容検討から「チーム学校運営への対応については全てのテキストで説明がなされ，教職の入職経路や教員のライフコースといった教職の職業的特徴に関する記述はどのテキストにも多くの記述を見ることができるが，教職課程コアカリキュラムが想定する教職以外の職業との比較を行っているテキストはわずかであった」と指摘している。また，久恒（2018）は，「「チーム学校への対応」に対応した教師教育を行うには，それに関連の強い科目において与えられた時間・機会だけでは充分でない」としている。また，岩山・安藤（2022）は，授業を担当する大学教員も指導目標が不明確な点や，授業時間の不足，共通に学べる教材の少なさなどの課題を抱えていること

を明らかにしている。

　多職種連携を養成段階から学ぶ方法については医療分野で先駆的に進められてきた。それは多職種連携教育（Interprofessional Education：IPE）として英国で誕生した方法である。IPEとは，他の職種の役割や専門性，また自身の職業の専門性や責任を理解するための教育のことである。英国のCAIPE（Centre for the Advancement of Interprofessional Education）は，IPEを「複数の領域の専門職者が連携およびケアの質を改善するために，同じ場所でともに学び，お互いから学び合いながら，お互いのことを学ぶこと（"Interprofessional Education occurs when two or more professions learn with, from and about each other to improve collaboration and the quality of care"）」（CAIPE, 2002）と定義している。日本においても医療系専門職の養成校において導入されている。

　しかし，教育分野のIPEについては，近年，研究が進められてきてはいるが，開発途上である（荊木・相樂・平野他, 2022）。また，教員養成においては，養成機関の形態，カリキュラム構成，学習環境等の制約が多い傾向があり，教員以外の職種と協働で学ぶことは実際には難しいことが指摘されている（榊原, 2021）。教員養成における今後の課題である。現職教員の場合，多職種連携を学ぶ必要性を理解した上で，その機会が少ない現状をふまえ，現職教育の場に積極的に参加し，学びを深めることが求められるだろう。

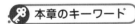

本章のキーワード

チーム学校　スクールソーシャルワーク　多職種連携教育

【引用文献】

馬場幸子（2013）．学校現場で役立つ「問題解決型ケース会議」活用ハンドブック——チームで子どもの問題に取り組むために　明石書店

CAIPE（2002）．「The Centre for the Advancement of Interprofessional Education」（http://www.caipe.org.uk/.2022.11.29）

久恒拓也（2018）．「チーム学校」論に関する一考察——教員の職務内容と教員養成の観点から　新見公立大学紀要, 38(2), 55-59.

荊木まき子・相樂直子・平野大貴・森田英嗣・門原眞佐子・石原みちる（2022）．チーム学校の実現に向けた4職種合同多職種連携教育プログラムの試行について——教員・心理職養成課程学生の学び　日本教育心理学会第64回総会発表論文集, 365.

岩瀬直樹・ちょんせいこ（2012）．よくわかる学級ファシリテーションテキスト——ホワイトボード会議編　解放出版社

岩山絵理・安藤久美子（2023）．「チーム学校」理解や多職種連携理解に繋がる学習の現状と課題——教員養成課程の学生に対するアンケート調査を手掛かりに　愛知教育大学教職キャリアセンター紀要 *8*, 139-145.

高良麻子・佐々木千里（2022）．ジェネラリスト・ソーシャルワークを実践するために——スクールソーシャルワーカーの事例から　かもがわ出版

文部科学省（2010）．生徒指導提要　教育図書

文部科学省（2022）．生徒指導提要　東洋館出版社

文部科学省中央教育審議会（2015）．チームとしての学校の在り方と今後の改善策について（答申）（https://www.mext.go.jp/b_menu/shingi/chukyo/chukyo0/toushin/_icsFiles/afieldfile/2016/02/05/1365657_00.pdf,　2022.11.29）

文部科学省教職課程コアカリキュラムの在り方に関する検討会（2017）．教育課程コアカリキュラム（https://www.mext.go.jp/component/b_menu/shingi/toushin/__icsFiles/afieldfile/2017/11/27/1398442_1_3.pdf,　2022.11.29）

文部科学省初等中等教育課（2017）．学校教育法施行規則の一部を改正する省令の試行等について（通知）（https://www.mext.go.jp/a_menu/shotou/seitoshidou/20210119-mxt_kouhou02-2.pdf,　2024.2.26）．

大島真夫（2021）．キャリア教育としての教職概論　東京理科大学教職教育研究, *6*, 25-31.

大塚美和子（2016）．エコロジカル・アプローチにおけるスクールソーシャルワーク　山野則子・野田正人・半羽利美佳　よくわかるスクールソーシャルワーク第2版（pp. 100-101）　ミネルヴァ書房

榊原剛（2021）．教員養成における特別支援教育に対応できる多職種連携教育試論　名古屋女子大学紀要　家政・自然編, 人文・社会編, (67), 95-105.

佐藤節子（2012）．学校における効果的なケース会議の在り方について——「ホワイトボード教育相談」の試み　山形大学大学院教育実践研究科年報, *3*, 23-30.

総務省行政評価局（2020）．学校における専門スタッフ等の活用に関する調査結果報告書（https://www.soumu.go.jp/main_content/000687333.pdf,　2024.2.26）．

東京都教育委員会（2018）．児童・生徒を支援するためのガイドブック——不登校への適切な対応に向けて（https://www.kyoiku.metro.tokyo.lg.jp/school/content/files/guidebook/00.pdf,　2024.2.26）

渡辺俊之・小森康永（2014）．バイオサイコソーシャルアプローチ——生物・心理・社会的医療とは何か？　金剛出版

山野則子（2015）．エビデンスに基づく効果的なスクールソーシャルワーク——現場で使える教育行政との協働プログラム　明石書店

事項索引

欧　文

ADHD　136
ASD　136
CSST　142
KiVa プログラム　53
LD　136
LGBTQ+　62
OECD　110
PM 型　97
Q - U　189
SST　69
TpB　69

あ

アクティブ・ラーニング　107
アセス　189
アセスメント　189, 211
荒れ　184
アンコンシャス・バイアス　60
アンネンバーグ分散型リーダーシッププロジェクト　177
暗黙知　154
いじめ　45
　　——の加害者　47
　　——の制止行動　52
　　——の傍観者　49
　　——の四層構造理論　47
　　——防止対策推進法　56
　　——防止プログラム　53
　　——問題　63
依存　94
居場所　3
　　——感　4, 144
　　——欠乏感　12
　　——づくり　3
インクルーシブ教育　66, 86
インフォーマルな友人関係　33

英雄的リーダー　175
エコマップ　215
エコロジカル・アプローチ　215
応用行動分析　138

か

階層性　36
学業達成　197
過剰学習　154
課題志向　95
学級
　　——活動　122
　　——経営　93
　　——集団構造　93
　　——集団の発達　97
　　——でのかかわり　144
　　——内の相互作用　14, 85
　　——集団規範　49
　　——主体性・自律性　90
　　——風土　181
　　——風土尺度　190
　　——崩壊　184
　　——モラール　101
学校
　　——行事　124
　　——生活スキル　21
　　——組織　170
　　——適応　8
　　——モラール　97
葛藤解決への援助　127
家庭訪問　27
カミングアウト　63
関係論的パラダイム　161
技術的合理性　153
気づき　67
機能分析　138
規範順守目標　42
ギャング・グループ　31, 32
級友認知の多様性　80
教育機会確保法　17

教員集団　167
教員の専門性　158
教員養成課程　203
教師期待効果研究　85
凝集性　36
協同学習の基本的構成要素　112
協働的な学び　108
拒否不安　35
勤勉性　13
グループ学習　109
計画的行動理論　69
ケース会議　209
原因帰属　82, 156
限局性学習症　136
向社会的目標　42, 115
硬直化　169
行動信念　69
校内教育支援センター　28
個業化　172
個体主義パラダイム　160
子どもの多角的理解　140
コミュニケーション　201
コンサルテーション　184

さ

ジェンダー外来　70
ジェンダーバイアス　60
ジグソー学習法　86
自己肯定感　144
自己調整過程　50
自己評価維持モデル　41
システム理論　84
私的居場所　5
指導行動　82, 95
自閉スペクトラム症　136
社会規範の信念　69
社会経済的背景　198
社会的居場所　5
社会的目標構造　115
集団

事項索引

——活動 121
——社会化理論 129
——的敏感性 146
——同一視 125
習得目標構造 114
従来型いじめ 57
主観的な関係性 196
熟達目標 42
主体的・対話的で深い学び 107
状況対応リーダーシップ理論 99
賞賛 89
承認 88
——の3形態 89
承認論 173
自律 99
自律性 128, 167
信頼感 196
心理教育 27
心理的安全性 89
心理的居場所 3
心理的適応 8
親和欲求 35
遂行回避目標 42
遂行接近目標 42
スキル 67
スクールカウンセラー 18, 208
スクールソーシャルワーカー 18, 208
スクールモラール 79
スクールリーダー 167
ステレオタイプ 84
省察 153
省察的実践者 154
性的マイノリティー 61
接触頻度 196
専門的学習コミュニティ 179
相互依存 98

相互作用システム 85
ソーシャル・スキル・トレーニング 69, 142
ソシオグラム 33
ソシオメトリック・テスト 33
組織文化 167
組織論 169
尊重 88

た

対等性 94
多因子疾患 137
他職種との連携 14
多職種連携 209
多様性 203
知識 67
チャム・グループ 31, 32
注意欠如多動症 136
突きつけ 101
統制信念 69
道徳不活性化モデル 50
特別活動 121
特別支援教育 135
トラブル 122, 127

な

仲間集団 31, 129
——の構造 35, 36
二次障害 137
二次的疾患 137
二次的問題 137
認知次元 78
——の多様性 80
——の変容 83
認知の歪み 51
ネットいじめ 57

は

バイアス 60
バイオサイコソーシャルモデ

ル 212
配慮志向 96
発達障害児 135
反依存 94
ピア 129
ピア・グループ 31, 32
被教育体験 131
非認知スキル 199
批判的思考 155
不登校 3, 17, 64
分散型リーダーシップ理論 175
閉鎖性 36
保護者と教師との連携 196
保護者とのかかわり 14
保護者の参画 196
ホモフォビア 61

ま

マジョリティー特権 68
学びの多様化学校 17
マネージャー 167
マネジメント 167
メタ認知 156
メタ分析 57, 107

や

役割加工 86
役割発揮 130
友人との関係の質の効果 41
友人の特徴の効果 41

ら

ライフモデル 215
リーダー 169
リーダーシップ 167
リスペクト 89
レッテル 84

人名索引

A

Ahnert, L.　146
秋山邦久　136
雨宮俊彦　46
Anderson, G. J.　182
Anderson, H. H.　97
安藤久美子　218
安藤美華代　79, 80
安藤知子　95
安斎智子　5
蘭千壽　86, 100, 127
有元典文　161, 163
Aronson, E.　86

B

馬場幸子　214
Bandura, A.　50, 51
坂西友秀　87
Barkley, R. A.　145
Barlett, C. P.　57, 58
Bass, B.　116
Bennis, W. G.　98
Bergan, J. R.　186
Bergen, P. V.　88
Berndt, T. J.　41
Blackwell, I.　199, 200
Blanchard, K. H.　99
Brigman, G. E.　185
Brophy, J. E.　85
Bruner, J.　93
Buhrke, R. A.　67
Buhrmester, D.　33
Burr, V.　162, 163

C

Camburn, E.　176
Campbell, J.　40
Caplan, G.　185, 186, 188
Chamberlain, B.　136
Chang, L.　97
ちょんせいこ　214

D

Davis, G.　169
DeFlaminis, J.　171, 175, 177
出口真紀子　68
Denessen, E. J. P. G.　203
Deng, L.　196, 197, 198
Devine, P. G.　84
Douce, L. A.　67
DuPaul, G. J.　140
Durlak, J. A.　107, 116

E

蝦名芙美　24
Eckert, T. L.　140
Edmondson, A. C.　89, 173
江村理奈　27
Endo, H.　67
遠藤利彦　129
Epstein, J. L.　197, 204
Erchul, W. P.　185, 186
Erikson, E. H.　77

F

Filloux, J.-C.　94
Flanders, N. A.　97
淵上克義　93, 170
藤竹暁　5
Furman, W.　33

G

Galper, R. E.　87
Gergen, K. J.　93, 163
Gerland, J.　145
Getzels, J. W.　181, 182
Gini, G.　49, 51, 52
Goldbach, J. T.　71
Good, T. L.　85
Gradinger, P.　58
Grolnick, W. S.　197

H

濱田祥子　82
濱川昌人　124
浜名外喜男　78, 85
Hansell, S.　35
Harris, J. R.　129
長谷川祐介　122, 123, 125
橋爪貞雄　202
蓮尾直美　95
速水敏彦　82
林茜　24
林尚示　125
Hedges, H.　203
Hersey, P.　99
日高庸晴　65
東村知子　163
Hipp, K. K.　177
平井正三　192
平田乃美　24
廣嶋忍　136
広田君美　99
久恒拓也　218
本間恵美子　27
Honneth, A.　89, 173
Hornby, G.　199, 200
保坂亨　31, 32
星野俊樹　62
Hoza, B.　136
Huffman, J. B.　177
Hymel, S.　47

I

荊木まき子　219
五十嵐哲也　21, 25, 27, 28
飯田順子　21, 64
池上知子　87
井上俊　159
井上弥　190
伊勢本大　132
石田裕久　109, 112, 117
石田靖彦　35, 36, 37, 38, 39,

78, 79
石黒広昭　160, 161, 162
石隈利紀　21, 25, 126, 127
石本雄真　4, 5, 6, 7, 13
伊藤亜矢子　82, 187, 188, 190
伊藤貴昭　114
伊藤義美　4
Iwabuchi, K.　128
岩永定　199
岩瀬直樹　214
岩山絵理　218

J

Janssen, J.　108
Jantzi, D.　174
Jeynes, W. H.　197
Johnson, D. W.　109, 111, 112, 117
Johnson, J. E.　155, 156, 157
Johnson, R. T　111

K

Kaendler, C.　117
香川秀太　161
梶原由貴　137
垣花真一郎　114
蒲田いずみ　27
金澤睦　155
神田橋條治　27
金子一史　20
Karweit, N.　35
葛西真記子　63, 66
笠松幹生　80
かしまえりこ　27
加藤奈央　78
Kawabata, Y.　54
河村茂雄　24, 33, 34, 100, 121, 122, 125, 128, 189
川田学　81
Kindermann, T. A.　41
木下雅博　51
Kirby, J. R.　138
北口勝也　82, 87
清河幸子　164
清永賢二　47

児玉佳一　110, 111, 117
小泉令三　14, 142
小島文　35, 36
古城和敬　85
小森康永　212
近藤邦夫　77, 80, 84
Korpershoek, H.　107
越良子　38, 42, 78, 79, 80, 89, 132
越川房子　53
Kotter, P. J.　168, 169
高良麻子　216
Kowalski, R. M.　57, 58
Kratochwill, T. R.　186
久保田（河本）愛子　125, 127, 128, 129, 130, 131, 132
栗原慎二　190
栗田季佳　84
黒川雅幸　49, 58
楠見幸子　34
楠見孝　155
Kyndt, E.　112

L

Lawson, M. A.　200, 202
Lee, D.　203
Leithwood, K.　174
Levy, J.　97
Li, C.　46

M

町岳　112
Mah, R.　66
Martens, B. K.　185, 186
丸野俊一　116
Mashburn, A.　196
松沼風子　25
松尾剛　116
松岡悦子　160
松崎博文　148
Mazzone, A.　52
McCabe, P. C.　69
McGrath, K. F.　88
Medine-Adams, A.　67
Mercer, N.　116
Mezirow, J.　155, 157

Mills, C. W.　159
三島浩路　37
三島美砂　83, 84
三品陽平　154
三隅二不二　97, 103, 188
道田泰司　156, 157, 159
三輪和久　156
三輪健二　87, 153, 155
Miyake, N.　163
宮元博章　155, 156, 157
宮本真也　89
水口崇　24
水谷聡秀　46
森田洋司　19, 47
本山方子　103
毛利珠美　82
Mudrey, R.　67
Mullan, V. M. R.　46
村田晶子　158
村田朱音　137
村山恭朗　46, 50
Murdock-Perriera, L. A.　85
武蔵由佳　189

N

永井里奈　37
永田良昭　99
中川優子　127
中原淳　164
中平絢子　202
中村玲子　53
中村泰子　4
中村雄二郎　159
中島喜代子　5
中西陽　143
中野真也　86
仲田康一　199, 200, 201
中谷素之　43, 112
根本橘夫　99
Neuman, R. J.　137
新見亮輔　8
新元朗彦　89
西中華子　4, 5, 6, 7, 8, 9, 10, 11, 12, 13, 14
西山久子　175
庭山和貴　188

野口晃菜　66
野村康　161
則定百合子　3
野澤祥子　146
野津智子　89

O

小畑豊美　4
岡田涼　43, 115
岡村達也　31, 32
岡安孝弘　27
Olweus, D.　45, 58
尾見康博　88
O'Neill, R. E.　138
大平厚　188
大石幸二　185, 186
大久保智生　4
大西彩子　49, 51
大島真夫　218
大嶽さと子　35
大谷和大　115
Organ, D.　174

P

Pedersen, P.　67
Piaget, J.　114
Podsakoff, N. P.　174
Polanyi, M.　154
Pozzoli, T.　49

R

Reijntjes, A.　48
Renger, D.　173
Riggan, M.　178
Rothbart, M.　84
Rubin, K. H.　31
Ryan, A. M.　38, 41
Rychen, D. S.　110

S

佐伯胖　162
Sage, N. A.　41
齋藤ひとみ　156
榊原剛　218, 219
坂下ちづる　83
佐古秀一　169

Salganik, L. H.　110
Salmivalli, C.　47
Salzberger-Wittenberg,
　I.　192
鮫島輝美　163
佐々木千里　216
佐藤学　118
佐藤節子　213
佐藤正二　142
佐藤義彦　199
佐藤有耕　35
澤山愛　24
Schein, E.　173
Schön, D. A.　87, 153, 154,
　158
Schweig, J.　183
Scott, W.　169
Sedlacek, Q. C.　85
関文恭　188
Serpell, Z. N.　196
Sheikh-Khalil, S.　196
Sheldon, S. B.　197, 204
Shepard, H. A.　98
Sherif, M.　84
篠原暁夫　123
篠原しのぶ　96
白井利明　4
白松賢　122, 123, 124, 128
Shotter, J.　163
庄司一子　4, 24
Slowiaczek, M. L.　197
Smith, P. K.　58
園原太郎　99
曽山和彦　27
Spillane, J.　175
杉江修治　109, 116, 119
杉本希映　4, 24
角南なおみ　86, 136, 137,
　138, 140, 141, 144, 145, 146,
　147
Supovitz, J.　178
鈴木宏昭　161
鈴木誠　188

T

田島彩子　13

高口明久　200, 201
高橋勇夫　154
高橋規子　84, 85
髙橋敏之　202
高橋智美　38, 42
高平小百合　93
武市進　100
田中博司　66, 70
田中順子　6
田中一彦　162, 163
田中健　137
田中孝彦　86
谷口友梨　87
樽木靖夫　25, 125, 126, 127
辰巳伸知　89
立田慶裕　110
田山淳　20
Tesser, A.　40
Thelen, H. A.　181, 182
Thornberg, R.　51
富田崇裕　101
利根川明子　129
湯立　49
遠矢幸子　94
外山美樹　49
津守真　86
堤雅雄　4
露口健司　168, 171
Tuckman, B. W.　98

U

上野ひろ美　88
梅原巳代子　109, 112, 117
浦野裕司　84
宇佐美慧　190, 191

V

van Leeuwen, A.　108
Van Voorhis, F. L.　204
Veenstra, R.　49
Verloop, N.　102
Vermunt, J. D.　102
Vygotsky, L.　114

W

若杉大輔　142

若山隆　7
Walberg, H. J.　182
Waller, W.　195, 199, 202
Wang, M. T.　197
割澤靖子　82
渡邉信隆　83, 84, 87
渡辺俊之　212
渡辺弥生　14, 27
Webb, N. M.　113, 114
Wentzel, K. R.　103
Wheelan, S. A.　98, 99
Williams, N. H.　138
Wong, R. T.　137

Wong. H. K.　137
Wubbels, T.　97

Y

谷島弘仁　185
山本和郎　185
山中一英　157, 158, 159, 162, 163, 164
山野則子　214
山岡俊英　7
柳沢昌一　87, 153, 158
吉田寿夫　157
吉田俊和　38, 39

善本孝　202
吉村隆之　188
吉永直美　195
吉永紀子　81, 86, 88
吉崎静夫　97
弓削洋子　87, 101
Yukl, G.　168, 169

Z

Zechmeister, E. B.　155, 156, 157

執筆者紹介

（執筆順）

西中 華子（にしなか はなこ）	大阪芸術大学芸術学部初等芸術教育学科 准教授	1章
五十嵐 哲也（いがらし てつや）	愛知教育大学教育学部学校教育講座 教授	2章
石田 靖彦（いしだ やすひこ）	愛知教育大学教育学部学校教育講座 教授	3章
大西 彩子（おおにし あやこ）	甲南大学文学部人間科学科 教授	4章
黒川 雅幸（くろかわ まさゆき）	愛知教育大学教育学部学校教育講座 准教授	4章コラム
青山 郁子（あおやま いくこ）	都留文科大学教養学部国際教育学科 教授	5章
越　良子（こし りょうこ）	上越教育大学大学院学校教育研究科 教授	編者・6章
弓削 洋子（ゆげ ようこ）	愛知教育大学教育学部学校教育講座 教授	編者・7章
児玉 佳一（こだま けいいち）	大東文化大学文学部教育学科 准教授	8章
久保田(河本)愛子（くぼた あいこ）	宇都宮大学共同教育学部教育人間科学系 准教授	9章
角南 なおみ（すなみ なおみ）	帝京大学文学部心理学科 准教授	10章
山中 一英（やまなか かずひで）	兵庫教育大学大学院学校教育研究科 教授	11章
鎌田 雅史（かまだ まさふみ）	就実短期大学幼児教育学科 准教授	12章
伊藤 亜矢子（いとう あやこ）	学習院大学文学部教育学科 教授	13章
植村 善太郎（うえむら ぜんたろう）	福岡教育大学教育学部学校教育研究ユニット 教授	14章
岩山 絵理（いわやま えり）	愛知教育大学教育学部福祉講座 講師	15章

■編者

弓削 洋子（ゆげ ようこ）
愛知教育大学教育学部 教授　博士（教育学）
専門は社会心理学・教育心理学
著書に『教師になる人のための学校教育心理学』（分担執筆・ナカニシヤ出版），『学校に還す心理学』（分担執筆・ナカニシヤ出版），『現代社会を社会心理学で読む』（分担執筆・ナカニシヤ出版）など

越　良子（こし りょうこ）
上越教育大学大学院学校教育研究科 教授　博士（心理学）
専門は社会心理学・学級集団心理学
著書に『教師になる人のための学校教育心理学』（編著・ナカニシヤ出版），『ネットワーク論からみる新しい学級経営』（共編著・ナカニシヤ出版），『学校心理学』（共編訳・北大路書房），『世界の学校予防教育』（分担執筆・金子書房）など

学級経営の心理学
子どもと教師がともに成長するために

2024 年 9 月 1 日　初版第 1 刷発行

編著者　弓削洋子・越　良子
発行者　中西　良
発行所　株式会社ナカニシヤ出版
〒606-8161　京都市左京区一乗寺木ノ本町 15 番地
Telephone 075-723-0111
Facsimile 075-723-0095
Website https://www.nakanishiya.co.jp/
Email iihon-ippai@nakanishiya.co.jp
郵便振替　01030-0-13128

装幀＝白沢　正／印刷・製本＝(株)ファインワークス
Printed in Japan.
Copyright © 2024 by Y. Yuge & R. Koshi
ISBN978-4-7795-1818-8

本書のコピー，スキャン，デジタル化等の無断複製は著作権法上での例外を除き禁じられています。本書を代行業者等の第三者に依頼してスキャンやデジタル化することはたとえ個人や家庭内の利用であっても著作権法上認められておりません。